OSWALD DREYER-EIMBCKE

Auf den Spuren der Entdecker am südlichsten Ende der Welt

EDITION PETERMANN

Oswald Dreyer-Eimbcke

Auf den Spuren
der Entdecker
am südlichsten Ende der Welt

Meilensteine der Entdeckungs- und Kartographiegeschichte
vom 16. bis 20. Jahrhundert
(Patagonien, Feuerland, Falklandinseln, Terra australis,
Antarktika, Südpol)

 Justus Perthes Verlag Gotha

Die Deutsche Bibliothek – CIP Einheitsaufnahme

Dreyer-Eimbcke, Oswald:
Auf den Spuren der Entdecker am südlichsten Ende der Welt : Meilensteine der Entdeckungs-
und Kartographiegeschichte vom 16. bis 20. Jahrhundert (Patagonien, Feuerland, Falklandinseln,
Terra australis, Antarktika, Südpol) / Oswald Dreyer-Eimbcke. - 1. Aufl. - Gotha : Perthes, 1996
(Edition Petermann)
ISBN 3-623-00350-6

Umschlaggestaltung: Peter Spallek, Gotha

ISBN 3-623-00350-6

Impressum

1. Auflage 1996
© Justus Perthes Verlag Gotha GmbH, Gotha 1996
Printed in Germany. All rights reserved.
Gesammtherstellung: Peter Spallek – UniPrint, Gotha
Redaktionsschluß: April 1996

Inhaltsverzeichnis

6

Ein Wort voraus!

Seitdem es Karten gibt, haben sich Entdeckungen und Kartographie wechselseitig Anstöße gegeben. Die Entdecker folgten sowohl den kartierten Flecken dieser Erde als auch den durch Mythos und Irrtum entstandenen Visionen der Kartenmacher. Die Kartographie bemühte sich ihrerseits, die Erde aufgrund der erforschten Gebiete zu entschleiern.

Die Entdeckungsreisen dienten neben der missionarischen Aufgabe zunächst dem Handelsaustausch oder dem Eroberungs- und Herrschaftsanspruch, weniger der sich langsam entwickelnden geographischen Wissenschaft antiker Gelehrter. An allen späteren Entdeckungsfahrten und an dem fortschreitenden Prozeß der Weltentschleierung hatten die Kartographen einen großen und wichtigen Anteil.

Die Begriffe „Entdeckung", „Eroberung" oder „Erkundung" sind in früheren Reiseberichten recht unscharf gehalten und spiegeln die Vielschichtigkeit mit fließenden Grenzen jenes Prozesses wider, den wir als die europäische Expansion in Übersee bezeichnen. Mit den Entdeckungsfahrten aber verschwand die Begrenztheit und singuläre Bedeutung Europas. Der Begriff „Entdeckung" wurde von vielen in der damaligen Vorstellungskraft allerdings noch anders als heute empfunden. Er wurde vielfach gleichgesetzt mit seltsamen Wesen und fabelhaften Tieren, wie sie teilweise auch auf Karten auftauchten.

Die Geschichte wurde zu einer in Bewegung gesetzten Geographie. Umgekehrt kann heute die Geographie irgendeines Zipfels dieser Erde nicht ohne die Geschichte verstanden werden, die darauf ihre Spuren hinterläßt.

Damit aus einer Reise und einem Erlebnis überhaupt erst eine „Entdeckung" wird, bedarf es nicht nur sorgfältiger Beobachtung – mag sie auch noch so lebendig wiedergegeben werden – sondern der Einordnung dieser Beobachtung in ein geschlossenes Weltbild. Diese Voraussetzung erfüllt die Kartographie, was im allgemeinen auf zweierlei Weise geschah: einmal, indem Menschen auf dem Erdenrund vordrangen, um das vor ihnen liegende Dunkel aufzuhellen, und zum anderen, indem Kartenzeichner in ihren Schreibstuben diese Kenntnisse festhielten, einfingen, einordneten, um sie zu einer geschlossenen Einheit zu verarbeiten.

Ebensowenig wie der Prozeß der Erweiterung des Weltbildes gradlinig verlief, zeigt auch die Entwicklung der Kartographie vielfach gebrochene Kurven. Der Zauber, der zu uns aus frühen Karten spricht, ist sichtbar gewordene Geographie vergangener Zeiten. Wie viele alte Dokumente und Bilder sind auch Karten das „Gedächtnis der Geschichte". Kartographen haben vielfach die Entdeckungen vorweggenommen. Schon bei Plinius (23–79 n.Chr.) konnte man eine Umsegelung Afrikas erahnen. Eine Karte des Marino Sanuto aus dem Jahre 1306 lieferte den Beweis dafür. Und das einhundertundachtzig Jahre, bevor dieses durch Bartholomeu Días bestätigt wurde.

Wie in einem Brennglas wird die ganze Vielfalt der Kartographie und ihre fruchtbare Wechselbeziehung zur Entdeckungsgeschichte am südlichsten Ende der Erde eingefangen.

Am Anfang stand ein heute unscheinbarer Ort am Rio Duero in Kastilien, genannt Tordesillas, der vielleicht das Zeug zu einem bedeutenden Verkehrsknoten gehabt hätte. Aber er ist trotz seiner historischen Bedeutung vor einem halben Jahrtausend eine Kleinstadt mit 8.000 Einwohnern geblieben, mit Hahnengeschrei am Morgen und einem Verkehrsknotenpunkt von Störchen. Neben der Kirche San Antolin, in dem Haus des Klosters Santa Clara über dem letzten Brückenbogen des Rio Duero, wurde einmal die Welt von Pol zu Pol geteilt. Damit wurde einer westlichen Route zu den Gewürzinseln eine globale Dimension gegeben. Wäre es nicht dazu gekommen, bliebe die ehemalige Residenz spanischer Könige nur noch durch die schwermütige Johanna die Wahnsinnige in Erinnerung, die dort nach dem Tode ihres Mannes vierzig Jahre lang festgehalten wurde.

Eine mögliche südliche Umfahrung des amerikanischen Doppelkontinents wurde schon 1515, fünf Jahre vor der ersten belegbaren Entdeckung, kartographisch dargestellt. Die Vorstellung eines fiktiven Kontinents (terra australis), die seit Ptolemaeus zum Bestandteil einer Weltkarte gehörte, wurde zu einer der stärksten Triebfedern in der Entdeckungsgeschichte. Dieser Irrtum beschäftigte die Phantasie der Menscheit fast zweitausend Jahre.

Beinahe vierhundert Jahre stand das südlichste Ende der Erde, das von der Suche nach einer „Südwestpassage" geprägt war, im Brennpunkt internationaler Interessen. Dabei entdeckten die ersten Europäer, die in Patagonien an Land gingen, nur eine baum- und nahezu strauchlose Steppe. Zwar entspricht die geographische Breite dieses Raumes zwischen dem 38. und 56. Breitengrad der zwischen Palermo und Kopenhagen, doch ist es auf der Nordhalbkugel deutlich wärmer. Der ständige Wind im Süden von Südamerika trocknet das Land aus. Östlich der Andenkette, auf argentinischem Boden, fallen hier kaum mehr als 200 mm Niederschlag im Jahr. Selbst ein Flug an der Westseite der Kordilleren entlang bis Magallanes war anfangs ein gewagtes Unternehmen. Die fast ständig wehenden Weststürme, die ungeheure Wolkenmassen mit aller Wucht gegen die Kordillere treiben, boten den Propellerflugzeugen ein schweres Hindernis. So hatte die nationale chilenische Fluggesellschaft nach dem Kriege mit Genehmigung Argentiniens ihre Fluglinie nach Punta Arenas über die Pampa eröffnet. Dort herrschen zwar auch Stürme, aber es fehlt jene lästige Wolkenbildung der Westküste.

Der Begriff „Patagonien" wird hier im geographischen Sinne großzügig ausgelegt. Die nördliche Grenze entspricht in etwa der „Indianergrenze". In Chile ist es der Rio Imperial (Temuco), in Argentinien verläuft die Linie von Mendoza bis südlich von Buenos Aires.

In den ersten Jahrhunderten nach der europäischen Entdeckung galt die südamerikanische Südspitze als „Ultima Thule", ähnlich wie es für den Norden der
nördlichen Halbkugel empfunden wurde. Selbst in der Sprache der Aimaras heißt
Chile das Land, wo die Erde aufhört. „Bei Feuerland friert selbst dem Teufel die
Hölle ein", zitieren erfahrene Seebären gern einen Ausspruch von Charles Darwin. Alle Matrosen und Soldaten mußten deswegen vor Antritt ihrer Fahrt ihr
Testament machen. Die Flaschenpost der an Kap Hoorn vorbei in die Antarktis
verwehten „San Lesnes" meldete als Standort nur noch „Ende der Welt". Bei Kap
Hoorn liegt der größte Schiffsfriedhof oder das größte maritime Rostmuseum der
Welt: 800 schwimmende Einheiten, vom Segler bis zum modernen Frachter. Mehr
als 10.000 Seeleute ruhen auf dem Grund des Meeres.

Aber die Gefahr drohte nicht nur von der Natur. In Patagonien und auf Feuerland fand eine fast totale „ethnische Säuberung" der Urbevölkerung statt. Heute,
wo sie durch die Zivilisation vertrieben ist, sieht man anstelle des Rauches ihrer
Feuerstellen, denen die Insel ihren Namen verdankt, den fast ewigen Rauch, der
aus den Schornsteinen der Erdgasgewinnung kommt.

Die Regionen Feuerland und Patagonien sind geographisch besonders klar
abgrenzbar. Daher beabsichtigt das Lateinamerikainstitut der Freien Universität
Berlin in einer Arbeitsgruppe, eine exemplarische Untersuchung über Entstehung, Verbreitung, Anwendung und Auswirkungen von Fremdvölker-Stereo-
typen am Beispiel ihrer Ethnien durchzuführen.

Gegenstand des Forschungsobjektes sind die Beziehungen zwischen Europäern und der ursprünglichen Bevölkerung Feuerlands und Patagoniens, von den
ersten europäischen Reisenden bis zur Ausrottung ihrer Ethnien sowie deren Bild
bei den Nachkommen der europäischen Kolonisten und in dem heutigen Wissen-
schaftsdiskurs.

Die Verbreitung der Stereotype über Feuerländer und Patagonier hing in der
ersten Phase mit der Verbreitung der Reiseberichte zusammen, die meistens sehr
negativ waren. Bei einer ersten Befragung unter den Studenten stellte sich heraus,
daß die geographische Lage Feuerlands noch mehrheitlich bekannt war, die entsprechende Frage bezüglich Patagonien aber im allgemeinen auf Unkenntnis stieß
und mit der Trekkingausrüstung einer Firma assoziert wurde, die ihre Modelle
unter dem Namen „Patagonier" anbietet.

Der sechste Kontinent, die Antarktis, war für den Engländer Robert Scott der
„widerlichste Ort der Welt". Für den Australier war er die „Heimat des Blizzards".
Er ist wahrlich ein Ort der Extreme. Am kältesten Platz der Welt, der russischen
Wostok-Station, wurden schon −89,5° C gemessen. Minus 70 Grad sind im Winter
auf dem Ostantarktischen Schild normal.

Eine ambivalente Beurteilung von Meer und Schiffahrt zeigt sich schon in der
Antike im dichterisch gestalteten Mythos. In seiner Tragödie Medea hat Seneca
diese Ambivalenz in eindringlicher Weise geschildert. Das zweite Chorlied hebt

an mit dem Motiv der Verwünschung des ursprünglichen Frevels, es besingt das Goldene Zeitalter und seine Seefremdheit, um dann in umso schrofferer Antithese die Leistungen der Schiffahrt zu preisen.

Karten sollen diese Geschichte mit ihren Schicksalen und ihren Mark- und Meilensteinen lebendig machen. Die strategische Bedeutung dieses südlichsten Endes der Welt manifestiert sich in der ungewöhnlich hohen Zahl von kartographischen Produkten. Da auch die Falklandinseln in geschichtlichem Zusammenhang mit der Südwestpassage stehen, werden ihre Karten ebenso einer Betrachtung unterzogen. 1982 wurde die Aufmerksamkeit der Weltöffentlichkeit noch einmal auf den Südatlantik gelenkt. Bei Ausbruch des Falklandkonfliktes wurde die englische Admiralitätskarte Nr. 1354, auf der der Archipel abgebildet ist, plötzlich zu einem kartographischen Bestseller. Wohl dem, der solche Blätter hatte! Zwar stammte der ursprüngliche Kupferstich aus dem Jahre 1884. Er wurde 1899 überarbeitet und dann erst wieder 1955 korrigiert. Seitdem sind nur noch handschriftliche Änderungen erfolgt. Kein Wunder, daß die englische Admiralität die weltweite Auslieferung sofort stoppte, als sie beschloß, im Falklandkonflikt alles auf eine Karte zu setzen. Das spürte auch ein Seekartenhändler in Hamburg, dessen Ehrgeiz darin bestand, ständig 7.000 Seekarten vorrätig zu halten. Im Laufe eines Vormittages war er, ohne Hoffnung auf Nachschub, ausverkauft. Nachdem ein argentinischer Seeoffizier, der zur Bauaufsicht in der Elbmetropole weilte, den Kartensatz von den Falklandinseln zusammenrollte, gab er bereits dem Vertreter einer argentinischen Reederei die Türklinke in die Hand. Der freute sich ebenfalls, daß er vom pedantischen Kartenhändler – nur aus Gründen der Vollständigkeit – noch das letzte Exemplar erwischen konnte. So wichtig können heute noch Karten sein!

Einige Jahre vorher setzte der Papst als Schiedsrichter für den argentinisch-chilenischen Grenzstreit am Beagle-Kanal alles auf Karten. Und das mit dem Erfolg, daß der Frieden gestiftet werden konnte. Eine „Unklarheit" konnte auch bei der friedlichen Lösung des Beaglekonfliktes nicht ausgeräumt werden. Über sie wollte der Vatikan nicht verhandeln. Sie steht lediglich in den Prospekten der Tourismusindustrie beider Länder. Argentinien und Chile werben für einen Superlativ der „südlichsten Stadt der Welt". Für Argentinien steht fest, daß Ushuaia – auf dem argentinischen Teil des Feuerlandes – diesen Titel verdient. Vor einigen Jahren noch behaupteten die Chilenen, Punta Arenas, das etwa zehnmal soviel Einwohner hat wie Ushuaia, sei die südlichste Stadt der Welt. Da der argentinische Rivale viel kleiner sei, könnte er nicht in Frage kommen. Jetzt haben die Chilenen Punta Arenas fallengelassen, seitdem Puerto Williams Provinzhauptstadt geworden ist. Die Karten beweisen es: Puerto Williams liegt auf jeden Fall südlicher als Ushuaia, wenn es auch nur ein paar Kilometer sind.

Der Kartograph hat den Entdecker also überlebt. Dennoch findet wenigstens einer, Sir Francis Drake, auch heute noch keine Ruhe. Kurz nach der mutmaßlichen Entdeckung seines Seemannsgrabes auf dem Grund der Karibik Anfang 1995, entbrannte ein erneuter Streit um die historischen Verdienste des Seehelden und Piraten im Dienste ihrer Majestät Königin Elisabeth I. Seit Lebzeiten des britischen Tausendsassas richtet sich der Groll britischer Patrioten gegen Rivalen aus den seetüchtigen Niederlanden. Willem Schouten gab vor, 1616 das südlichste Kap des amerikanischen Kontinents als erster entdeckt zu haben. Drake will dagegen schon 1578 die Mannschaft seines legendären Seglers „Golden Hind" darauf hingewiesen haben, am südlichsten Punkt der Erde gewesen zu sein. Damit hätte Schouten wider besseres Wissen ein geographisches Plagiat begangen. Denn trotz der strengen Geheimhaltung konnte er das Kap in den 1590er Jahren auf Jodocus Hondius' berühmter Weltkarte eingezeichnet finden.

Das Internationale Geophysikalische Jahr im Jahre 1959 hatte mit den folgenden internationalen Forschungsunternehmen nun auch die letzten großen weißen Flecken der Antarktis auf der Erdkarte beseitigt. Die ersten Astronauten empfanden noch ein unbeschreiblich erhabenes Gefühl, als sie von ihrer Raumkapsel aus unseren Planeten mit seinen Kontinenten und Ozeanen unter sich dahingleiten sahen.

Mittlerweile gehört die Sicht aus dieser Perspektive zum Alltag. Ständig umkreisen Satelliten in großer Höhe die Erde, um mit Spezialkameras jeden Quadratzentimeter abzutasten.

Dank solcher „Overview"-Aufnahmen können wir den Globus erstmals als Ganzes sehen und uns ein wirklich realistisches Bild von ihm machen. Schon lange zeigen die pazifischen Staaten eigenes kartographisches Selbstbewußtsein, frei von einer eurozentrischen Gewichtung der Erde. Der „Ozean des 21. Jahrhunderts" ist für die 38 Anliegerstaaten zum Mittelpunkt der Welt geworden. Auch das heutige Reisefieber, das von Jahr zu Jahr mit steigenden Temperaturen die Touristen einer Vollkaskogesellschaft erfaßt, ist nicht wie einst die erwartungsvolle Neugier auf das Unbekannte. Anstelle eines überraschenden Abenteuers erfolgt nur noch planloser Drang in die Ferne, hastig und ohne den Versuch zu lernen und zu entdecken. Im Zeitalter weltweiter Datennetze und allverfügbarer Reiseziele verengt sich immer mehr der Blick, der Fremdes noch wirklich fremd sieht.

1. Der Papst teilt die Welt

In keinem vergleichbaren Zeitraum unserer Geschichte hat das Bild, das sich Menschen von ihrer Erde machten, eine so grundlegende Änderung erfahren, wie im 16. Jh. Der enge Horizont der Alten Welt, bisher nur an wenigen Stellen durchlöchert, zerriß und zeigte, daß er nicht die einzig mögliche Begrenzung des menschlichen Gesichtskreises war. Die einmalige Entschleierung der Erde war nur ein Zeitaspekt jener grundlegenden Bereicherung und Umgestaltung des allgemeinen Bildes vom Universum, das sich im Jahrhundert des Umbruchs an der Schwelle der Neuzeit vollzog. Es war weit mehr geschehen, als nur die Anhäufung geographischen Wissens, denn auch die Revolution der Naturwissenschaften machte nicht vor den Grenzen der mittelalterlichen Verkrustungen halt.

Noch bis in die siebziger Jahre des 15. Jh. hinein, als die ersten Weltkarten gedruckt wurden, hatten die Europäer eine sehr vage Vorstellung von der Welt außerhalb ihrer Erfahrungsgrenzen. Der Zugewinn an geographischem Wissen im Mittelalter machte in jeweils einem Jahrhundert oft kaum ein Prozent aus. Um 1500, so schätzt man, waren ein Viertel der Land- und ein Fünftel der Meeresoberfläche bekannt.

Im Jahre 1492 schuf Martin Behaim (1459–1507) im Auftrage der freien Reichsstadt Nürnberg den ältesten, noch erhaltenen Erdglobus, auch Erdapfel genannt. Da er vor der Entdeckung Amerikas durch Kolumbus entstanden ist, folgte er in der Berechnung der Erdoberfläche noch den antiken Geographen selbst dort, wo das 15. Jh. bewiesen hatte, daß sie irrten. Dennoch wurde damit bereits ein Denkmal des neuen Lebensgefühls gesetzt, denn der „Erdapfel" verkörperte – nach damaligem Verständnis – auch das Bild des neuen Menschen.

Als Ergebnis der europäischen Entdeckungen entbrannte Ende des 15. Jh. ein scharfer Kampf zwischen Spanien und Portugal um die neuen Länder und um die Seewege zu ihnen.

Während im Jahre 1455 der portugalfreundliche Papst Nicolaus (1447–1455) den Portugiesen in einer Bulle zugebilligt hatte, die Länder der Ungläubigen bis an die Küsten Guineas erobern zu dürfen, entschied aufgrund der europäischen Entdeckungen in der Neuen Welt am 3. Mai 1493 der aus dem spanisch-katalonischen Adelsgeschlecht der Borgia stammende Papst Alexander VI. (1492 bis 1503) als höchster Schiedsrichter des christlichen Europas über die Teilung der Erde. Christlicher Herrschaftsanspruch ging damals von der Vorstellung einer globalen christlichen Oberhoheit aus, die vom Papst an die betreffenden Könige delegiert werden konnte. Spanien wurde das Herrschaftsrecht über die neuentdeckten Gebiete im Westen zugebilligt. Schon am nächsten Tag mußte der Spruch geändert werden, um auch die portugiesischen Ansprüche noch besser zu berücksichtigen.

Der damalige Papst erwies sich in Fragen der Kosmographie nicht ganz so unfehlbar wie bei Dogmenentscheidungen. In einer Bulle vom 4. Mai 1493 ist davon die Rede, daß Kolumbus „weit entfernte Inseln oder gar Festländer" erreicht habe. Die Kurie sah ein Handelsmonopol der spanischen Krone vor, verbunden mit dem ausdrücklichen Auftrag, die Bewohner durch Entsendung von Missionaren zum Christentum zu bekehren. Desweiteren zog sie zwischen den Interessensphären beider Länder eine imaginäre Demarkationslinie vom Nordpol zum Südpol, die hundert Meilen westlich der letzten Azoreninsel (46° 37' w. L.) entlangführte. Wie wenig zuverlässig diese Trennungslinie war, geht schon daraus hervor, daß die westlichsten Inseln der Kapverden und der Azoren auf demselben Meridian liegend angenommen wurden, während die Längendifferenz in Wirklichkeit doch recht beträchtlich ist.

Die Demarkationslinie war aber nur oberflächlich als Grenze der spanischen und portugiesischen Interessensphäre von Pol zu Pol auf dem Westmeer, also dem Atlantik gezogen worden. Erst später berücksichtigte man die Kugelgestalt der Erde und die Möglichkeit, daß beide Mächte auch auf der anderen Seite der Welt bei den Antipoden zusammenstoßen könnten. Die Idee eines Antimeridians, also die Verlängerung der Demarkationslinie in die entgegengesetzte Hemisphäre, scheint erst von den Kaufleuten und danach von den Diplomaten in Portugal gefordert worden zu sein. Sie befürchteten den Verlust von China und den südlich davor gelegenen Inselgruppen. Aus diesem Grunde wurde in einer dritten Bulle am 25. September 1493 durch eine weitere Demarkationslinie irgendwo auf der Rückseite des unbekannten Globus die Erdkugel in zwei Hemisphären, eine spanische und eine portugiesische, geteilt. Doch diese, sozusagen ins Blaue hineinprojizierte Linie, erlangte nie irgendwelche Bedeutung.

Da die Portugiesen bei ihren Fahrten an der afrikanischen Küste einen großen Spielraum haben wollten, einigte man sich in einem neuen Vertrag von Tordesillas am 7. Juni 1494, daß die Trennungslinie von hundert Leguas (etwa 557 Kilometer) auf 370 Leguas westlich der Kapverdischen Inseln hinausgerückt werden sollte, wobei nunmehr die entsprechende Linie bei den Antipoden sich ebenfalls um 270 Leguas verschob. Diese Vereinbarung hatte unter anderem später die Folge, daß das um 1500 von Alvaro Cabral mehr zufällig entdeckte Brasilien unter die Herrschaft Portugals gelangte.

Die Spanier konnten dem Entfernungsmaß von 370 Leguas westlich von San Antonio, der westlichsten Insel der Kapverden, umso mehr zustimmen, als die von Kolumbus über den Ozean zurückgelegte Strecke fast das Doppelte betrug. So hielten sie es für ausgeschlossen, daß irgendein Teil der gegenüberliegenden Festlandküste in die portugiesische Interessensphäre hineinragen könnte. Spanien glaubte, sich den Besitz der Gewürzinseln gesichert zu haben.

Wenn auch die von Kolumbus entdeckten Inseln nicht mit ihnen identisch waren, so konnten sie doch sicherlich nicht mehr allzuweit von ihnen entfernt sein. Die Möglichkeit, daß die Gewürzinseln sich etwa über die Trennungslinie bei den Antipoden westwärts hinaus verschieben könnten, war nach der Vorstellung der Spanier und aufgrund der Nachrichten des Kolumbus einfach undenkbar. Eines der wichtigsten Ergebnisse der Weltumseglung durch Magellan war für die Spanier, daß die Molukken nicht in der Einflußsphäre Portugals lagen, sondern sie zum Interessengebiet Spaniens gehörten. Die beiden Kontrahenten ernannten eine Kommission, der je drei Astronomen und Kapitäne angehörten. Ihr Auftrag bestand darin, die Demarkationslinie im Pazifik zu ziehen und sie kartographisch festzulegen. Der damalige Wissensstand gestattete aber immer noch keine genaue und eindeutige Festlegung.

Da machte Kaiser Karl V., der wegen des Krieges mit Frankreich in Geldnöten war, das Angebot, die Molukken gegen ein Darlehen von 350.000 Dukaten an die Portugiesen zu verpfänden. Sollten die Experten in den laufenden Verhandlungen Spanien die Molukken zusprechen, dann mußten sich die Portugiesen zurückziehen, nachdem Spanien das Darlehen zurückgezahlt hat. Sollten jedoch die Molukken in der portugiesischen Einflußzone liegen, dann wäre der Kaiser verpflichtet, das Darlehen zu tilgen. Jene merkwürdige Vereinbarung ist als Vertrag von Saragossa vom 22. April 1529 in die Geschichte eingegangen.

Darin vereinbarten die iberischen Mächte, daß eine Linie siebzehn Grad östlich der Molukken von Pol zu Pol gezogen werden solle. Portugal erhielt alle Inseln, Länder und Meere westlich davon. Die Linie von Saragossa durch den Pazifik stellte keinesweges eine Verlängerung der Linie von Tordesillas über die Pole dar. Dieser Kompromiß war letztlich die eigentliche „Teilung der Welt" unter zwei Staaten, weil sie den gesamten Erdball umfaßte. Während der Vertrag von Tordesillas sich noch auf die insularen und terrestrischen Räume beschränkte und die Ozeane als Leerräume ansah, betrachtete der Vertrag von Saragossa die Meere bereits als feststellbare Größe.

Der Historiker Hellmut Diwald bezeichnete mit Recht die Welt als „ein Objekt, das von iberischen Schiffskielen" beherrscht war. Die genaue geographische Berechnung der in Tordesillas und Saragossa festgelegten Demarkationslinie dauerte ungefähr noch ein Jahrhundert und endete erst durch den Zusammenschluß Portugals mit Spanien im Jahre 1584. Diese Demarkationslinie behielt ihre Gültigkeit bis zum Vertrage von Madrid im Jahre 1750, als es Portugal und Spanien gelang, sich auf gemeinsame Grenzen in Südamerika festzulegen. Der Vertrag ging nicht mehr von theoretischen Besitzansprüchen aus, sondern vom durch die Entdeckung und Festsetzung nachgewiesenem Besitz. Dadurch erhielt Portugal mit einem Federstrich ein Gebiet (Brasilien) von der Größe Europas zugewiesen.

In der ersten Hälfte des 16. Jh. entstand naturgemäß ein großer Reichtum an kartographischen Werken, insbesondere von solchen der praktischen Kosmographie, an Karten und Globen. Die Auseinandersetzungen der Kartographen mit den

Entdeckungen und dem Wettstreit auf den Meeren fand vor allem in den Weltkarten statt. Länderkarten spielten zunächst eine untergeordnete Rolle.

Die Juan de la Cosa-Karte (im Museo Naval, Madrid) gilt unumstritten als die früheste uns bekannte Karte, die sowohl die Alte als auch die Neue Welt zeigt, wenn ihre Datierung mit 1500 ihre Richtigkeit hat. Sie gibt die Ergebnisse der Reisen des Kolumbus (bis auf die vierte), die Großen und Kleinen Antillen, die Nordküste Südamerikas sowie der englischen Fahrten des Giovanni Caboto an der Nordostküste Nordamerikas relativ genau wieder. Die strittigen Fragen eines Mittelamerika teilenden Meereskanals ließ der Zeichner durch einen Trick unbeantwortet. Er bedeckte den entsprechenden Bereich mit Hilfe eines Bildes des Heiligen Christophorus mit dem Christusknaben.

Diese Karte ist zugleich eines der frühesten Zeugnisse dafür, daß Kartographen bis heute im Dienste von Herrschaftsansprüchen stehen. Die auffällige „Lina meridional" entspricht der Demarkationslinie nach den Verträgen von Tordesillas von 1493 und 1494.

Hauptsächlich aufgrund der päpstlichen Entscheidungen über die Teilung der Erde mußte Spanien daran interessiert sein, seine Kenntnisse und damit den Interessenbereich nach Westen hin auszuweiten. So ist es nicht verwunderlich, daß sich drei Jahrzehnte später Kaiser Karl V. für den Plan, die Molukken als bedeutende Gewürzinseln auf einer Fahrt nach Westen rund um die Erde herum zu erreichen, sehr aufgeschlossen zeigte.

Bis in die zweite Hälfte des 16. Jh. blieben die Meere eine iberische Herrschaftsdomäne. Doch zusehends beeinträchtigten englische, französische und niederländische Piraten die Sicherheit portugiesischer und spanischer Kolonialfahrten.

Durch einen Gesandten ließ Karl V. den französischen König Franz I. (1494 bis 1547) ermahnen, seine ozeanischen Privilegien zu respektieren. Er verlangte vom französischen Monarchen den Verzicht auf jegliche Rechte in Übersee. Die schon oft und gern zitierte Antwort des Königs war: „Die Sonne leuchtet für mich genauso wie für jeden anderen. Ich würde gern die Klausel in Adams Testament sehen, nach der ich von der Teilung der Welt ausgeschlossen bin."

2. Die Pläne zur südlichen Umfahrung Amerikas und die hypothetischen Darstellungen auf Kartenbildern

Die Spanier setzten sich 1512 auf der Landenge von Daríen (Panama) fest und ein Jahr später entdeckte Vasco Nuñez de Balboa den Pazifik. Die Erkundung der Landenge ergab gleichzeitig, daß sich eine gesuchte Ostwest-Passage zu den Gewürzinseln an anderer Stelle des Kontinents befinden müßte. Auf der Suche nach ihr wurde die Region des Rio de la Plata durch Juan Díaz de Solis 1511 entdeckt. Nach der Rechtsauffassung des am 7. Juni 1494 geschlossenen Vertrages von Tordesillas fiel auch eine erhoffte Südwest-Passage, wie die später entdeckte Magellanstraße, in den Einflußbereich Spaniens, und die Seemacht konnte zunächst hoffen, in der Meerenge den lange ersehnten kürzeren Weg zu den Molukken gefunden zu haben.

Daß ein planmäßiges Vorgehen nur für gewisse Einzelunternehmen erkennbar ist, mutet etwas seltsam an, weil die spanische Krone ja nie das Ziel einer Auffindung der Westpassage zu den Gewürzinseln aus dem Auge verlor, obschon die ursprünglichen Ziele des Kolumbus, Zipango und Cathay zu finden, rasch bedeutungslos geworden zu sein schienen. Immerhin stachen von 1500 bis 1519 – dem Jahr der Abreise des Magellan – rund 500 Schiffe von spanischen Häfen aus nach den nunmehr meist „westliches Indien" genannten Küsten in See. Nur wenigen unter ihnen ist der ausdrückliche Auftrag gestellt gewesen, nach der Westpassage zu suchen.

Als Sproß einer adligen normannischen Familie, die sich in der Mitte des 13. Jh. in Portugal niedergelassen hatte, trat Fernáo de Magalháes (um 1480 bis 1521) als Edelmann in den Dienst Manuels I. Im Jahre 1509 segelte er mit seinem Freund Francisco Serráo nach Malacca, an dessen Eroberung er 1511 teilnahm. Nach seiner Rückkehr nach Portugal versah er zunächst Dienst bei einer portugiesischen Garnison in Marokko. Hier fiel er in Ungnade und nahm mit gekränktem Stolz Abschied, um sich dann im Herbst 1517 nach Sevilla zu begeben. Seine Bitte, ihn wieder in der Flotte zu verwenden, schlug König Manuel ebenso ab wie den Vorschlag, ihm Gelegenheit zu einer Fahrt um Amerika herum nach Indien zu gewähren.

Nach den Berechnungen Magalháes lagen nämlich die Gewürzinseln, von denen ihm sein Freund Francisco Serráo, Leiter einer Handelsniederlassung auf der kleinen Molukken-Insel Ternate eingehende Schilderungen gemacht hatte, sehr viel weiter östlich als bis dahin angenommen wurde. Es müsse also leichter sein, sie von Europa aus um Amerika herum zu erreichen als um Afrika. Als alle Vorschläge und Bitten des Seefahrers vom portugiesischen König aufgrund der völkerrechtlich bindenden, päpstlichen Entscheidungen von Tordesillas abgelehnt wurden, entschloß er sich, in spanische Dienste zu treten.

In Spanien traf er zwei andere Portugiesen, die gleich ihm ihr Vaterland verlassen hatten. Der eine war Ruy de Faleiro, ein bedeutender Astronom, aber von phantastischen Idealen erfüllt. Er war verbittert, weil ihm niemand glauben wollte, daß er – angeblich – eine brauchbare mathematische Formel zur Bestimmung der geographischen Längengrade gefunden hatte. Faleiro muß die Karte des südlichen Sternenhimmels von Albrecht Dürer aus dem Jahre 1515 gekannt haben, von der mindestens noch ein Dutzend existieren. Die Projektion war von Johannes Stabius in Nürnberg entworfen und die Sterne von Conrad Heinvogel positioniert worden. Magalháes überschätzte Faleiros Handbuch mit astronomischen Tafeln und Instruktionen zur Kompaßberechnung von Längengraden. Es stellte sich erst später heraus, daß die Berechnungen nur für die Nordatlantikfahrt von Bedeutung waren. Das Buch galt als verschollen, bis es von A. Teixeiro da Mota mit anderen Papieren im Archivo General de las Indias in Sevilla in diesem Jahrhundert gefunden wurde.

Faleiro war mit Magalháes der Meinung, Portugal hätte Spanien die Molukken gestohlen, denn sie lagen jenseits der Linie, die der Papst 1494 festgesetzt hatte. In der Tat gehörten auf Reinels Weltkarte (vor 1519) die Molukken deutlich zur spanischen Hemisphäre. Eine genaue Studie von Portolanen und nautischen Handbüchern ließ die Vermutung aufkommen, daß die portugiesische Einflußsphäre nicht 5° östlich der Molukken verläuft, was der Wirklichkeit nahekommt. Der Dritte im Bunde war der reiche Kaufmann und Reeder Christopher de Haro, Inhaber eines der bedeutendsten Handelshäuser in Lissabon.

Der spanische Monarch Carlos I. (und spätere römisch-deutsche Kaiser Karl V.) stimmte der Expedition unter der Bedingung zu, daß Fernando de Magellanes, wie er sich nun auf spanisch nannte, mindestens sechs rohstofffreie Inseln entdecke. Als Belohnung winkte ihm der Titel eines Gouverneurs, das Recht, öffentlich Waffen zu tragen und ein Zwanzigstel des Gewinns von seinen Unternehmen.

Auf seinem beurkundeten Vertrag mit Juan de Aranda, Direktor in der Casa de la Contratación, vom 23. Februar 1518 scheint er zum ersten Mal seine Unterschrift in der spanischen Form geleistet zu haben. Die Kartographen latinisierten dann den Namen in Magellanus. Anglisiert und gallisiert heißt er Magellan.

Am 20. September 1519 verließ die Flotte den Hafen von Sanlucar de Barrameda. Auf dem Flaggschiff „Trinidad" befand sich Magellan. Insgesamt waren auf den fünf Schiffen 265 Mann Besatzung, ein buntes Gemisch aus Spaniern, Engländern, Franzosen, Italienern, Niederländern, schwarzen Sklaven sowie süddeutschen Artilleristen. Die Flotte war ein schwimmender Turm von Babel. Die Zusammensetzung entsprach dem Völkergemisch der andalusischen Hafenstädte. Faleiro, der Magellan ursprünglich begleiten sollte, war nicht dabei und wurde von Andres de San Martin ersetzt, der über gute Kenntnisse der Astronomie und Mathematik verfügte. Faleiro sollte in Sevilla bleiben, um die Vorbereitungen zur Ausfahrt der zweiten Molukken-Flotte zu beaufsichtigen.

Die Expedition verlief schon am Anfang alles andere als harmonisch. Die Vielfalt der Besatzung und die Überheblichkeit der spanischen Kapitäne machten es Magellan nicht leicht, das Unternehmen seiner Bestimmung zuzuführen. Trotz dreier Meutereien, die von den spanischen Kapitänen verursacht wurden, erreichte die Flotte die La Plata-Mündung.

Später, als er am 31. März 1520 die Bucht von San Julian (Puerto San Julian) erreichte, die sich auf ungefähr 51° südlicher Breite befindet, ließ Magellan die Rädelsführer enthaupten. Unbequeme, unter ihnen auch ein Priester, wurden noch in Patagonien auf Nimmerwiedersehen in der Steppe abgesetzt. Übrigens befanden sich unter den Papieren, die später auf den Molukken auf der „Trinidad" beschlagnahmt wurden, auch Karten, die den Breitengrad sowohl mit 43° als auch mit 46° angaben. Portugiesische Quellen sprechen von bewußter Täuschung, um die spanische Besitzergreifung zu rechtfertigen. Glaubwürdiger wäre die Tatsache, daß im 16. Jh. der Ausgangsmeridian selbst vom gleichen Kartographen unterschiedlich berechnet und der Meridian von Santo Antáo und Boa Vista auf den Kapverden zugrunde gelegt wurde.

Nach wochenlangem Suchen stellte Magellan zweifelsfrei fest, daß der La Plata eine Flußmündung, nicht aber eine nach Westen führende Meeresstraße sei. Magellan ließ zunächst den Rio de la Plata gründlich erforschen und wandte sich dann weiter nach Süden. In der Folge wurde jede Bucht der patagonischen Küste abgesucht, in der Hoffnung, sie könne den Zugang zur ersehnten Durchfahrt bilden. Die entdeckte er am 21. Oktober 1520. Sie wurde später nach ihm benannt. Als diese Meerenge erreicht wurde, bemächtigte sich der Pilot der „San Antonio", Estebao Gomez, seines Schiffes und kehrte nach Spanien zurück. Da bereits vorher ein Fahrzeug der Flotte Schiffbruch erlitten hatte, mußte Magellan mit nur noch drei Schiffen seine Fahrt fortsetzen. Magellan konnte mit Hilfe eines Astrolabiums und dem Sonnenstand die Breitengrade genau feststellen. Der spanische Kartograph Nuño Garcia hatte ihn mit 25 Seekarten ausgestattet, darunter auch mindestens drei Planisphären. Von Garcia selbst, der seit 1519 in Sevilla tätig war, hat nur eine Karte von 1552 als „Salviati Weltkarte" überlebt. Er hatte aber keine zuverlässigen Hilfsmittel, um die Längengrade zu bestimmen. Die Längenbestimmung, durch die die geographische (auch astronomische) Länge eines Erdortes festgelegt wird, war bis ins 18. Jh. das größte Problem der Geographie. Ihre Bedeutung für die Kartographie wurde schon zwei Jahrhunderte vor Chr. von Hipparch erkannt. Sebastian Cabot erklärte auf seinem Totenbett, daß eine göttliche Offenbarung ihn angeblich in die Lage versetzte, die Längenbestimmungen zu ermitteln, ihm aber nicht gestattet sei, diese Kenntnis weiterzugeben. Samuel de Champlain glaubte, daß Gott es nicht gewollt hätte, den Menschen die Fähigkeit zur Längenbestimmung zu geben. Der Entdecker vermochte

nur die Geschwindigkeit, mit der sich sein Schiff fortbewegte, zu schätzen, um
so die zurückgelegte Entfernung festzustellen. Das ist natürlich eine unsichere
Methode, denn der Einfluß von Strömungen und Winden kann nicht genug einkal-
kuliert werden. Um nicht noch einen zusätzlichen Unsicherheitsfaktor in Kauf
nehmen zu müssen, bestimmte Magellan den Kurs ausschließlich selbst und erlaubte keinerlei Diskussion durch die Kapitäne der anderen Schiffe.

Die Hauptquellen des weltbewegenden Unternehmens sind das Tagebuch des
italienischen Historiographen und Chronisten der Expedition, Antonio Pigafetta,
das erst im Jahre 1837 von Martin Fernandez de Navarette veröffentlichte Logbuch des zweiten Maates und späteren Steuermannes, Francisco Albo, sowie der
Roteiro eines „genuesischen" Steuermannes, dessen Name nicht feststeht.

Dem spanischen Chronisten Antonio Herrera soll für seine Darstellung, wie
Alexander von Humboldt vermutete, noch ein verlorengegangenes Tagebuch
des Astronomen Andreas de San Martin zur Verfügung gestanden haben, der
Magellan begleitete.

Das Tagebuch des Antonio Pigafetta wurde Papst Clemens VII. und dem
Großmeister von Rhodos, dem Normannen Philippe de Villeirs de l'Istle Adam,
gewidmet, aber von der Casa de Antillas beschlagnahmt. Glücklicherweise gelangte es nach Frankreich, wurde dort in die Landessprache übersetzt und 1525
veröffentlicht (in „Le Voyages et Navigation fait par. Les Espagnols et Isles de
Mollnaquest"). Eine italienische Ausgabe erschien vor 1540 und eine englische
von Richard Eden 1555. Pigafettas Manuskript galt lange als verloren, bis es erst
durch Carlo Amoretti wiederentdeckt wurde. Es befindet sich heute in der
Biblioteca Ambrosiana in Mailand. Amoretti übertrug es in reines Italienisch und
veröffentlichte es im Jahre 1800. Ein Jahr später gab Justus Perthes in Gotha eine
deutsche Übersetzung von Anton Pigafettas Beschreibung der von Magellan
unternommenden „Reise um die Welt" heraus. (Vgl. Kartenanhang, Abb. 1)

Geboren wurde Pigafetta als Plegapheta in Vicenca. Er gehörte zur von Andrea
Chiericati geführten Botschaft des Papstes beim spanischen König Carlos. Der
Botschafter versprach sich von Pigafettas Teilnahme offensichtlich einen zuverlässigen Beobachter, damit die Demarkationslinie respektiert wird. Hätte Pigafetta in einem späteren Jahrhundert gelebt, wäre er wohl Anthropologe geworden.

Pigafetta soll beim Angeln von Bord ins Wasser gefallen sein, ohne daß je-
mand den Sturz des angeblichen Nichtschwimmers bemerkt hatte. Dann wäre uns
die ganze Geschichte jener ersten Weltumseglung im wahrsten Sinne des Wortes
weggeschwommen. In letzter Minute konnte der Chronist ein vom Schiff herun-
terhängendes Tau erfassen und uns dadurch sein Gedächtnis erhalten. Der bekannte Kartenhistoriker R.A. Skelton glaubte nach seinen quellenhistorischen
Forschungen, daß unter den erhaltenen Abschriften des Berichtes von Pigafetta
das in Mailand aufbewahrte Manuskript die Fassung ist, die dem Original am
nächsten kommt. Mit dem Pigafettabericht korrespondiert die „Diplomatische

Geschichte des portugiesischen berühmten Ritters Martin Behaims. Aus Original-urkunden", 1801, von Christoph Gottlieb Murr. Amoretti verteidigte Pigafettas Irrtum, daß Magellan von Behaim Kunde über die später nach ihm benannte Meeresstraße erhalten hätte. Dagegen sollte nach dem Wunsch der Übersetzer Murr Stellung nehmen. Da diese Darstellung jedoch 145 Druckseiten einnahm, hat der Perthes Verlag sie nicht dem Pigafettabericht beigefügt, sondern ein gesondertes Buch daraus gemacht. Pigafettas Eindrücke von den Patagoniern und deren Gott Caliban fanden in Shakespeares Sturm (1611) ihren dichterischen Niederschlag.

In der Eintragung über die Einfahrt in die Magellanstraße schrieb Pigafetta: „Ohne Wissen unseres Kapitäns hätte man nicht in diese Meerenge einlaufen dürfen, weil wir alle glaubten, daß sie keine Ausfahrt habe. Aber unser Kapitän wußte, daß man eine besonders verborgene Meerenge durchfahren mußte, weil er sie auf einer Seekarte gesehen hatte, die in der Schatzkammer des Königs von Portugal aufbewahrt wurde, und die ein ausgezeichneter Kosmograph, Martin de Beohemia, eingezeichnet hatte".

Von Bartolomé de Las Casas, der schon an dem Gespräch Magellans am königlichen Hof zu Valladolid im März 1518 teilgenommen hatte, wurde die Feststellung des Pigafetta bestätigt. Auf einem Globus(?) seien alle Küsten dargestellt worden, lediglich der Bereich um die Meerenge wäre unausgefüllt geblieben, „damit sein Geheimnis ihm nicht veruntreut würde". In Wirklichkeit sollte wohl die Vertraulichkeit der Juan Díaz de Solis-Expedition um 1516 über Cap Santa Maria (Punta del Este) hinaus gewahrt bleiben.

Ob Magellan wirklich auf eine verschollene Karte oder Globen des Martin Behaim oder vielleicht von Reinels zurückgreifen konnte oder ob er einem Phantom nachjagte, das eine unerwartete Realität erlangte, wird sich letzthin wohl nie beweisen lassen. Mit seinem Glauben an das Vorhandensein einer Passage nach der Südsee stand Magellan jedoch nicht allein. Spätestens seit der Entdeckung des Pazifiks durch Balboa war das Sinnen auf die Entdeckung einer westlichen Durchfahrt in irgendeinem Teil des amerikanischen Doppelkontinents gerichtet.

Wenn wir einmal unterstellen, daß seine Angaben stimmen, so muß sich Magellan auf ein Kartenbild gestützt haben, das von Behaim stammte, und das Magellan vor seiner Flucht aus Lissabon in der Schatzkammer des Königs gestohlen hatte. Vielleicht war das mit ein Grund, daß Magellan verfolgt wurde und befürchten mußte, ermordet zu werden. Mit Hilfe dieser angeblichen Karte soll Behaim bekanntlich versucht haben, Kaiser Karl V. zu überzeugen, die wirkliche Durchfahrt nach Indien zu unterstützen. Die südliche Umfahrung des afrikanischen Kontinents fand unmittelbaren Niederschlag in einer Karte des deutschen Kartenzeichners Heinrich Hammer, latinisiert Henricus Martellus Germanus, aus dem Jahre 1489. Diese Karte wurde wahrscheinlich in Florenz mit Hilfe des ersten großen Landkartenherstellers, Francesco Roselli, für den Martellus als Kompilator arbeitete, hergestellt. Eine vermutlich um ein Jahr jüngere Wandkarte tauchte erst 1960 auf und befindet sich heute im Besitz der Yale University Library. Wegen des dicken Kolorits ist nicht feststellbar, ob es sich um einen Druck oder um eine Handzeichnung handelt. Eine gedruckte Karte hätte ohne Vermittlung weiterer Kopisten sowohl Behaim als auch Kolumbus zur Verfügung gestanden haben können. War diese Karte, die unter Experten als „missing link" zwischen Ptolemaeus und modernen Karten angesehen wird, vielleicht diejenige, die im Zusammenhang mit Behaim erwähnt wird? Alexander von Humboldt glaubte an eine geheime Expedition der portugiesischen Gewürzleute. Einige Gelehrte schließen nicht aus, daß Christopher de Haro und Nusso Manuel schon im Jahre 1514 die Meerenge durchsegelt haben könnten.

Dieser Hinweis auf Behaim war die Quelle für die wiederholt geäußerte Annahme, daß der Nürnberger nicht nur die Magellanstraße, sondern sogar Amerika entdeckt hätte. Wir wissen von Behaim nur, daß er in den gleichen Nürnberger Jahren, als sein Erdglobus entstand, ebenfalls im Auftrage der Reichsstadt eine heute nicht mehr erhaltene Weltkarte herausbrachte, auf die sich Magellan berief, als er seine Weltumseglung vorbereitete. Damit gehört Behaim zumindest zu den Eröffnern der Welt. Aufgrund einer beabsichtigten Übertreibung in einer lateinischen Laudatio zu Ehren der Nachkommen Behaims im Jahre 1682 hob der Altdorfer Professor Johann Christoph Wagenseil (1633–1705) die Verdienste des Laudanten besonders hervor und bedauerte dabei, daß der Name des Entdeckers von Amerika vor Kolumbus noch nicht hinreichend anerkannt und gefeiert worden sei. Wagenseil forderte, die Magellanstraße Behaimstraße zu nennen, wie es später Al. Ziegler (1859) und Mytton Maury (1873) tat. Bernhard Varenius, der Begründer der physikalischen Erdkunde, sprach in seiner Geographia generalis (1650) von Magellan „oder demjenigen, der sie (die Straße) vor Magellan entdeckte".

Der Satiriker Voltaire drückte 1757 seinen Zweifel darüber aus, daß „Martin Behem aus Nürnberg im Jahre 1460 (Behaim wurde 1459 geboren) von Nürnberg in einer Mission für die Herzogin von Burgund zur Magellanstraße fuhr. In der Tat traten mit der Handelsbeteiligung des Augsburgers Jakob Fugger die Deutschen erstmals mit der Westküste Südamerikas in Berührung. Fugger gewährte Karl V. unter Beteiligung der Welser für die Expedition von Magellan (1519) und dem Mönch Garcia Joffre de Loaisa (1525) eine Anleihe von 10.000 Golddukaten. Die Folge der Conquista, bei der die Goldgier den Missionseifer überwog, war ein Aufschwung der den Atlantik befahrenden Nationen, zunächst Spanien und Portugal, und eine Umorientierung des Handels. Der Kolonialhandel wurde immer wichtiger. Wer mithalten wollte, mußte sich den neuen Marktbedingungen anpassen. Dazu waren auch die Fugger bereit. Sie stiegen stärker in Spanien ein, um dessen Handelsrouten auszunutzen und an der Eroberung der Neuen Welt teilzunehmen. Es versteht sich von selbst, daß sich unter der Mannschaft der fünf

Expeditionsschiffe auch Deutsche befanden (u.a. Heinrich Ehinger). Wohl in dem Bemühen um die Sicherung und Nutzbarmachung dieser Gelder erreichte der Nachfolger Anton Fugger 1530 nach schwierigen Verhandlungen mit der spanischen Krone, daß der Hohe Königliche Rat beider Indien der Krone empfahl, dem Augsburger erblich das Besitzrecht der Länder von der Magellanstraße bis Chincha (Peru) und bis zu 200 Meilen landeinwärts zu überlassen. Drei Jahre später scheiterte eine Expeditionsflotte der Fugger unter dem Oberkommando von Simon de Alcazaba. Die Absicht der Fugger, das gesamte Gebiet des heutigen Chile zu besetzen, hatte sich nicht verwirklicht. 1539 prozessierte Anton Fugger vergeblich um die Rückzahlung der Anleihe. Die Spuren der Fugger führen uns also nicht weiter, um das Rätsel der Behaimkarte zu lösen (In dem Atlas des Markus Fugger im Maritime Museum in Greenwich befindet sich eine anonyme Karte der Magellanstraße).

Zu den intensiveren Gesprächspartnern des Martin Behaim in Nürnberg gehörte auch der in Karlsstadt bei Würzburg geborene Johannes Schöner (1477 bis 1547). Im Jahre 1526 wurde er Lehrer für Mathematik in Nürnberg und bekleidete diese Stelle bis 1546. Er war der erste Serienhersteller von Nürnberger Globen.

Daß Behaim die Entdeckung der Magellanstraße zugeschrieben wurde, kann auf einem einfachen Mißverständnis durch die merkwürdige Tatsache beruhen, daß auf Schöners Globen aus den Jahren 1515 und 1520, also vor der Entdeckung, eine Seestraße durch das südliche Südamerika verläuft. Außerdem wurden die Globen von Behaim und Schöner, die alle in Nürnberg hergestellt wurden, oft miteinander verwechselt (Vgl. Kartenanhang, Abb. 2).

Schon Francisco de Souva Tavarez will auf einer venezianischen Karte, die der Infant Don Pedro 1428 im Kloster der Hesperiden hatte, die fragliche Meerenge gesehen haben (also, bevor Amerika überhaupt entdeckt war). Infolgedessen verfiel man auf die Idee, daß Magellan eine Karte des Martin Behaim im Kloster von Alcovaca gesehen haben könnte.

Daß Magellan also vor seiner tatsächlichen Entdeckung einer Meerenge mit ihrer kartographisch-theoretischen Existenz vertraut war, kann wohl kaum bestritten werden. Wenn allerdings Behaim wirklich bereits vor Kolumbus Amerika entdeckt haben sollte, so wäre es unbegreiflich, daß er nicht wenigstens in Spuren Andeutungen davon auf seinem Globus (Erdapfel) von 1492 gegeben hat.

Es gehört einige Phantasie dazu, wollte man annehmen, die von Schöner gezeichnete Insel der Neuen Welt entspräche schon in etwa dem realistischen Küstenverlauf. Die Abhängigkeit von dem Kartenbild Martin Waldseemüllers drängt sich auf und bedeutet gegenüber dem Globus von 1515 keinen besonderen Fortschritt.

Uns interessiert nun die südlichste Gruppe der Neuen Welt, die vom nördlich gelegenen Inselkontinent durch eine Meerenge getrennt ist und den Namen „Brasilia inferior" trägt. Es scheint, daß Schöners Kartenbilder von 1515 und 1520 vom gleichen Druck stammen und das, was an Mehr sich auf dem Globus von 1520 zeigt, von den Restauratoren des 16. Jh. hinzugefügt worden ist.

Eine angebliche Skizze des Leonardo da Vinci, die er bei seiner Abreise nach Frankreich im Jahre 1516 seinem Schüler und Freund Francesco Melzi zurückgelassen haben soll, ähnelt in der Konzeption dem Kartenbild des Schönerschen Globus von 1515. Da der genaue Ursprung der Karte bisher ungeklärt ist und es sich bei der im Besitz von Schloß Windsor befindlichen Skizze vermutlich nur um eine Kopie handelt, führt sie uns auch kaum auf die richtige Spur. Es ist aber unstrittig, daß das Kartenbild des Globus von Schöner aus dem Jahre 1515, von dem noch zwei Exemplare in Frankfurt und Dresden erhalten sind, vor der Entdeckung der Durchfahrt durch Magellan entstanden ist.

3. Terra australis und der Schöner Globus

Um einer möglichst genauen Beurteilung über die wahre Ursache für die Darstellung einer südlichen Durchfahrt gerecht zu werden, müssen wir auf die Antike zurückblenden. Einzelne Geographen von den Pythagoräern über Eratosthenes bis Ptolemaeus glaubten an die Existenz eines Südkontinents, der „Terra australis". Bei einer Kugelgestalt der Erde, so meinten sie, müßte der Landmasse der nördlichen Halbkugel ein ähnliches Gegengewicht im Süden gegenüberstehen. Dessen Einwohner würden mit den Füssen gegen die Füße der Bewohner der Nordhalbkugel stehen. So bekamen die Leute den Namen „Gegenfüßler" – Antipoden. Nach der damaligen Vorstellung sollte dieses Südland den Indischen Ozean im Süden begrenzen und ihn zum Binnenmeer machen. Pomponius Mela stellte in dem ältesten erhaltenen Werk auf Latein etwa aus dem Jahre 43 n.Chr. seinen Südkontinent so groß dar, daß Sri Lanka zu dessen Nordspitze wurde.

Die Kugelform der Erde galt spätestens seit Aristoteles als bewiesen. Die Kugelform zählte auch seit der karolingischen Zeit des 8. Jh. zum Wissensgut der Gelehrten. Das Bild von der Erdkugel und der sie allseits umhüllenden Himmelssphäre stand aber im Widerspruch zu christlichen Vorstellungen, wenn sie auch nie ganz aus dem Bewußtsein der Europäer verschwunden war.

Da die Bibel mit keinem Wort etwas über eine kugelrunde Erde aussagt und auch nichts von den Antipoden weiß, so werden diese beiden Auffassungen in der „veröffentlichten Meinung" als ketzerisch abgelehnt bzw. scharf bekämpft. So konnte im christlichen Denken die Frage nach einem Erdglobus nicht gedeihen, auch wenn die einzige anwendbare Quelle gegen die Kugelgestalt aus der Religionslehre des afrikanischen Kirchengelehrten Firmianus Lactantius stammt, der aufgrund biblischer Aussagen eine Kugelgestalt ablehnte.

Im Spätmittelalter vertraten berühmte Gelehrte, wie Albertus Magnus, Roger Bacon und Pierre d'Ailly, aufgrund des Studiums antiker Quellen die Kugeltheorie. Daraus schlossen sie auch die Auffassung, daß der Osten Asiens über eine Westroute quer durch das „Westmeer" erreicht werden könne.

Wie aus seinen Äußerungen über die Position des Polarsterns hervorgeht, setzte auch Marco Polo die Kugelgestalt voraus. Für John Mandeville war die Kugelförmigkeit der Erde solch eine Selbstverständlichkeit, daß er in seinem berühmten Buch „Reisen des Ritters John Mandeville durch das gelobte Land Indien und China" schilderte, daß man von England nach Jerusalem „bergauf reise, da ja Jerusalem" als der Mittelpunkt der bewohnten Erde oben auf dem Erdball sei.

Die Überzeugung, daß die Erde rund sei, bekam durch die portugiesischen Entdeckungen frischen Auftrieb. Sie war in Kreisen der Seefahrer bereits allgemein verbreitet. Die Kugelgestalt wurde durch Alltagserfahrung, wie das Verschwinden auslaufender Schiffe am Horizont, bestätigt. So schuf die Wiederent-deckung der Kugelgestalt der Erde auch die Voraussetzung für den Versuch des Kolumbus, eine westliche Seeroute nach Indien zu finden.

Mit den ersten Seereisen der Portugiesen entlang der afrikanischen Küste be-gann auch der Mythos der Unbewohnbarkeit der tropischen Zone zu wanken. Die portugiesischen Seefahrer kümmerten sich aus praktischen Gründen wenig um die Theorie der Antipoden. Durch unentwirrbare Fragmente der Geschichte wird allmählich der Mythos eines sagenhaften Kontinents aufgebaut, eine Mischung aus Legenden von Ophir, Marco Polo und den geographischen Vorstellungen des Ptolemaeus. Dazu trug auch Amerigo Vespucci bei, der in seinem Periplus von 1501/02 von paradiesischen Zuständen in der Region der Antipoden berichtete.

Die Kartographiegeschichte der „Terra australis" begann im Mittelalter, nach-weislich mit der Ashburnham-Manuskriptkarte. Die seltsame Datierung läßt es offen, ob sie 894 oder 926 entworfen wurde. Die Kosmographen im Spätmittel-alter hatten den „Trend" frühzeitig erkannt. Fra Mauros Weltkarte (1459) vertritt zwar die richtige Auffassung vom Zusammenhang des Atlantischen und Indi-schen Ozeans, wie sie bereits Al Massudi im 10. Jh. n. Chr. lehrte. Er fügte dem Südende Afrikas eine vorgelagerte Insel hinzu, an der man bereits von einem Ozean in den anderen gelangen konnte. Das erinnert an Feuerland vor der Südspit-ze Amerikas (Die Pírí Re'is-Karte von 1513, die sich im Topkapi Serail in Istanbul befindet, ist die früheste, uns überlieferte Karte der Renaissance, die den unbe-kannten Südkontinent beschreibt; vgl. Kartenanhang, Abb. 3).

Ob nun Johannes Schöner wirklich den Südkontinent mit „Brasil Regie" auf seinen Globen aus den Jahren 1515 und 1520 darstellen wollte, können wir nicht nachweisen. 1523, nachdem die Durchfahrt bekannt wurde, ließ der Globen-macher den vermeintlichen Südkontinent seltsamerweise wieder weg. Daher be-stätigte gerade die Entdeckung der Meeresdurchfahrt für viele die Annahme eines südlichen Kontinents. Jedenfalls spielte seit den Erdgloben von 1515 bzw. 1520 die „Terra australis" eine immer größere Rolle und wird uns noch später des öfte-ren begegnen. Denn die Vorstellung vom Vorhandensein eines Südkontinents darf als einer der fruchtbarsten Irrtümer der Geographie und Entdeckungsgeschichte bezeichnet werden. Auf verschiedenen Globen vom zweiten Viertel des 16. Jh. sind die Land- und Meeresflächen in etwa gleich stark vertreten. Auf dem anony-men Marmorglobus, der sich in Gotha befindet, werden 51 % seiner Gesamtfläche von Land, 49 % vom Meer eingenommen, während in Wirklichkeit die Meeres-flächen mit rund 71 % stark überwiegen. Damit wird der Gleichgewichtstheorie der Griechen entsprochen.

Schöners Bezeichnung „Brasil Regie" läßt auch darauf schließen, daß hier eine Verwechslung mit dem damals häufig gebrauchten Toponym Brasil nicht nur für Inseln im Atlantik, sondern sogar für Sumatra vorliegt. Die Portugiesen haben den Hafen von Malacca auf der Malayischen Halbinsel um 1511 erobert. Wenn sie vielleicht auf dem Wege dorthin über das amerikanische Brasil nach 1511 gesegelt sind oder gar Sumatra berührt hätten, könnte dafür Raum für Verwechselungen eines Nachrichtenübermittlers auf Madeira gewesen sein.

Die Wurzeln von Schöners prophetisch anmutender Darstellung könnten in einer deutschen Flugschrift liegen. Solche Informationsbriefe entstanden etwa seit Ende des 15. Jh., verstärkt nach 1517. Sie enthielten in einer unkritischen Verarbeitung privater oder offizieller Briefe und Berichte oft nur Halbwahrheiten, aber viel Phantastisches über die Neue Welt.

Schöner könnte eine Flugschrift, betitelt „Copia der Newen Zeytung aus Presíllg Landt" (Brasilien), in der Hand gehabt haben. Keines der drei noch heute existierenden Exemplare ist datiert. Spekulationen bewegen sich zwischen 1506 (Stefan Zweig) und 1520 (Harrisse). Quellen aus dem Fuggerarchiv legen das Datum 1514 nahe. Da in Schöners 1515 erschienenen Erdbeschreibung „Luculentissima quaedam terrae totius descriptio" ganze Sätze mit dem Wortlaut der „Zeytung" übereinstimmen, vermutet man, daß diese Flugschrift vor 1515 publiziert wurde. Der Inhalt der „Zeytung" ist eine ziemlich unverständliche Übersetzung eines verschollenen italienischen Originals. Es heißt darin, daß eine kleine portugiesische, von Kaufleuten ausgerüstete Expedition von zwei Schiffen ausgefahren sei, „umb das Presilglandt zu beschreiben oder zu erfaren". Auf 40° s. Br. fanden sie, daß dieses Land in ein Kap ausläuft. Sie umfuhren dieses und bemerkten, daß die Situation an die Straße von Gibraltar erinnert. Als sie dann nach Umseglung des Kaps nordwestwärts fuhren, wurden sie durch ein Unwetter an der Weiterfahrt gehindert. Sie fahren „wider herumb auff die ann der Seyten" von „Presill". Der Pilot des Schiffes versicherte, daß von jenem „Cabo dye Presill", welches der Anfang von „Presillandt" ist, „Malaqua" höchstens 600 Meilen entfernt sei, und daß er auf diesem Wege in kurzer Zeit „von Lisibona gen Malaqua zufaren und widerumb kummen", d.h. die Erdkugel vollständig umsegeln könnte. Er fand auch, daß das „Presilglandt" sich bis nach Malacca hinzöge.

Die genannte Zeitung wurde durch den Kaufmann Christopher de Haro an seine Geschäftsfreunde in Augsburg geschickt. Die Vermutung liegt nahe, daß die deutsche Finanzwelt für eine entsprechende Unterstützung des Haro'schen Vorhabens vorbereitet werden sollte. Da waren auch den damaligen Zeitgenossen alle Mittel der Werbung recht.

Magellan hatte in Lissabon außer mit dem Kosmographen und Astronomen Ruy de Faleiro auch mit zahlreichen Deutschen verkehrt. Durch seinen militärischen Rang als Kapitän hatte er vermutlich keine Schwierigkeiten, Zugang zu den gut gehüteten Kartenbeständen des Königs zu erlangen. Mit einigem Erstaunen nimmt man in den Berichten über die Magellanreise zur Kenntnis, mit welcher Sicherheit Magellan die nach ihm genannte Meeresstraße gefunden hatte.

Die vorausgegangenen merkwürdigen Umstände, die zu Magellans erfolgreicher Entdeckung führten, sind ein Beispiel dafür, daß das Ignis Fatuus auch wie ein Leuchtfeuer zum Erfolg führen kann. Vielleicht stand überhaupt keine große geographische Eingebung hinter dem Wagnis, sondern allein die Überzeugung, für ein so groß angelegtes Unternehmen, wie die Christianisierung der Neuen Welt, habe der Schöpfungsplan gewiß auch eine Wasserstraße für die Spanier vorgesehen. So ließ Karl V. seine Flotte die fremde Küste nach einer Durchfahrt zur Südsee absuchen. Magellan ist durch eine fremde Selbsttäuschung vermutlich selbst getäuscht worden. Ein Irrtum, ein ehrlich geglaubter und ehrlich übernommener Irrtum, war letzten Endes sein Geheimnis.

4. Die Entdeckung der Magellanstraße

Mit nur noch vier Schiffen, darunter die"Victoria", sichtete die Magellanexpedition am Sankt Ursulatag (21. Oktober) des Jahres 1520 eine Landenge, die er, der Heiligenlegende eingedenk, Kap der Elftausend Jungfrauen nannte. Dem Chronisten Pigafetta verdanken wir die Einzelheiten dieser Reise, der die Gottesaufrufungen der überlisteten Eingeborenen (Setebos) ebenso festhielt, wie das Weinen des überwältigten Magellan angesichts der Nachricht seiner Kundschafterschiffe, man habe die Ostwestpassage entdeckt. Magellan nannte die Meerenge, die später seinen Namen trug, Todos los Santos (Allerheiligen). Pigafetta versuchte es mit „Estrecho de Patagonica", andere mit „Los Pinguinos" und „Estrecho de la nave Victoria". Tatsächlich ließ später der englische Pirat John Davis, nur einer von vielen Vogelschlächtern, an dieser Küste einmal ein einziges Schiff mit 14.000 eingesalzenen Pinguinen beladen. Man wußte ja nie, wie lange man von den entsetzlichen Winden umhergetrieben wurde. Deshalb galt übrigens auch die Flugroute nach Rio Gallegos bis vor wenigen Jahrzehnten noch als eine der schwierigsten der Welt.

In den Dokumenten der Expedition von Garcia Jofre de Loaisa, die im April 1525 die gleiche Route nahm, sprach man von der Meerenge der Dürre. Als Pedro Sarmiento de Gamboa die Umgebung des Flusses San Juan am 12. Februar 1580 betrat, errichtete er ein Kreuz und vergrub einen Brief, in dem er mitteilte, daß er das Land im Namen von Castilla und Leon besetzte. Er sprach von „Enge der Gottes-Mutter", obwohl schon der Name „Enge von Magellan" verbreitet war.

In achtunddreißig Tagen hatte Magellan den 250 Seemeilen langen „Paseo", den er mit der Victoria dreimal zurücklegen mußte, bezwungen und die Verbindung zwischen dem Atlantik und dem Pazifik hergestellt. „Es brauchte schon mehr als Glück, um diese Seestraße zu durchqueren, denn alle Regeln der Natur sind in ihr auf den Kopf gestellt. Die Flut steigt und fällt mehrmals und setzt heftige Strömungen frei, die entgegengesetzt verlaufen. Mächtige kurze Wellen gehen von ihnen aus, die wie eine Springflut über dem Schiffsdeck zusammenschlagen. Entfesselte Winde stoßen aufeinander und vereinen sich dann zu einem Höllenreigen, der einen Trichter ins Meer rammt, von dem alles, was noch schwimmt, unbarmherzig in die Tiefe gezogen wird. Andere wieder stürmen mit grausigem Geheul die Berge hinunter und werfen sich wie riesige Raubvögel unter dem Krachen brechender Maste auf das Schiffsdeck." (Jean Raspail).

Nicht im mindesten ähnelt die aufgeschlossene Seestraße jenem schnurgeraden Phantasiekanal, den in ihrem bequemen Stuben biedere Kosmographen, wie Schöner, gezeichnet haben.

Stefan Zweig schrieb denn auch schwärmerisch, aber durchaus richtig, in der Einleitung zu seiner Biographie über Magellan: „Von allen Gestalten und Fahrten lernte ich eine am meisten bewundern, die Tat des Mannes, der meinem Empfinden nach das Großartigste geleistet in der Geschichte der Erderkundung, er, der mit fünf winzigen Fischkuttern ausfuhr, um die ganze Erde zu umrunden – die herrlichste Odyssee in der Geschichte der Menscheit, vielleicht, diese Ausfahrt von 265 (?) entschlossenen Männern, von denen einzig 18 heimkehrten auf zermorschten Schiffen, aber die Flagge des größten Sieges gehißt auf dem Mast." Mit den Überlebenden soll auch ein Deutscher zurückgekommen sein. Er hieß Hans Barge; mehr ist von ihm nicht überliefert.

Mit der ersten Umfahrung Südamerikas vom Atlantik in den Pazifik wurde eine lange Serie von Expeditionen eingeleitet. Magellan nannte das erreichte Meer „Oceanico Pacifico" – Pazifischer Ozean.

Wenn man Marco Polo außer acht läßt, der im Jahre 1292 eine mongolische Prinzessin von China nach Persien durch das Südchinesische Meer begleitet haben will, hat Antonio Abreci 1511 als erster Europäer einen Arm das Pazifiks überquert. Jener brachte Gewürze vom Indischen Ozean in die Banda See, war sich aber der Entdeckung eines neuen Meeres nicht bewußt. Diese Ehre gebührt Vasco Nuñez de Balboa, der 1513 korrekterweise ahnte, ein Meer gefunden zu haben, das sich von dem unterschied, welches zwischen Europa und der Neuen Welt liegt. Noch im Jahre 1520, als Magellan in den Pazifik hineinsegelte, wußte man weniger vom Pazifik als wir heute davon wissen, was zwischen den Sternen liegt.

Magellan vermutete nur zu Recht, daß auf dem Wege nach Asien die Molukken liegen, aber nicht, was sich dazwischen befindet. Seine Vorstellung über die Entfernung basierte auf den falschen Berechnungen des Ptolemaeus, der den Erdumfang um 28 % unterschätzte.

Ein einziges Besatzungsmitglied der Magellanexpedition hätte Magellan die Erstlingstat der Weltumseglung streitig machen können, wenn er sie seinerzeit überhaupt begriffen hätte: sein malaiischer Sklave Enrique, der dorthin zurückkehrte, woher er ursprünglich gekommen war.

Als Enrique die ersten Eingeborenen auf malaiisch ansprach, verstanden ihn viele der Insulaner und antworteten in derselben Sprache. Er, den man mit der Peitsche von seiner Heimat weggetrieben und über Indien, Afrika nach Europa geschleppt hatte, war, so glaubt heute die Forschung, als erster Mensch dieser Erde über Amerika wieder in seine Heimat zurückgekehrt.

Als Magellan vor der Insel Cebu vor Anker ging und den dortigen Sultan zum Christentum bekehrte und ihn zum Lehnsmann des spanischen Königs machte, verzichtete er, von seinen Erfolgen wie berauscht, auf die üblichen Vorsichtsmaßnahmen. Im Kampf mit den Bewohnern der Philippineninsel Mantan, die heute den Flugplatz von Cebu trägt, fand er am 27. April 1521 den Tod.

Unter dem Kommando von Juan Sebastian de Elcano (1476?–1526) lichteten die beiden übriggebliebenen Schiffe die Anker. Schließlich war nur die „Victoria" seetüchtig genug, um die Heimfahrt anzutreten. Unter Umgehung der von den Portugiesen befahrenen Seewege segelte sie durch den südlichen Indischen Ozean und erreichte schließlich am 7. September 1522 mit nur achtzehn Mann und nach fast dreijähriger Abwesenheit wieder den Ausgangshafen Sanlucar. Die Casa de la Contratación und Christoper de Haro hatten die acht Millionen Maravedis, die in die fünf Schiffe investiert worden waren, schon in den Rauchfang geschrieben. Nun erbrachten die etwa sechsundzwanzig Tonnen Gewürze, welche die „Victoria" von den Molukken heimgebracht hatte, sogar einen Überschuß von etwa 500 Golddukaten! Eine Schiffsladung hat also völlig für den Verlust der vier verlorengegangenen Schiffe entschädigt, vorausgesetzt, daß bei dieser Rechnung der Verlust von 247 Menschenleben mit Null eingesetzt wird.

Kaiser Karl V. (1500–1558) war gerade vom Reichstag zu Worms, wo durch Luthers Entschlossenheit die geistige Einheit der Kirche für immer zerrissen worden war, nach Spanien zurückgekehrt. Da erreicht ihn im Schloß von Valladolid die Nachricht von de Elcanos glücklicher Heimkehr. Er erfuhr, daß ein zweiter Mann nun auch das geographische Weltbild verändert hatte.

Der Kaiser setzte de Elcano ein Gnadengehalt von 500 Dukaten aus und verlieh ihm ein Wappen: Primus circumdestime. Nicht eine einzige Zeile von Magellans Hand nahm de Elcano mit zum Kaiser. Eifersüchtig hat er des Kapitäns regelmäßig geführtes Tagebuch vernichtet. Nicht weniger merkwürdig verliert sich auch die Spur jenes Originaltagebuches, das Pigafetta mit großer Sorgfalt führte und dem Kaiser in Anwesenheit von de Elcano persönlich übergab. Offenbar sollte der Triumph des baskischen Edelmannes de Elcano heller ins Licht gesetzt werden als der des Portugiesen Magellan, der stets mit dem Widerstand der spanischen Offiziere kämpfen mußte.

Als zwölf Jahre später der überlebende Urdaneta nach Spanien zurückfand und das Drama von Cebu schildern wollte, belegte man ihn mit einem Schweigegebot.

Magellans Tat, die erste Umseglung des Globus durch seine Expedition, war das ruhmwürdigste Unternehmen der Entdeckungsgeschichte und Vollendung dessen, was Kolumbus durch einen großen Schritt eingeleitet hatte.

Durch die erste Erdumseglung wurde die Kugelgestalt der Erde zum ersten Mal empirisch erwiesen. Ein erster Begriff ihrer wahren Größe wird gewonnen, auch wenn, wie Samuel Eliot Morisson schätzt, die tatsächliche Ausdehnung des Ozeans um mindestens 80% zu gering angenommen wurde. Selbst ein Jahrhundert nach Magellan wurde die Entfernung von zuverlässigen Karten immer noch um 40 % unterschätzt.

Es gab ja immer noch nicht die Möglichkeit, die Länge zu bestimmen. Zu Magellans Zeiten konnte der Längengrad nur geschätzt werden, indem man den Weg eines Schiffes von einem bekannten Ausgangspunkt täglich auf einer Seekarte verzeichnete. Dazu mußte der Seefahrer den Kurs kennen, den er an Hand des Kompasses errechnete und seine Geschwindigkeit abschätzte. Zu diesem

Zweck warf er ein Stück Holz über Bord und beobachtete, wie lange es brauchte, bis es verschwunden war.

Die größte Entdeckertat des 16. Jh. war schon deshalb so bedeutend, weil sie bewußt vollbracht wurde. Danach wurde es leichter, die großen Entdeckungen in das Weltbild einzuordnen. Die auf Ptolemaeus bauenden Anhänger der Lehre vom „Mundus tripartitus" – den drei Kontinenten Afrika, Asien, Europa, die die Nachkommen von je einem der Söhne Noahs bevölkern – gaben sich jedoch noch nicht ganz geschlagen. Ihre Karten stellten die Neue Welt nur als großen Appendix Nordosteurasiens dar!

Pigafetta hat auf dem Rückweg auf Kap Verde noch ein Wunder erlebt. Immer westwärts steuernd, muß den Weltumseglern, die täglich ihr Logbuch geführt haben, auf unerklärliche Weise ein Tag aus dem Kalender gerutscht sein. Erwiesen ist nun, was bereits Heraklit von Pontus ca. 400 Jahre v.Chr. als Hypothese aufgestellt hatte, nämlich daß die Erdkugel sich im regelmäßigen Rhythmus um die eigene Achse schwingt und daß, wer westwärts steuernd ihr folgt, der Unendlichkeit Zeit abgewinnen kann.

Hätte die Expedition die umgekehrte Richtung eingeschlagen, so wäre es ihnen wie in der „Reise um die Erde in achtzig Tagen" ergangen, deren geistreiche und überraschende Pointe bekanntlich darin bestand, daß der Held, ohne es zu ahnen, einen Tag und damit eine Wette gewann. Die Seefahrer der „Victoria" waren über ihre Entdeckung vermutlich nicht weniger verblüfft und erfreut als Mr. Phileas Fogg, denn sie bedeutete einen absolut unwiderlegbaren Beweis für die Kugelgestalt der Erde. Erst 1845 wurde die Datumsgrenze offiziell mit dem 180. Längengrad festgelegt.

Die Entdeckung der Magellanstraße wurde in Europa zuerst durch einen Brief des Maximilian Transylvanus, dem leiblichen Sohn von Mattheaus Land, dem Erzbischof von Salzburg, 1523 verbreitet, an den er gerichtet war. Maximilian befand sich am spanischen Hof und hatte die Gelegenheit, die übriggebliebene Mannschaft der „Victoria" zu interviewen. Die Quelle gewinnt noch erhöhte Bedeutung durch den Umstand, daß der Verfasser in engen verwandtschaftlichen Beziehungen zu Christoph de Haro stand, der sich an der Finanzierung der Magellanexpedition beteiligte. Der Brief wurde im Januar 1523 in Köln, der andere im November 1523 in Rom unter dem Titel „De Moluccis Insulis" veröffentlicht.

Die spätere Ausgabe könnte sich durch eine päpstliche Auflage verzögert haben, weil zum Druck nur Franciscus Minitius Calvus berechtigt war. Da die Kölner Ausgabe einige Korrekturen enthält, glauben einige Wissenschaftler, daß die römische Ausgabe die ursprüngliche Fassung war. Während die ersten beiden Drucke in lateinischer Sprache erschienen und eine weitere im Februar 1524, erfolgte eine italienische Übersetzung zugleich mit dem Bericht des Pigafetta 1534 und 1536 zu Venedig.

Der allererste Bezug auf die Reise von Magellan erfolgte bereits im letzten Absatz auf einer achtblättrigen Druckschrift des Fuggerschen Bankhauses in Augsburg aus dem Jahre 1522. Kopien dieser sehr seltenen Schrift befinden sich in der John Carter Brown Library un in der James Ford Bell Library. (vgl. Kartenanhang, Abb. 4).

Zusammen mit einer von Johannes Schöner in Bamberg veröffentlichten Flugschrift wird eindrucksvoll belegt, wie relativ schnell sich Meldungen über die jüngsten Entdeckungen im Mitteleuropa der frühen Neuzeit verbreiteten. Eingeschlossen ist auch die Nachricht über die Weltumseglung. Schöner nennt entgegen seiner sonstigen Gewohnheit auch die Quelle für diese brandaktuelle Information: „De moluccia insulis".

So ist es nicht verwunderlich, daß schon bald nach der Rückkehr des Juan Sebastian de Elcano am 6. September 1522 die Magellanstraße in der Kartographie ihren Niederschlag fand. Es ist zu vermuten, daß eine Seekarte Ende 1523 durch einen offiziellen portugiesischen Kartographen gezeichnet wurde, der sich die Dokumente von Antonio de Brito oder von der Casa de la Contratación in Sevilla beschaffte.

In seinen Globussegmenten aus dem Jahre 1523, die noch aus seiner Bamberger Zeit stammen, stellte Johann Schöner nach dem neuesten Kenntnisstand seiner Zeit die Umrisse der Kontinente dar und verzeichnete mit einer durchgehenden dünnen Linie bereits den Reiseweg der ersten Weltumseglung durch Magellan. Diese geradezu sensationelle Eintragung ist ein erneuter Hinweis darauf, wie schnell Informationen von großen Ereignissen Wissenschaftler jener Zeit erreichen konnten.

Spätere Kartenbilder des Johannes Schöner zeigen aber, daß ihn die erste Weltumseglung zunächst eher verwirrt hatte. Sie verführte ihn zu der Meinung, daß man zu den Molukken Oberindiens gekommen sei und Brasilien, als ein noch nicht erforschtes Land, bis zu den Molukken reiche. Dieser Auffassung gab Schöner sowohl in seinem geographischen Leitfaden von 1533 als auch auf seinem Erdglobus von 1534 deutlich Ausdruck.

Der erste Erdglobus, der die Reise des Magellan verzeichnete, könnte schon um 1526 von dem Nürnberger Nicholas Kratzer hergestellt und im Gemälde „The Ambassadors" von Hans Holbein dem Jüngeren 1533 verewigt sein, das sich in der National Gallery in London befindet.

Die Magellanexpedition fand die Ufer der Seestraße zuerst zu beiden Seiten kahl und öde, nach einer Fahrt von 50 Leguas aber waldig und von hohen schneebedeckten Berggipfeln begleitet. Unter ihnen fiel der höchste Gipfel des Feuerlandes, der jetzige „Mount Sarmiento" besonders auf. Da er damals von dem Begleiter Roldan näher untersucht wurde, erhielt er den Namen „La Campana de Roldan". Man findet ihn schon auf den ersten nach Magellan gezeichneten Karten.

Das Land zur Rechten ihrer Straße nannten die Seefahrer Patagonien, aufgrund ihrer Begegnung mit riesenhaften Menschen. Das erste Zeugnis über die Existenz von Giganten im atlantischen Raum verdanken wir Amerigo Vespucci, der glaubte, die Ureinwohner in der Nähe des Südpols gefunden zu haben. Über den Ursprung des Namens Patagon gibt es unterschiedliche Auffassungen. Die weitverbreitete Annahme, Patagon bedeute „Mensch mit großen Füßen" und sei mithin ein spanisches Wort, wurde inzwischen von einer anderen Hypothese verdrängt, derzufolge die Tehuelche nach einer phantastischen Figur des zeitgenössischen Ritterromans „Primaleon" von Magellan Patagon genannt worden seien. In diesem Roman, dessen Erstausgabe 1512 in Sevilla erschien und Magellan vermutlich bekannt war, wird eine Insel beschrieben, auf der nicht nur ein Gigant namens Patagon, sondern auch ein Volk von Wilden lebt. Bei Pigafetta finden sich Reminiszenzen des Originaltextes, wenn er erzählt, die Wilden würden das Fleisch roh essen, könnten schnell laufen, und ihre Füße seien durch Hirschleder geschützt. Über den Grad der Übertreibung hinsichtlich der Größe der Patagonier (Tatzenfüßler) gehen selbst heute noch die Meinungen auseinander. Während Pigafetta davon sprach, die Patagonier seien so groß, daß er ihnen nur zur Taille reiche, sprach der Genueser Kapitän der „Trinidad", Juan Báutista, von 175–195 cm. Wie so viele geographische Mythen des ersten Entdeckungszeitalters hielt sich auch der von den patagonischen Riesen bis ins späte 18. Jh. Es bedurfte erst des Zollstocks des englischen Seefahrers Wallis, den er 1769 an die Bewohner dieses Landes legte, um die Behauptung, sie seien Riesen, für immer in das Reich der Legende zu verweisen. Das Gebiet, das sich über eine Fläche von über 765.000 qkm von der Andenkette im Westen bis hin zur Atlantikküste im Osten erstreckt, erschien dennoch auf Karten des 16.–17. Jh. als „Regio gigantum" – Land der Giganten. Kartographische Darstellungen von Riesen finden wir bereits auf der Walsperger-Karte von 1448 (Hic sunt gigantes) und später im Schottischen Hochland, dargestellt von Mercator.

Patagonien steht seitdem für Freiheit und Weite. Hier tummelten sich Forscher und Revolutionäre, eigneten sich mächtige Clans Ländereien von der Größe europäischer Staaten an. Patagonien – das ist ein Treibhaus von Geschichten und Legenden!

Auf der linken Seite der Meeresstraße hatte der große Entdecker nachts eine seltsame Vision: „Rot glühende Punkte an vielen Stellen des Landes. Es mußten kleine Feuer sein, von Menschen entzündet, um Nahrung zuzubereiten und sich zu wärmen. So nannte er das Land südlich von ihm „Tierra del fuego – Feuerland". Magellan hielt Feuerland zunächst für die Küstenformation eines Subkontinents (Südkontinent). Nachfolgende Reisende in dieser Region lieferten widersprüchliche Zeugnisse für und gegen die Existenz eines riesenhaften Volkes. Garcia de Loaisa fand bei seiner Reise durch die Magellanstraße 1525 lediglich große Fußspuren an der Küste Patagoniens.

In der Magellanstraße selbst wurden Wassernomaden gesichtet, die in Unkenntnis der tatsächlichen Gegebenheiten ebenfalls für Patagonier gehalten wurden. Vielleicht wurden sie deshalb auch als riesenwüchsig bezeichnet. Simon de Alcazova konnte 1534 in der Nähe des Rio Gallegos Autochthone nur aus großer Entfernung beobachten, bei denen es sich aufgrund der Lagebeschreibung ebenfalls um Tehuelche gehandelt haben dürfte. Später traf auch seine Expedition in der Magellanstraße auf Wassernomaden. Bemerkungen seinerseits über außergewöhnlich hohen Körperwuchs der Ureinwohner sind jedoch in keinem der beiden Fälle überliefert.

Im Jahre 1615 wollen Le Maire und Schouten ein menschliches Gerippe von erstaunlicher Größe gefunden haben. Pigafetta hatte offen in der Einleitung seiner Erzählung erklärt, seine Reise diene dem Auffinden wunderbarer Erscheinungen. Das macht verständlich, daß wir aus zeitgenössischen Beschreibungen und Reiseberichten weit mehr über die Europäer selbst und deren Träume als über die Ureinwohner Amerikas erfahren.

Die Europäer konnten zunächst nicht zwischen den vier Ethnien auf Feuerland unterscheiden. Die ersten Kulturkontakte lassen sich dennoch aus den begleitenden geographischen Angaben ihrer Reiseberichte nachvollziehen.

So muß die erste Begegnung zwischen Europäern und den Alakaluf im Jahre 1526 im Verlauf der Expedition des Garcia de Loaysa stattgefunden haben. Im Jahre 1580 wurde die erste Begegnung mit den Selk'nam während der zweiten Expedition von Pedro de Sarmiento de Gamboas hergestellt. Die Manekenka wurden erst 1619 entdeckt, die Yamana sogar erst 1623 im Zuge der Entdeckungsreise des Jacob L'Hermites. Als Jäger und Sammler waren alle Ethnien von Feuerland gezwungen, ein nomadisierendes Leben zu führen.

Der Begriff Feuerland verbreitete sich erst durch die Chronik der geographischen Beobachtungen, die immer wieder das gleiche Bild von den Feuerstellen schilderten. Diego Ribeiro sprach 1529 vom Land des Rauches (Tierra de los Humos).

Alle Begriffe wurden in Karten von Alonso de Santa Cruz (1505–67), der 1537 zum Kosmographen der Casa de la Contratación ernannt wurde, zusammengefaßt.

Jean Raspail schilderte in „Sie waren die Ersten" die Geschichte dieses rätselhaften Volkes, der Ureinwohner von Feuerland, als Chronik einer jahrtausendlangen ununterbrochenen Flucht. Vor 30.000 Jahren wanderten die Kaweskars, in Aussehen und Lebensweise mit Eskimos vergleichbar, über die damals noch nicht vom Meer überflutete Beringstraße von Asien nach Alaska ein. Als bald weitere, höher entwickelte Völker nachsetzten, mußten die Urbewohner weichen. Kilometer um Kilometer wurden sie auf dem amerikanischen Doppelkontinent nach Süden gedrängt, bis sie in Feuerland das Ende des Erdteils erreichten. Dort stießen europäische Entdecker auf sie. Die Europäer sahen die Wilden mal als heimtückische Feinde, mal als willkommene Opfer, mal als interessante Gegenstände wissenschaftlicher Untersuchungen. Für die Urindianer bedeuteten die Besuche jedoch stets den Tod und Vernichtung. Rettungsversuche scheiterten nicht nur an der Inkompetenz fanatischer Missionare, sondern ebenso an der Unfähgkeit der Kaweskars, ihr Leben auf die veränderte Situation einrichten zu können.

Wahrscheinlich war es erst Hermann Melvilles weißer Wal, der die Geschichte vom „weißen Guanako" entstehen ließ. Hell ist nur das nach Kalb schmeckende Fleisch, das über dem Pampagrasfeuer mehr räuchert als Brot. Pigafetta beschreibt diese Hochbeiner als aus Kamelrumpf, Maultierkopf, Hirschläufen und Pferdeschwanz bestehend.

Die Kenntnisse über die natürlichen Ressourcen Feuerlands reduzieren sich auf oft unsachliche Überlieferungen. Dabei wurde übersehen, daß dieser Archipel im 16. Jh. durch die vier Ethnien dichter besiedelt war, als Patagonien und der Süden der Pampa in der gleichen Zeitperiode.

Unter den verschiedenen Wasserarmen, die sich im westlichen Teil der Magellanstraße befinden, wählte der Weltumsegler instinktsicher den richtigen Weg, bis ein „Vorgebirge des anderen Meeres" sichtbar wurde, das er „el Cabo Deseado" (das ersehnte Kap) nannte. Diesen Namen finden wir auf Karten des 16. und 17. Jh. bis es „El Cabo de los Pillares" genannt wurde. Beim Verlassen der Seestraße bemerkten die Seefahrer, daß die Küste nach Norden weiterlief. Das dort liegende Vorgebirge erhielt den Namen „Cabo Victoria", entweder dem Schiffe dieses Namens zur Ehre oder wegen des Sieges, den sie nun errungen hatten.

Man nannte nicht nur die entdeckte Meeresstraße selbst nach Magellan, sondern man übertrug diesen Namen auch auf die Länder in der Nähe der Straße und nannte sie die „Magellanischen Länder" (z.B. tierra de Ferna de Magallaes auf der Weltkarte von Ribeiro aus dem Jahre 1529) sowie benachbarte Teile des Atlantiks, die er durchschifft hatte, „Magellanisches Meer". Auch auf dem hypothetischen Südkontinent, von dem man sich das Feuerland nur als einen Teil dachte, übertrug man diesen Namen (z.B. „Terra australis, sive Terra Magellanica"). Später, als man die Nichtexistenz des Südkontinents erkannte, fuhr man fort, die im Norden gelegenen Länder (Patagonien) „Magellans Land" zu nennen. Noch im 18. Jh. umfaßte dieser Toponym die ganze Südspitze Amerikas, bis nordwärts hinauf zum La Plata. Schließlich wurde sogar ein Sternbild der südlichen Hemisphäre „Magellans Wolke" genannt.

Es scheint, daß die ersten Entdecker der Magellanstraße von besonderem Glück begleitet waren, denn spätere Befahrer dieser Seestraße haben mehrere Monate in ihr mit den Winden und Strömungen gerungen, bis sie hinauskommen konnten.

5. Die ersten Manuskriptkarten von der Magellanstraße

Die kartographische Aufnahme der Magellanstraße bereitete aufgrund des komplizierten Reliefs mit vielen Halbinseln, Vorsprüngen, Felsen bzw. Buchten und Fjorden für viele Jahrhunderte große Schwierigkeiten. Der chilenische Geograph Benjamin Subercaseaux meinte deshalb auch mit Recht und ohne Übertreibung, daß in keinem anderen Teil der Welt so viel Forschungseifer entwickelt worden wäre. Dadurch wurde auch für die Südpassage eine Kartenflut von beispiellosem Ausmaß produziert.

Dabei haben viele Seefahrer Feuerland angesteuert, als ob sie den endgültigen Beweis dafür haben wollten, daß die Welt – entgegen aller Schulweisheiten – schließlich doch mit Brettern vernagelt ist.

Von den Karten, welche Magellan und sein Astronom Andreas de San Martin an Bord ihrer Schiffe anfertigen ließen, könnten schon einige mit dem desertierten Piloten Esteban Gómez im Jahre 1521, andere mit Sicherheit durch Elcano 1522 in Spanien angekommen sein. San Martin, der mit Gomez auf der „San Antonio" zurückkehrte, wurde bestraft, weil er eine Karte, die die Route bis zur St. Julia Bay zeigte, wo die Magellan Flotte sich vom 28. Oktober bis zum 22. November 1520 befand, zurückließ. Daß Karten von der Magellanexpedition gezeichnet worden sind, belegt der Hinweis auf den Mönch Garcia Joffre de Loaisa, der 1525–1526 zur Magellanstraße segelte und Seekarten seines Vorgängers Magellan an Bord hatte. Ob von Loaisa Karten nach Spanien gelangt sind, läßt sich nicht feststellen. Von Loaisa rührt der spätere Name „Espiritu Santo" her. Das Segelschiff „Santi Spiritus" war eines der sieben Schiffe der Flotte seines Ordens, das am 14. Januar 1526 in der Nähe des Kap Virgenes, eine Meile südlich von Naufragio, sank. Die Überlebenden markierten den Platz durch ein Kreuz. Neun Jahre später 1535 wurde dieses Kreuz an einem Mast mit einem Schild befestigt, auf dem die Jahreszahl 1526 zu erkennen ist. In der Karte des Juan de la Cruz Cano y Olmedilla von 1775 steht es als Kap Nombre de Jesus, doch der Name Espiritu Santo blieb. Heute befindet sich hier eine eiserne Pyramide als Zeichen eines Grenzpunktes zwischen Argentinien und Chile. Das erste Schiff, daß der Ostküste von Tierra de Fuego ansichtig wurde, war höchstwahrscheinlich Franciso de Hoces's „San Lesmes" im Jahre 1526. Hoce war teilweise von Loaisas getrennt und soll 55° s.Br. erreicht haben. Sein Bericht muß den anderen Schiffen vor dem endgültigen Verschwinden im Pazifik bekannt gewesen sein.

Im Jahre 1932 boten unbekannte Spanier für zehn Pesos in Uruguay eine Karte an, die den Rio de la Plata, die Küste Patagoniens bis zur Magellanstraße darstellt. Sie enthält den Vermerk, daß de Elcano sie 1523 gezeichnet hat. Sie befindet sich im Besitz der Biblioteca Nacional in Montevideo. Der Zeichner versah sich um

12 Grad bei der Küste zwischen Cap San Antonio und der Magellanstraße. Der Fehler wurde später selbst von angesehenen Kartographen, wie Vaz Dourado, Ortelius und Mercator wiederholt oder sogar verschlimmert.

Im Jahre 1503 entstand bereits in Sevilla durch einen Erlaß von König Ferdinand dem Katholischen die „Casa de la Contratación" als oberste Behörde für alle kommerziellen und wissenschaftlichen Belange Amerikas. Gleichzeitig schuf man die Ämter des „Piloto mayor", der die nautischen Fähigkeiten aller zur Neuen Welt fahrenden Steuerleute zu prüfen und den „Padron Real" zu zeichnen hatte, des „Profesor de Cosmografia", der den Steuerleuten die Grundlagen der Nautik beibringen mußte, und des „Cosmografo de hacar cartas y fabricar instrumentos", der – wie sein Name sagt – ermächtigt war, Kopien des „Padron Real" anzufertigen und an die Steuerleute der „Carrera de Indias" zu verkaufen. Der „Padron Real" wurde seit 1503 hergestellt. Diese Generalkarten waren Weltkarten im Stil von Portulanen, wenngleich sie sich hauptsächlich auf Amerika und die danach entdeckten Gebiete bezogen. Die Küstenlinien von Amerika stimmten schon verblüffend genau mit der Wirklichkeit überein. Es wurden nur tatsächlich erforschte Gebiete und gesicherte Ortsbezeichnungen wiedergegeben, fiktive Eintragungen wurden nicht berücksichtigt.

Der Kartograph Nuño Garcia war es, der die Ergebnisse der Entdeckungen der „Victoria" in den „Padron Real" einfließen ließ.

Die Gestaltung Nord- und Südamerikas auf der Piri Re'is-Karte aus dem Jahre 1513 (vgl. Kartenanhang, Abb. 3), die 1929 im Topkapi Serail entdeckt wurde, hat ein so überraschend modernes Aussehen, daß die Karte zu vielen Spekulationen Anlaß gab. Südamerika erscheint bereits als geschlossener Kontinent.

Es fällt vor allen Dingen die mächtige, von Norden nach Süden verlaufende Gebirgskette auf. Die südamerikanische Ostküste setzt sich im Süden scheinbar unvermittelt in der arktischen Küste fort. Sie zeigt nicht nur Küstenlinien, sondern auch Bergformationen des antarktischen Kontinents, die erst im Jahre 1951 durch Schallwellen in den Gletschern festgestellt werden konnten. Seit der Veröffentlichung und Diskussion, die sich an die Wiederentdeckung und deren Faksimileverbreitung anschlossen, schien sie wieder in Vergessenheit geraten zu sein, bis ein Nachdruck in die Hände von M. J. Walters vom Hydrographischen Amt der US-Marine gelangte. Der Wissenschaftler war über die geographischen Informationen so beigeistert, daß er die These aufstellte, deren Ursprung läge mehrere tausend Jahre zurück; eine Vermutung, die sich auf die Pseudoerforscher vorkolumbianischer Zeit übertrug. Erich v. Däniken verstieg sich sogar zu der Behauptung, daß es sich bei der Karte um ein Indiz für die Mithilfe Außerirdischer handelt.

In der Topkapi Serail Bibliothek in Istanbul ist 1935 eine Karte entdeckt worden, die Pigafetta vermutlich zum Sultan nach Konstantinopel gebracht hatte, in dessen Diensten er nach 1524 eintrat. Auf der Höhe des 55. Breitengrades endet die Küstenlinie in einem Golf, in dem sich eine große blaue Insel befindet, welche den Hafen St. Julian darstellen muß. Auf der Landseite steht die Inschrift: „Hesta terra descobrio fernando de Magalhaes". Eine Durchfahrt ist nicht zu erkennen. Es ist zu vermuten, daß der Urheber dieser Karte Pedro Reinel ist, der sie für Magellans Expedition unter Führung von Ruy Faleiro vorbereitete.

Es ist die erste Karte mit einer ziemlich genauen Darstellung der südlichen Hemisphäre und die einzige portugiesische Seekarte, die aus der Zeit zwischen 1520–1530 überliefert ist.

Die Kartographen wechselten damals ohne Mühe von einem Fürsten zum anderen. Pedro Reinel (erste Hälfte des 16. Jh.) diente unter drei portugiesischen Königen und machte sich bis 1519 um die Kartographie der Casa da India verdient. Sein Sohn Jorge verließ Lissabon schon früher, beide waren 1519 in Sevilla. Es ist nicht ausgemacht, ob die Reinels schon 1520 in der Casa de la Contratación arbeiteten, wie Herrera behauptete, oder nur halboffiziell für die Institution tätig waren. 1528 wurden sie offiziell von der Casa da India beschäftigt. Jorge zeichnete 1551–54 mit Lopo Homem als „Examinador d'arte de navigar". Leider wissen wir von diesem bedeutenden Kartographen und seinem nicht minder begabten Sohn Jorge nur sehr wenig. In Enzyklopädien wird er vielfach nur als Portugiese bezeichnet. Nicht einmal sein Geburts- und Sterbedatum sind gesichert. Nach einem überlieferten Dokument mit Hinweis auf seine Heirat war Pedro 1542 noch am Leben. Die Forschung glaubt heute, daß er, wie sein Name schon vermuten läßt, in (Süd-) Deutschland geboren und zum Wahl-Portugiesen wurde. Vater und Sohn Reinel haben der geistigen Eroberung des Erdballs nicht nur durch die wissenschaftliche Verarbeitung und Wiedergabe der Ergebnisse von Entdeckungsfahrten auf Karten gedient, sondern wahrscheinlich auch den Anstoß zur Magellanreise gegeben. Der Magellan vor seiner Fahrt gezeigte Globus sowie die Weltkarte wurden von Jorge Reinel angefertigt.

Die Beinecke Rare Book and Manuscript Library in New Haven dürfte eine der ältesten noch erhaltenen kolorierten Handzeichnungen der Magellanstraße besitzen. Ihr Autor ist kein geringerer als Pigafetta, der sie um 1525 gezeichnet haben könnte. Ihre Südorientierung ist nicht ungewöhnlich, da dieses besonders südlich des Äquators praktiziert wurde. Der große Ozean im Westen wird „Mer pacefique" genannt, womit der Eindruck eines ruhigen Meeres nach den Turbulenzen im Südatlantik und in der Magellanstraße reflektiert wird (vgl. Kartenanhang, Abb. 5).

Als eine weitere Karte, die die Ergebnisse der Magellanexpedition wiederzugeben versuchte, gilt die von Juan Vespucci, Neffe von Amerigo Vespucci, aus dem Jahre 1526, die sich im Besitz der Hispanic Society of America befindet. Noch 1525 entstand der Gilt Globus (Bibliothéque nationale, Paris). Der hypothetische Südkontinent wird als Regio patalis bezeichnet. Magellans Reiseroute um die Welt ist durch eine Linie und im Pazifik durch die Abbildung der drei noch an der Expedition teilnehmenden Schiffe vermerkt. Da zahlreiche deutsche Namen auf dem Globus vermerkt sind und die Kartenausführung sich eng an die des Johannes Schöner anlehnt, ist nicht auszuschließen, daß der Hersteller ein Deutscher aus dessen Schule gewesen sein mag.

Im Jahre 1527 waren es ein Italiener und ein Engländer, die die ersten gedruckten Karten herstellten, die die Meeresdurchfahrt zeigten: Vesconte de Maggiolo's Portolan Karte, welche im Zweiten Weltkrieg in Mailand zerstört wurde und Robert Thornes Karte, die nur noch als Holzdruck in Hakluyt's Voyage aus dem Jahre 1582 überlebte.

Maggiolo schreibt in einer Legende Magellan die Entdeckung zu. Robert Thorne, ein englischer Kaufmann, der in Sevilla Handel trieb, versuchte König Henry VIII. am transozeanischen Handel zu interessieren, dessen Früchte Spanien und Portugal dank der geographischen Entdeckung bereits genossen. Sein Manuskript, „Buch und Karte von dem Wege nach Cataia", das Thorne im Jahre 1527 an den König sandte, wurde im Jahr 1582 als Propaganda für eine Nordwestpassage von Richard Hakluyt „Divers voyages touching the discoverie of America" abgedruckt. Falls der Holzschnitt wirklich aus Thornes' Kartenmanuskript von 1527 stammt, dann ist dieses die früheste bekannte nachmittelalterliche Karte, die ein Engländer gezeichnet hat.

Die Zeichnung der Neuen Welt stützt sich auf eine spanische Karte aus der Zeit nach 1522, zu der Thorne trotz Geheimhaltungsvorschriften Zugang hatte. Er bezeichnete die Seestraße „Strictum omnium sanctorum", so wie Magellan selbst sie genannt hatte. Nicht in nach außen gewölbter Form, sondern sie kippt schräg nach Südwest.

Der in Portugal geborene und schon erwähnte Diego Ribeiro († 1533), ein Verwandter von Ruy de Faleiro, wurde dort ausgewiesen und ließ sich noch vor 1519 in Sevilla nieder, wo er mit Vater und Sohn Reinel tätig war. Durch ein königliches Dekret im Jahre 1526 wurde er um eine Revision des „Padron Real" gebeten. Er stattete Magellans Flotte mit Seekarten und Instrumenten aus. Ribeiro besaß das Vertrauen Karls V. und arbeitete als Kartograph, Hersteller von Astrolabien und anderen Navigationsinstrumenten sowie als erster Kosmograph in der „Casa de la Contratación" in Sevilla.

Von seinen Werken sind fünf Planisphären erhalten, eine davon datiert 1525 (Archivio Marchesi Castiglioni, Mantua), eine von 1527 (Thüringische Landesbibliothek, Weimar) sowie zwei datiert 1529 (ebenfalls Weimar und Biblioteca Vaticana). Die fünfte anonyme Karte, die nur die westliche Hemisphäre mit Lateinamerika und Teilen des Pazifischen Ozeans zeigt, befindet sich in der Herzog August Bibliothek in Wolfenbüttel. Zwei dieser Karten wurden nach dem Vertrag von Saragossa 1529 von Karl V. nach Italien gebracht, um dem Papst darin zu zeigen, welche Länder christianisiert werden sollten (vgl. Kartenanhang, Abb. 6)

Die Karte von 1527, die sich in Weimar befindet, wurde zuerst von C.T. von Murr 1778–1801 erwähnt, später auch von Alexander von Humboldt in „Examen Critique" (1814–36).

Das Unikat von 1527 und das von 1529 waren lange Zeit im Besitz der Erasmus Ebner Bibliothek in Nürnberg. Im Gegensatz zur Karte von 1527 sind die von 1529 mit Legenden und Ländernamen versehen. Der Gothaische Hofrat Becker hatte nach 1795 eine Ribeiro-Weltkarte des Jahres 1529 aus der Erasmus Ebnerschen Bibliothek in Nürnberg erworben. 1810 verkaufte er sie an den weimarischen Herzog Carl August zur Bereicherung seiner Kartensammlung. Das zweite aus dem Jahre 1529 stammende Exemplar einer Ribeiro-Weltkarte befand sich in der Bibliothek des Jenaer Professors Christian Wilhelm Büttner, die 1783 für die Akademische Bibliothek der Jenaer Universität angekauft wurde. Erste Beschreibungen der beiden Karten erschienen 1795 bzw. 1810.

Die langgestreckte südliche Halbinsel von Amerika trägt den Namen „Tierra de Patagones", darunter „Tierra de Fernando de Magallaes". Am Eingang der „Estrecho de ferra de Magallaes" steht „Tierra de los Humos". Entlang der Küste Patagoniens finden wir die Namen von Flüssen, Buchten und dem Vorgebirge, die Magellan ihnen gab. Die Karte beweist, daß spätestens 1529 der Name Magellanstraße, hier „estrecho de Ferna de Magallaes", Ansehen genoß und auch der Name „tierra de los fuegos" schon benutzt wurde. Die Karten enthalten nur sehr wenige Spuren von den Reisen und Aufnahmen Loaisa's, auch nicht von dem „acabimiento de tierra", Ende des Landes, das er erblickt zu haben glaubte.

Die anonyme Karte von 1532, über die wegen der frappierenden Ähnlichkeit mit den anderen Karten aber kein Zweifel an Ribeiros Urheberschaft besteht, auch wenn sie von dem Kosmographen Alonso de Chaves aus Sevilla bearbeitet sein könnte, bleibt wegen seiner Krankheit und des nahenden Todes unvollendet, weil Ribeiros traditionelle Windrosen fehlen. Die Karte hat im Vergleich zu Ribeiros anderen uns überlieferten kartographischen Produkten den Vorteil von großer Detailtreue. Die Legende für Patagonien ähnelt der auf der Karte von 1529.

Die Wolfenbütteler Karte gelangte wahrscheinlich in den Besitz des Augsburger Humanisten Konrad Peutinger, bevor sie von Herzog August von Braunschweig-Wolfenbüttel erworben wurde. Erst 1906 wurde sie durch Edward Luther Stevenson mittels einer brauchbaren Reproduktion bekannt. Bei zwei Schiffen, die auf jeder Seite der Magellanstraße dargestellt sind, heißt es: „Ich fahre zu den Molukken". Eine der neun Legenden der Karte ist dem Land der „Tiera de Patagonen" gewidmet. Das ganze Land wurde von ihm 1520 entdeckt, wo er die Meeresstraße fand, durch die er zu den Molukken fuhr; das ganze Land ist sehr kahl und von keinem Nutzen. Die Indios sind groß, beinahe Riesen.

Der Vollständigkeit halber seien noch die Fragmente einer Weltkarte von Ribeiro aus dem Jahre 1530 erwähnt. Die Karte war für das Handelshaus der Welser bestimmt. Die Fragmente befinden sich in Dillingen an der Donau.

Der Schöner-Globus um 1530 zeigt Magellans Reiseroute. Der pazifische Raum wurde nach Angaben von Maximilian von Transylvanien gezeichnet.

Die Spanier sahen sich inzwischen gezwungen, mit ihren kartographischen Kenntnissen an die Öffentlichkeit zu treten, denn die Schiedssprüche des Papstes in Tordesillas waren überholt. Über den Besitz der Molukken war es zwischen ihnen und den Portugiesen zu heftigem Streit gekommen. Allerdings bezog sich die realistische Darstellung Amerikas nur auf die Ostküste. Hier wurde die Ausdehnung des Weltreiches Karl V. deutlich und demonstriert, daß in seinem Imperium die Sonne nicht untergeht. Wie aber sollte der Indienrat in Sevilla nur all die Berichte und Ergebnisse der verschiedenen Reisen auseinanderhalten, solange es keine brauchbaren Karten gab? Die einzige Reise (1526–1530) des Sebastian Cabot, die sich unmittelbar belegen läßt, ist diejenige, die im La Plata-Gebiet endete. Dieser Expedition kam insofern eine Bedeutung zu, als sie die erste war, die einen Wasserweg ins Innere Südamerikas erschloß, noch ehe durch Francisco de Orellana 1542 der Amazonas befahren war. Die ersten Resultate seiner Reise konnte Diego Ribeiro auf seiner Karte von 1529 berücksichtigen.

Auch in Patagonien erzählt man sich die Geschichte vom spanischen Hauptmann und Eroberer Francisco César (†1538), der zunächst an der Expedition des Sebastian Cabot im La Plata-Gebiet 1526–30 teilnahm. Nach Erbauung des Forts Sancti Spiritus am Zusammenfluß des Paraná und Caracaraná wurde er zur Erkundung der westlich gelegenen Regionen und zur Auffindung des „Weißen Königs" ausgesandt. Vermutlich brach er Ende November 1528 auf und kehrte gegen Mitte Februar 1529 nach Sancti Spiritus zurück. Er berichtete, „große Reichtümer an Gold, Silber und Edelsteinen" gesehen zu haben und löste damit die Legende von der „Ciudad de los Césares" aus, die aufzusuchen, noch im 18. Jh. Expeditionen, u. a. von Francisco Menendez, unternommen wurden. Welchen Weg er eingeschlagen hat auf diesem frühesten Vorstoß der Spanier vom La Plata in Richtung auf die Kordilleren, ist unbekannt.

Trapalanda und die legendäre Stadt der Cesaren kann man in Karten des 16. bis 18 Jh. jeweils weiter südlich finden. Als die Araukaner geschlagen waren, zogen sich die geheimnisvollen Retter in die Wälder zurück, ohne den Spaniern zu offenbaren, wer sie waren. Die mit ihnen verbündeten Indianer sprachen auch von der halbindianischen Stadt der Cesaren im Landesinneren.

Auf der Weltkarte in „De Orbis situ ad descriptore" von Franciscus Monachus (vgl. Kartenanhang, Abb. 7) erscheint „Terra Australis" zum ersten Mal unter diesem Namen auf einer Weltkarte und füllt erstmalig in der Neuzeit den ganzen Raum südlich von Afrika und von Südamerika aus. Zwischen Nord- und Südamerika befindet sich eine Meerenge, die seine Nachfolger jedoch nicht übernahmen. Im beiliegenden Text wird Magellan als Entdecker der Seestraße erwähnt. Die Datierung des Buches wird mit 1524 angegeben. Forschungen bezweifeln jedoch die Richtigkeit und glauben eher an 1527/29, gedruckt in Antwerpen.

6. Die doppelherzförmige Weltkarte von Oronce Finé und ihr Einfluß

Die doppelherzförmige Weltkarte des Oronce Finé von 1531 gilt als erste ihrer Art (vgl. Kartenanhang, Abb. 8). Der französische Kartograph vermerkt im Text, daß er die letzten Entdeckungen berücksichtigt habe, in Wirklichkeit gibt die Darstellung genau das Kartenbild (und sogar den Titel) des „Globe d'oré" (Bibliothéque nationale, Paris) wieder, der seinerseits auf dem verschollenen Globus des Franciscus Monachus (†1526) beruht. Allen ist auch der ausgedehnte Südkontinent mit den beiden berühmten Versionen der Inschrift „Terra australis recenter (bzw. nuper) inventa, sed nondum plene cognita (bzw. examinata)" gemeinsam.

Die herzförmige Projektionsart wurde erstmals von Johannes Werner (1468 bis 1528) in einer Wegleitung beschrieben, in der er drei Varianten vorschlug. Die erste deckt nur 180 Längengrade ab, während die zweite Variante die ganze Erdkugel zeigt. Peter Apían (1495–1552) verwendete diese zweite Variante für seine 1530 in Ingolstadt publizierte Weltkarte.

Im Gegensatz zu seiner herzförmigen Weltkarte von 1536, für die die dritte Wernersche Projektionsart benutzt wurde, welche die Äquatorländer gegenüber dem Hauptmeridian etwas vergrößert, bediente sich Oronce Finé (1494–1555) für seine Karte von 1531 der zweiten Variante. Der Mathematiker, Verleger, Kartograph und Astronom wurde von Historikern lange Zeit „Finé" genannt, abgeleitet vom lateinischen „Finaeus". Er entstammte einer Arztfamilie in zweiter Generation, wobei sich sein Vater auch sehr für Astronomie interessierte.

Es wird für möglich gehalten, daß Finé sich bei der Erfindung der doppelherzförmigen Weltkarte auch vom Monogramm der Diane de Poitiers, der Favoritin des französischen Königs, inspirieren ließ. Ihre große Verbreitung verdankte die Karte hauptsächlich der Tatsache, daß sie in der Pariser Ausgabe von Simon Grynaeus (Novis Orbis Regionum) 1532 abgedruckt wurde.

Finés Weltkarte gehört in eine Serie von ähnlichen Karten und Globen, die von der Weltumseglung Magellans und Juan Sebastian de Elcanos sowie der Eroberung Mexikos durch Cortez ausgehen. Das älteste Dokument dieser Serie scheint der nicht mehr erhaltene Globus des Mönches Franciscus Monachus (ca. 1490–1565) zu sein. In der Pariser Bibliothéque nationale befindet sich jedoch eine Skizze des Autors, die am Anfang von „De orbis situ ad descriptore" steht, über die im vorherigen Kapitel berichtet wurde. Zwei Erkenntnisse werden von Finé bestätigt: Nord- und Südamerika bilden einen Doppelkontinent und die Tatsache einer Durchfahrt vom Atlantik zum Pazifik an der Südspitze Südamerikas, genannt Magellanstraße. Zum ersten Mal gedruckt zu Ehren Magellans, wurde das westliche Meer „Mare Magellanicum" genannt. In Südamerika läßt Finé die

Westküste von der Magellanstraße aus nordwärts vom 310. bis 320. Meridian (auf 30°) und daran bis zu 10° Süd um weitere 10° nach Westen vorspringen.

Aufgrund des weitverbreiteten Glaubens an einen südlichen Kontinent wurde Finés Einschluß von Feuerland in diesen Kontinent begrüßt und als Beweis für die wirkliche Existenz angesehen. Schöners „Brasilie Regie" wurde als Brasielie Regio von Südamerika nach dem Süden Indiens verlagert. Finé fügte seinem Südkontinent im Süden des Pazifiks die Inschrift „Patalis Regio" hinzu, wozu er möglicherweise durch eine Karte von Antoine de la Salle's La Salade Nouvelle aus dem Jahre 1522 angeregt wurde. Trotz dieses Datums muß die Karte schon früher entworfen gewesen sein, da de la Salle bereits im Jahre 1461 starb. Über ein Patalis regio berichtete bereits Plinius in seiner „Natural History", wonach der Bereich den alten Hafen von Patala an der Mündung des Indus umfaßt.

Finés herzförmige Karte aus dem Jahre 1536, die nur noch in zwei Exemplaren (Paris und Nürnberg) erhalten ist, zeigt eine noch bessere Darstellung der Erde als die von 1531, auch wenn auf beiden Karten noch ein Zusammenhang zwischen Nordamerika und Asien hergestellt wird. Er bezeichnet den Südkontinent, „Terra australis recenter inventa sed nondun plene examinta (Südkontinent, kürzlich entdeckt, aber noch nicht fertig erforscht)". Auf ihm liegt auch „Regio Patalis".

Als 1494 die Welt im Vertrag von Tordesillas zwischen Spanien und Portugal aufgeteilt wurde, stand Frankreich abseits, hatte im Gefolge davon auch keine Verpflichtungen, erfolgreiche Expeditionen im Kartenbild darzustellen, wie dies die spanischen und portugiesischen Kartographen taten. Keine einzige Ptolemaeus-Ausgabe erschien damals in Paris. Die ältesten Karten stammten von normannischen Gewässerkundigen und waren noch stark von Portugal beeinflußt worden. Diese Karten sind wohl erst nach 1535 entstanden, also unmittelbar nach den Weltkarten von Finé. Der unbekannte Südkontinent faszinierte auch die Normannen, die im Süden Siams eine große Ausbuchtung zeichneten und damit zu Spekulationen Anlaß gaben, es handle sich um eine frühe Darstellung Australiens. Besonders interessant ist in diesem Zusammenhang die Weltkarte des Pierre Desceliers von 1546. Das darauf eingezeichnete Java la Grand kommt auf fast allen Karten des 16. Jh. aus der Schule von Dieppe vor.

Bis zur Mitte des 16. Jh. haben die Franzosen, von ein paar Ausnahmen abgesehen, ihre diesbezüglichen Informationen über die Entdeckungen nur aus Übersetzungen ausländischer, vor allem italienischer Texte erhalten. Immerhin gab es in Paris das erste geographische Informationszentrum (Sainte Barbe), in dem es fünfzig portugiesische Börsenhändler und einige Entdecker, vorwiegend Kapitäne gab.

Seitdem ein Manuskript über Geographie von Tunuslu Haggi Ahmed (tätig 1534–1560) in der Old Bodleiana Library in Oxford gefunden wurde, weiß man, daß er, dessen Erziehung in Marokko stattfand, sein ganzes Leben der Wissenschaft widmete. Er verbrachte viele Jahre als Gefangener in Europa und studierte dabei Geographie. Von ihm überlebte eine Weltkarte von 1559, die auf der Karte von Oronce Finé aus dem Jahre 1536 beruht.

Im Topkapi Serail befindet sich ein Atlas des Ali Macar Re'is, der sieben Karten aus dem Jahre 1567 enthält. Die Magellanstraße heißt hier „Magelgan Bogazi". Alles Land und die Inseln sind grün, Flüsse sind klar dargestellt, aber nicht benannt. Die Karte liefert erneut den Beweis, daß türkische Seeleute gut über Entdeckungen außerhalb ihres eigenen Umfeldes informiert waren.

Vieles spricht auch dafür, daß das Erdbild von 1542 des in Köln tätigen Caspar Vopel (1511–61) unter Benutzung der Finé-Karte entstanden ist, da beide den Begriff „Brasielie Regio" und nicht „Brasiliae Regie" wie bei Schöner verzeichnet haben. Die Magellanstraße führte bei Vopel zusätzlich noch die ursprüngliche Bezeichnung „Canalis Omnium Sanctorum". Auch bei seinem 1542 in Köln hergestellten Erdglobus dürfte Vopel sich auf die doppelherzförmige Weltkarte des Oronce Finé gestützt haben. Ihr entnahm er neben der Formulierung in der Kartusche auf der Südhalbkugel auch die Bezeichnung „Terra australis". Die Weltkarte des katalonischen Gerónimo de Girava (tätig 1552–67) stützte sich auf die von Vopelius. Beide zeichneten Südamerika als eine südöstliche Halbinsel Asiens. Aber Giravas Karte zeigt 56° Süd südlich der Magellanstraße das Feuerland und eine Anmerkung, die in Vopelius' Karte nicht erscheint „südliches Land, das im Jahre 1499 entdeckt sein soll, was man jedoch nicht genau weiß". Seine Karte ist die einzige, die das Jahr 1499 als Entdeckungsjahr des Feuerlandes angibt. Das Jahr 1499 entspricht Vespuccis zweiter Reise, als er an der Expedition von Hojeda (Ogeda) teilnahm, wahrscheinlich als Repräsentant der Banca Medici.

Sebastian Münsters Karte, „Die Neuen Inseln", die zuerst 1540 in seiner „Kosmographey" erschien, ist die erste gedruckte, allein der westlichen Hemisphäre gewidmete Karte (vgl. Kartenanhang, Abb. 9). Neu ist auf ihr die nun auch im Westen von Nord- und Mittel- bis Südamerika durchgehende Küstenlinie, die die Trennung der Neuen Welt von Asien deutlich macht. Magellans Weltumseglung wird durch die Abbildung eines auf die Molukken zufahrenden Phantasieseglers gewürdigt, der den Pazifik durchfliegt und das auffallendste Schmuckelement der Karte darstellt. Der Autor nennt die Wasserstraße nach dem Entdecker und folgt ihm, wenn er Patagonien als „Land der Riesen" bezeichnete.

Aus der Kartenwerkstatt des Battista Agnese in Venedig sind mehr als 80 kunstvoll gezeichnete Atlanten aus der Zeit zwischen 1535–1564 bekannt. Seine traditionellen Weltkarten in ovaler Projektion sind von 12 Windköpfen nach antikem Vorbild umgeben. Sie zeigen als auffallende Eintragung die Route Magellans in den Jahren 1519–22, die in Schlangenlinien verlaufen und sie als „Celviazo per andar ale Maluche" und „el tornar dale Maluche" und den „Viazo del Peru" bezeichnet. Im Gebiet der Alten Welt gehen ptolemaeische und neuzeitliche Bezeichnungen durcheinander. Insgesamt sind uns 56 Atlanten des Genueser Kartographen überliefert. Agneses Karten brachten kaum neue kartographische Impulse, da sie vorwiegend nur (allerdings sehr schön ausgeführte) Kopien waren.

7. Erste spanische Erkundungsperiode zur Magellanstraße

Nach der Loaisa-Expedition hat es erfolglose Versuche von Sebastian Cabot (1526) und Simon de Alcazava Sotomayor (1528) gegeben, um erneut die Magellanstraße in Richtung Molukken zu passieren. Letzterer wurde nur noch halbherzig unterstützt, da Karl V. die Schwester des portugiesischen Königs ehelichte und 1529 den portugiesischen Verlockungen nicht widerstehen konnte, durch Zahlung von 350.000 Dukaten auf weitere Ansprüche auf die Molukken zu verzichten. Damit wurden für die Spanier Expeditionen durch die Magellanstraße zunächst uninteressant.

Aber Alcazava wollte nicht ganz aufgeben und versuchte mit Unterstützung des Königs, das bisher von Europäern unberührte Gebiet zwischen der Südgrenze der von Diego Almagro zugewiesenen Provinz Neu-Toledo (Chile) und der Magellanstraße in Besitz zu nehmen.

Alcazava trat mit zwei Schiffen und 240 Spaniern im September 1534 im Hafen von Sanlucar de Barramedo die Fahrt mit Kurs auf die Magellanstraße an. Er erreichte sie im Januar 1535, fuhr aber schwerer Wetter wegen wieder aus der Straße hinaus und lief auf Anraten seines Kapitäns R. Martinez einen Puerto de Lobos Leones an der Ostküste Patagoniens an. Die Lokalisierung jenes Hafens ist nicht eindeutig. J.G. Kohl hat die Bahia de S. José bzw. die benachbarte Bahia Nueva dafür angesehen, R.G. Vergara und H. Steffen haben jenen Hafen weit südlicher angesetzt, und zwar bei der heutigen Isla Leones (45° 04' s. Br.). Vom Puerto de Lobos Leones trat Alcazava im März 1535 mit 200 Soldaten, die vorher das Abendmahl nehmen mußten, seinen Zug ins Innere Patagoniens an. Es ist der erste in der Entdeckungsgeschichte dieses Landes. Wahrscheinlich dachte Alcazava, daß er von hier aus, den ihm vom spanischen König zugeteilten Landstrich im Süden von Neu Toledo erreichen würde. Dadurch könnte er die Magellanstraße umgehen. Während Alcazava aber bald umkehrte, ließ er den Kapitän Rodrigo Isla, der mit Kompaß, Astrolabium und Seekarten, als befände er sich auf See, ausgestattet war, mit einem Teil der Truppe weiter nach Westen marschieren. Dort stieß er auf einen großen, ein tiefes Tal durchziehenden Fluß, der ihn an den heimatlichen Guadalquivir erinnerte und dem er daher auch diesen Namen gab. Es muß sich um den Rio Negro gehandelt haben. Rodrigo de Isla kann das Verdienst in Anspruch nehmen, als erster Ost-Patagonien bis an den Fuß der Anden durchmessen zu haben.

Pedro de Valdivia sah die Anden, vom Westen kommend, erst zehn Jahre später unter diesem Breitengrad. (Durch Valdivias Conquistadoren-Streich, als er 1541 sein Schwert in den Boden von Santiago rammte, brütet die in Wahrheit zwischen zwei Kordilleren und ihren Querriegeln eingetrogte Stadt inzwischen unter einer Mantilla aus hellgrauem Smog). Hätte Rodrigo de Isla seine rebellierenden Leute noch einige Tage länger in Gehorsam halten können, so wäre er Valdivia als Entdecker zuvorgekommen und wäre für die steinigen Pampas Patagoniens mit Chile entschädigt worden. Das Schicksal einer Fesselung in der Patagonischen Wüste wäre ihm erspart geblieben. Da wohl alle Offiziere und Alcazava selbst umgekommen sind, sind uns keine weiteren Nachrichten überliefert worden.

Im Jahre 1535 sandte der König von Spanien eine Flotte von sieben Schiffen unter Pedro de Mendoza zum Rio de la Plata. Dieser Strom wurde von Anfang an auch als ein Weg nach Westen zur Südsee betrachtet, um die Expedition zur Magellanstraße einfacher und sicherer zu gestalten. Seit Sebastian Cabot's Unternehmung zum La Plata 1526 war kein Spanier mehr dort gewesen. Der König wollte Mendoza mit dem ganzen Patagonien belohnen, wie er es schon mit Alcazava versucht hatte. Mendoza gelangte allerdings nicht bis zur Magellanstraße, gründete aber die Stadt Buenos Aires, von der aus später ein großer Teil der sogenannten „Magellanischen Länder" weiter erobert und erforscht wurde.

Als die erste brauchbare Information für die Geographie des südöstlichen Teils von Südamerika im 16. Jh. gilt die Beschreibung von Cristobal de Molino, der Diego de Almagro auf seiner Expedition nach Chile begleitete. Leider scheint diese wichtige kartographische Quelle von 1539 verlorengegangen zu sein. Vermutlich ist das Kartenmaterial aber im Werk des Sebastian Caboto im Jahre 1544 verarbeitet worden. Wir wissen davon durch einen Brief, der 1539 aus Lima an den König geschickt wurde.

Gutierre de Vargas, Bischof von Plasencia, ließ im Jahre 1539 drei Schiffe unter dem Kommando des Alonso de Camargo zur Magellanstraße auslaufen. Nur einem Schiff gelang die dritte Durchseglung seit ihrer Entdeckung vor zwanzig Jahren. Es umschiffte die ganze Westküste Patagoniens, Chiles und des südlichen Perus, wie dieses schon vor ihm eines der verschlagenen Schiffe des Loaisa unter Guevara getan hatte. Nach Gomara war das Schiff des Camargo das erste, das einige zuverlässige Nachrichten von den Küsten zwischen der Magellanstraße und Peru überbracht hatte. Das Schiff segelte aber am südamerikanischen Kontinent wohl mit zu großem Abstand bis Mexiko entlang, um interessante Beobachtungen von der Küste machen zu können. Mit der Expedition der Schiffe des Bischofs von Plasencia und Camargo endete die erste Periode der vom Mutterland Spanien ausgehenden Unternehmungen zur Magellanstraße.

Bei dem Untergang der anderen beiden Schiffe soll es einer Gruppe von etwa 300 Seeleuten gelungen sein, sich an das nördliche Ufer der Meerenge zu retten. Die Tatsache, daß sie verschollen blieben, nährte die Vorstellung, sie hätten sich in Patagonien niedergelassen und sich mit Einheimischen vermischt. Ähnlich, wie später bei angenommenen Überlebenden des gescheiterten Besiedlungsversuches des Sarmiento de Gamboas, wurden beide Legenden in Zusammenhang mit der Suche nach der Stadt der Cesaren gebracht. Noch 1843 bemühte die chilenische Regierung diese Legende und ließ die Magellanstraße unter dem Vorwand, den Cesaren Einhalt zu gebieten, besetzen.

Nach der Bischof-Expedition vergingen beinahe 40 Jahre, bis die Magellanstraße von Spanien aus wieder besucht wurde. Bei den ersten Expeditionen waren die Molukken, die man sich der Neuen Welt im Westen viel näher dachte als es in Wirklichkeit der Fall war, das Hauptziel. Dagegen bewiesen mehrere Expeditionen, welche der erste König von Mexiko, Antonio de Mendoza, von Neu-Spanien aus veranstaltete, daß man die Molukken und Philippinen von dort aus viel schneller und sicherer erreichen konnte.

Héctor Ratto behauptete, daß schon 1549 beabsichtigt war, eine südlichere Meeresenge zu durchsegeln als die Magellanstraße. Man stützte sich angeblich auf Aussagen von Maximilian von Transylvanien von 1522, die Diego de Ribeiro 1529 und Alonso de Santa Cruz 1541 in der Karte „Yslario general" konkretisierte. In letzterer heißt es: auch wenn das genannte Land oder Isla del Estrecho de Magellanes noch nicht entdeckt wurde, scheint es eine Insel zu sein, die größte auf der Welt (Belsa).

Als die Europäer begriffen, daß Kolumbus und John Cabot nicht die Küsten Ostasiens erreicht hatten und daß Nordamerika als große Barriere den Seeweg nach Westen versperrte, wurde der Traum geboren, den Kontinent in hohen nördlichen Breiten „auszuflankieren". Auf Karten und Globen mit Polarprojektion ließ sich zeigen, daß diese Routen einen kürzeren Weg zu den Gewürzinseln boten als um das Kap der Guten Hoffnung oder durch die Magellanstraße.

Am 12. Febuar 1541 legte Pedro de Valdivia an der Stelle, wo der aus dem Hochlande kommende Rio Mapocho das breite und fast ebene chilenische Längstal erreicht, zu Füßen des Santa Lucia Hügels den Grundstein der ersten spanischen Stadt in Chile, die er zu Ehren des spanischen Nationalheiligen Santiago de la Nueva Estremadura nannte. Drei Jahre später, 1544, gründete er Valparaiso als Hafen der neuen Siedlung, 1550 ebenfalls an der Küste Concepción und 1552 noch weiter im Süden jene Stadt, die noch heute den Namen des bedeutendsten Städtegründers Chiles trägt. Hauptstadt des späteren Generalcapitanats wurde aber nicht sogleich Santiago, sondern zunächst das an der Grenze gegen die unbeugsamen Araukaner gelegene Concepción. Dort hatte von 1567 bis 1574 der Oberste Gerichtshof seinen Sitz, und dort residierte bis 1620 der Botschafter. Erst zu Beginn des 17. Jh. wurde Santiago Hauptstadt des Generalcapitanats.

Der pazifische Kontinent hat für die Chilenen besondere Bedeutung, weil er die bei den Araukanern verbreiteten polynesischen Sitten erklärt. Die Araukaner sind relativ spät nach Chile gekommen. Trat die Katastrophe von Te-Pito-Te-Hénua – der Untergang des Landes bei den Osterinseln – vielleicht um diese Zeit ein? Dann kamen um 1400 über die Pässe des Bio-Bio-Gebirges kräftige kleine Männer mit breiten Schultern und Plattfüßen. Es ist bekannt, daß sie aus dem

Osten kamen, weshalb die eingeborenen Chilenen sie auch „Mapuches" – Menschen aus dem Osten – nannten. Sie waren Guaronies und kamen aus Südbrasilien über die argentinischen Pampas.

Südlich des Araukanergebietes, der sogenannten Frontera, gab es außer Valdivia vereinzelte südchilenische Städte, wie Osorno und Rio Bueno als Stützpunkte auf dem Weg zur Magellanstraße sowie das Gebiet der Insel Chiloé. Der eigentlich besiedelte Raum von Alt-Chile auf der Anden-Westküste entsprach lagemäßig ziemlich genau dem Cuyo-Gebiet auf der Anden-Ostseite. Gewöhnlich werden nur die drei Provinzen Mendoza, San Juan und San Luis als Cuyo-Provinzen angegeben. Die Karten zeigen jedoch einwandfrei, daß auch das Gebiet der Gobernacion Neuquén mit zu Cuyo gehörte. Die gebräuchliche Weglassung mag darin begründet sein, daß dieser ganze Südzipfel damals fast unbesiedelt war.

Die Frontera blieb Kampfraum für drei Jahrhunderte. Daß sie als freies Indianerland allen Versuchen zur Einbeziehung in das spanische Kolonialreich trotzen konnte, verdankte sie der Tatsache, eine andersartige natürliche Landschaft zu sein. Durchaus erst in zweiter Linie steht dabei die Kampfkraft der Araukaner. Man muß in Betracht ziehen, daß man nach den Kenntnissen, die man im 16. Jh. von diesen Gebieten hatte, annahm, daß im Süden des Gebietes ein sich zusammenhängendes Gebiet bis zum Pol erstreckte.

Die isolierte Lage Feuerlands, das fern von jeder Zivilisation war, erschwerte den Aufbau von Versorgungsstützpunkten. Die nächstgelegene Stadt am Atlantik war Rio de Janeiro, denn Buenos Aires war praktisch erst 1850 zum zweiten Mal gegründet worden. Das Pendant als Versorgungsbasis an der Pazifikküste war die ebenfalls weit entfernte Stadt Valdivia.

In einer Zeit, als das Innere des südamerikanischen Kontinents noch unbekannt war, hatte der spanische König die Entfernung der östlichen Verwaltungsgrenze Chiles von der pazifischen Küste einfach auf 100 Leguas, d.h. ca. 630 km, festgelegt. So kam es, daß auch ein Landstreifen jenseits der Hochgebirgsmauer der Anden rechtlich noch Chile gehörte und daß dort im Gebiet der Coyunche-Indianer von Santiago aus nach der Eroberung durch Truppen des Gouverneurs (Gobernadors) Huartado de Mendoza im Jahre 1562 zwei Städte gegründet wurden, Mendoza und San Juan. Einige Jahre später, 1593, folgt als dritte Niederlassung San Luis (de Loyola). Bis 1776 war die Provinz Cuyo mit diesen drei wichtigsten Städten ein Bestandteil des Generalcapitanats Chile. Sie wurde dann aber im Zuge der Verwaltungsreform mit dem Vizekönigreich La Plata vereinigt.

Von dem Festlande Chiles aus waren die Spanier unter Martin Ruiz de Gamboa auch zu der großen Insel Chiloé (oder Chilue) übergesetzt, die wir großzügig als das erste Länderstück Patagoniens bezeichnen können. Die Hauptstadt Castro, genannt nach dem Vizekönig von Peru, Lope Garcia de Castro, im Jahre 1566, könnte man mit derselben Logik auch als die erste patagonische Pflanzstadt betrachten. Genaugenommen bezeichnet der Name einen Archipel, bestehend aus der Isla Grande de Chiloé und den im Osten vorgelagerten kleinen Inseln. Im allgemeinen ist nur die Hauptinsel gemeint. Mit einer Nord-Süd-Ausdehnung von 180 km und einer Breite von maximal 50 km erreicht sie etwa die Größe von Korsika. Als die Spanier nach Chiloé kamen, betrachteten sie diese Insel der geheimnisvollen Wälder und Mythen mit einigem Mißtrauen. Sie gründeten eine Stadt, die sie San Carlos nannten und schwer befestigten, doch rechneten sie sie merkwürdigerweise zu Peru. Erst 1848, als die Stadt Sitz eines Bischofs wurde, erhielt sie den Namen Ancud.

Die Insel Chiloé war im Westen Patagoniens lange das Ultima Thule. Wir können sie schon auf fast allen Karten des 17. Jh. ziemlich richtig dargestellt erkennen. Ebenfalls den sie umgebenden Meerbusen von Guyateca, der auch mit dem Namen „Sinus de Ancud" oder „de Chilué" bezeichnet wird. Gamboa taufte die Insel zunächst auf den Namen Nueva Galisia. Geschichte und eine durch sie geprägte Kultur haben Chiloé zu etwas wie einem Land für sich gemacht und seine durchaus individuelle Physiognomie gestempelt. Was selbst dem flüchtigen Besucher ins Auge fällt, wenn er sich aufmerksam umblickt, das ist das Resultat einer jahrhundertelangen Entwicklung abseits des gesamtnationalen Weges.

Anders als die Araukaner in der Mitte und im Süden Chiles, die sich dem Zugriff der weißen Siedler mit aller Gewalt zu entziehen suchten, nahmen die Inselindios die Ankömmlinge von Übersee ohne Versuch der Gegenwehr an. Berichte von zerstörerischen Überfällen der Ureinwohner, wie sie die Geschichte Chiles in großer Zahl verzeichnet, tauchen in den chilotischen Überlieferungen kaum auf. Chiloé blieb über mehrere Jahrhunderte von der Außenwelt außergewöhnlich stark isoliert. Mit der Administration in Santiago gab es von hier aus wenig Kontakt. In der Praxis unterhielt die Insel während geraumer Zeit überhaupt keine Bindungen an Chile, sondern war dem Vizekönigreich Peru direkt unterstellt. Auch mit Lima waren die Verbindungen allerdings auch nur auf ein- bis zweimal jährlich stattfindende Schiffsbesuche beschränkt.

Auf der Insel Quiriquina landete im Jahre 1557, drei Jahre nach dem Tode Pedro de Valdivias, der spanische Ritter Don Alonso de Ercilla y Zuniga. Im Pagendienst am Hofe Karls V. erzogen, hatte er den Infanten Felipe, den späteren König Philipp I., auf seinen vielen Reisen durch Europa begleitet. In London traf er auf den vom König zum Nachfolger Pedro de Valdivias ernannten Jérónimo de Aldarete. Er schloß sich ihm an und begab sich mit ihm begeistert auf die Reise in die Neue Welt. Trotz des Todes seines Herrn in der Nähe Panamas setzte Ercilla die Reise fort und erreichte schließlich als Begleiter des neuernannten Gouverneurs von Chile, Garcia Hurtado de Mendoza, chilenischen Boden. Seine Landung auf der Insel Quiriquina wäre als eine der zahlreichen Episoden im spanischen Eroberungskrieg kaum erwähnenswert, wenn sie nicht den Anlaß zur Entstehung seines dichterischen Werkes „La Araucana" gebildet hätte. Sie wurde zum Nationalepos des chilenischen Volkes, an dem Ercilla 35 Jahre lang gearbeitet hatte, und um das viele südamerikanische Völker es beneiden (vgl. Kartenanhang, Abb. 59).

Garcia Hurtado de Mendoza, Sohn des Vizekönigs von Peru, Antonio de Mendoza, ließ im Jahre 1557 in Valdivia einige Schiffe unter dem Kommando von Juan Ladrilleros ausrüsten, um von dort entlang der Westküste des Westpatagonischen Archipels zur Magellanstraße zu segeln. An Bord befand sich auch der Südseepilot Hernando Gallego, der im Jahre 1567 Mendana auf seiner Entdeckungsreise zu den Salomons Inseln begleitete. Ladrilleros konnte den Eingang zur Magellanstraße nicht sogleich finden. Er brachte nicht weniger als vier Monate in einer Bucht der Seestraße zu, die er „el puerto de Nuestra Senora de los Remedios" nannte. Er untersuchte dann die Küste und Wege bis zu ihrem östlichen Ausgang. Schließlich gelangte er erfolgreich an den Atlantischen Ozean und widerlegte zum ersten Mal das Vorurteil, daß die Magellanstraße nur in westlicher Richtung vom Atlantik zum Pazifik zu befahren sei. Acosta berichtete 1618 in „Histoire des Indes", daß er in einen Bericht des Ladrillero Einsicht nehmen konnte, wonach dieser im Laufe des Jahres 1558 die ganze Straße durchsegelt hätte. Das „Nordmeer" (den Atlantik) hätte er schon von weitem gesehen, und er sei danach von Osten nach Westen zurückgesegelt. Er war damit der erste, der die Magellanstraße in beiden Richtungen befuhr und mit der Toponymisierung Feuerlands begann. Ladrillero legte zugleich die Wachstumspitze für die Längserstreckung des Freistaates Chile des 19. Jahrhunderts fest. Daß noch drei Jahrhunderte verstreichen sollten, bis dort die Stadt Punta Arenas gegründet wurde (1848), zeigt die Unfruchtbarkeit dieser politischen Vorstellung für das 16. Jh.

Im gleichen Jahr unternahm auch Ladrilleros' Vorgesetzter, der Gouverneur von Chile, Garcia Hurtado de Mendoza, eine Expedition in die Länder und zu den Inseln im Süden. Mit seiner letzten großen Besetzungswelle konnte er das leidlich gesicherte Mittelchile hinter sich lassen und gleich an dessen Südgrenze mit der Truppenlandung in Penco – Concepción beginnen und neue Vorposten im südchilenischen Seengebiet anlegen. (Gründung von Osorno 1558). Das Inselmeer von Chiloé wurde erreicht.

Als um das Jahr 1570 einige Seefahrer, wie Juan Fernandez und Fernando Gallego, mehrere Fahrten in die Südsee machten, kamen sie auch in die Nachbarschaft von Patagonien. Der Tod Gallegos auf der Fahrt muß ein solch bedeutendes Geschehnis gewesen sein, daß man danach auf Karten einen Hinweis auf dieses Ereignis feststellen kann.

Die im Jahre 1562 vom Kosmographen der Casa de la Contratación, Diego Gutierrez, veröffentlichte Karte, die im Besitz von Kaiser Karl V. war, weist ein Kuriosum auf: es ist eine doppelte Küstenlinie zu sehen, sowohl die von Pizarro entdeckte als auch die neue von Juan Ladrillero im Jahre 1558. Auf die ursprüngliche achtblättrige Pergamentkarte im Portolanstil des Sancho Guitierrez von 1551 wurde ein auf neuesten Erkenntnissen beruhendes Kartenbild gelegt.

Die älteste Darstellung der südamerikanischen Westküste gibt den südlichen Teil der Landmasse viel zu breit und mit einer stumpfen Südspitze wieder. Der jüngere reicht bis zu einem „C. de St marya", etwa an der Insel Chiloé. Sie folgt den Berichten von den Eroberungszügen des Diego de Almagro (1537–1539) und des Pedro de Valdivia (1539–41) nach Chile, indem sie die Neugründungen Santiago (1541), Valparaiso und sogar noch Valdivia (1552) zeigt.

Nachdem der Magellanstraße nach der Mitte des 16. Jh. bei den Spaniern nicht mehr die ursprüngliche Bedeutung eingeräumt wurde, begannen in Europa sogar viele, an ihrer Existenz überhaupt zu zweifeln. Die Spanier haben diesen Zweifel noch geschürt, denn es war ihnen ganz recht, daß dort die Südpassage in Vergessenheit geriet, nachdem sie die Handelsstraße über den Isthmus von Darien (Panama) organisiert hatten. Der Dichter Alonso de Ercilla sagte in seinem 1577 in Madrid zuerst publizierten Gedicht, daß die Magellanstraße den spanischen Piloten wieder verlorengegangen und verborgen sei: entweder, weil man die rechte geographische Lage derselben nicht mehr wußte oder, weil vielleicht eine vom stürmischen Meer und dem wütenden Wind losgerissene Insel sie verstopft habe. Nichtspanische Kartographen und Verleger wie Giovanni Battista Ramusio sorgten aber dafür, daß die Kenntnis über die Seestraße nicht verlorenging. Erwähnt sei auch noch die Karte von Fernáo Vaz Dourado aus dem Jahre 1568, die für Francis Drake gezeichnet worden sein soll. Die Magellanstraße ist ohne die vielen Inseln zu sehen. Man erkennt Patagonien und die spanische Flagge, die an einem Baum hängt.

Die früheste Karte von Fernáo Vaz Dourado (ca. 1520– ca. 1580) aus seinem kostbar in Goa ausgemalten Atlas aus dem Jahre 1568 zeigt Patagonien und Feuerland ohne Terra Australis. Es ist einer von insgesamt sechs Atlanten und befindet sich im Palacio Liria in Madrid. 1575 zeichnete er einen Weltatlas, den er dem portugiesischen König Sebastian (1554–78) widmete. Auch dieser gehört zu den sechs Atlanten, die er zwischen 1568 und 1580 hauptsächlich in Goa fertigstellte. Eine Weltkarte, die eine Zusammenfassung der Karten in seinem Atlas „Universalis et integra totius orbis hidrographia ad varissimam Luzitanorum traditionem descripcio Ferdinado Vaz 1575" von 1575 war, entstand in Lissabon und soll ebenfalls für Drake's Weltreise gemacht worden sein. Ein Atlas aus dem Jahre 1584, der sich im Besitz der Hispanic Society in New York befindet, enthält eine Karte, die u.a. die Magellanstraße zeigt!

Nicht in den Hintergrund getreten war die Vorstellung eines fiktiven Südkontinents, der „terra australis".

Am 14. Januar 1539 hatte Kaiser Karl V. durch die „Cedula Real", Pedro Sancho de la Hoz die Herrschaft über „Terra Australis" übertragen, welcher im darauffolgenden Jahr seinen Titel an Pedro de Valdivia weitergab. Ihm folgte 1548 Geróninco de Alderete, dann Garciá Hurtado de Mendoza y Francisca de Villagra.

8. Mercator

Die Reform der wisssenschaftlichen Kartographie in der zweiten Hälfte des 16. Jh. ist u. a. an die Namen des Antwerpener Kartographen und Verlegers Abraham Ortelius (1527–1598) und Gerhard Mercators (1512–1594) geknüpft. Ortelius ordnete die Karten systematisch. Auf eine Weltkarte folgen Karten der damals bekannten Erdteile. Zu jeder Karte gehört außerdem ein beschreibender Text, der auch Hinweise auf weiterführende Literatur enthält. Wenn Ortelius neue Kartenblätter erhielt, tauschte er sie gegen die veralteten aus und sicherte damit die Aktualität seines Kartenwerkes. Insgesamt veröffentlichte er 41 Ausgaben seines „Theatrum Orbis Terrarum". Ein Teil der Druckplatten ging nach Ortelius' Tod in den Besitz von Willem Janszoon Blaeu über.

Mercator war der überragendste Kartograph und Geograph des 16. Jh. und der Neuzeit überhaupt. Sein Alterswerk war die Zusammenstellung einer für den Handgebrauch bequemen und gebundenen Kartensammlung zu einem Atlas, der 1595 posthum veröffentlicht wurde, jedoch kam ihm sein Freund und Geschäftspartner zuvor, der ab 1570 das „Theatrum orbis terrarum" veröffentlichte. Das tat Mercators Arbeit und der Freundschaft beider Kartographen keinen Abbruch. Mercator setzte die Arbeit an seiner Kartensammlung bis zu seinem Tode fort. Im Gegensatz zu Ortelius übernahm er nicht fast ausschließlich Karten, sondern erarbeitete viele dafür neu.

Um die Mitte des 16. Jh. galten italienische Karten als die besten. Händler in Rom und Venedig hatten solche der verschiedensten Länder auf Lager. Bei dem römischen Kartenhändler Antonio Lafreri (1512–77) konnten Kunden sich nach Wunsch daraus Sammlungen zusammenstellen lassen, denen eine Art Titelblatt vorgebunden wurde. Den Schritt von der nach privaten Bedürfnissen ausgerichteten Sammlung zum planmäßigen zusammengestellten und einheitlich gestalteten Kartenwerk tat aber Abraham Ortelius mit der Herausgabe seines „Theatrum Orbi Terrarum". Das Werk kam im Eigenverlag heraus. Christopher Plantijn (1520 bis 1589) übernahm den Vertrieb eines Großteils der Karten. Mit dem Theatrum begann die Blütezeit der niederländischen Kartographie.

Sehr rasch setzte sich der aus der griechischen Mythologie entlehnte Name „Atlas" gegenüber älteren Bezeichnungen – neben Theatrum u. a. Speculum, Tabulae geographicae, Prospectus – für Kartensammlungen in Buchform durch und trug zweifellos in hohem Maße zur fulminanten Entwicklung dieser Buchgattung bei. Der Name „Atlas" erfreute sich so großer Beliebtheit, daß er nicht nur in früheren Jahrhunderten, sondern auch noch in der Gegenwart für verschiedenartige Kartensammlungen und sogar Buchgattungen außerhalb der Geographie (z.B. in der Medizin) als oft willkommenes Titelattribut benutzt wird. Mercator hat uns neben seinem Atlas die von ihm entwickelte Kartenprojektion hinterlassen, die noch heute Kartenbetrachter an seinen Namen erinnert. Gerhard Mercator vermittelte zunächst den Eindruck, daß er in Fragen des Südkontinents weder an die Konzeption des Ptolemaeus noch an die des Johannes Schöner glaubte. Auf seiner ersten Weltkarte des Jahres 1538 übernahm er die Darstellung von Oronce Finé aus dem Jahre 1531 mit nur einigen Änderungen. Für seinen Globus von 1541 schuf er jedoch eine eigene Linienführung, die er für seine Weltkarte von 1569 dann weiter entwickelte. Sie wurde von nachfolgenden Generationen der Kartographen übernommen. Mercators terra australis ist als eine Fortsetzung ihres ersten Auftretens in der Weltkarte des Monachus zu sehen: Monachus zeichnet, Finé zeichnet nach und 1538 zeichnet der junge Mercator wieder Finé nach.

Daß M.F. de Encisos in seiner „Suma de Geographia que trata de todas partidas y provincias del mundo" (Sevilla 1519 und 1530) glaubte, die nördlichste Spitze der terra australis beschrieben zu haben, paßte vorzüglich in Mercators Südkontinenttheorie. Nun rückte sie aus dem Reich der Fabel in die Wirklichkeit des Jahrhunderts hinein. „Wir aber sagen, daß es den dritten Kontinent gibt, der unter dem südlichen Wendekreis liegt." In seinem Spätwerk Atlas Sive cosmographiae meditationis" heißt es im 10. Kapitel (Über die Versammlung der elementaren Wasser und die Vorbereitung der Erde zur Zeugung): „Es steht die Meinung fest, daß der Bau der Erde in sich selbst Gleichgewicht habe... Dies alles bringt die Existenz eines Mittelpunkts der Schwere und der Erde mit sich. Wenn das alles von den Alten erkannt und geprüft worden wäre, dann hätten sie nahezu richtig über die Lage und die Größe des neuen Kontinents, der in unserem Jahrhundert gefunden worden ist, und des südlichen Kontinents, der unter dem noch nicht erforschten antarktischen Pol liegt, geurteilt.

Denn wenn die den Alten bekannten Länder durch 180 Längengrade erfaßt werden, d.h. nur die Hälfte der Kugel umfassen, dann war es notwendig, daß ebensoviel Länder in der anderen Hälfte existieren. Und da Asien, Europa und Afrika zum größten Teil nördlich des Äquators liegen, war es notwendig, daß ein ebenso großer Kontinent unter dem antarktischen Pol liegt, der mit den südlichen Teilen Asiens und des Neuen Indien oder denen Amerikas ein Gegengewicht bildete zu den anderen Ländern". Die Dreiteilung der Erde auf Mercators Weltkarte von 1538, Alte Welt, Amerika, Südkontinent oder Terra australis über die Magellanstraße hinaus auf der rechten Seite der Karte, stand noch im Widespruch zum katholischen Dogma. Die Zensur ist aufmerksam geworden. Immerhin wurde sein posthum veröffentlichter Atlas von 1595 später auf den Index Librorum prohibitorum gesetzt.

Im Gegensatz zu Schöner fehlt auf dem Globus von 1541 die Bezeichnung „Brasiliae Regio", aber an ihre Stelle trat eine dem Kern nach identische. Gegenüber dem Kap der Guten Hoffnung lesen wir: „Psitacorum regio, a Lusitanis anno 1500 (also auf der Fahrt des Cabral) ad milia parsuum bis mille praetervectis sic appellata, quod psitacos alat inandite magnitudinis, ut qui termos cubitos aequent longitudine". Diese Notiz ist einem Briefe des venetianischen Gesandten am portugiesischen Hof, Cretico, über die Entdeckung Brasiliens durch P. Alvarez Cabral aus dem Jahre 1507 (Vicenzes) entnommen. Die lateinische Bearbeitung dieses Briefes findet sich in S. Grynaeus' Novus Orbis, in dem Finé's doppelherzförmige Weltkarte veröffentlicht ist. Auf der einen Seite dürfte Mercator durch Finé irregeleitet sein, auf der anderen Seite mögen ihm Bedenken wegen Brasilien gekommen sein, dessen Name nun für den östlichen Teil Südamerikas verwendet wird. So steht auf dem Globus des Johann Praetorius aus dem Jahre 1568, der sich in Dresden befindet, „Regio Patalis" und „Brasiliae Regio" des Finé neben der „Psitacorum terra" des Mercator.

Mercator versuchte, das Kartenbild der Terra australis auf seinem Globus von 1544 und seiner Weltkarte von 1569 zu beleben durch Namen und Zitate aus Reiseschilderungen des Marco Polo, Lodovico de Varthema u. a. Mercator deutete sie falsch und unterstellte den Chinesen eine Kenntnis des südlichen Kontinents.

Die Namen „Beach", „Locach", „Maletur" südlich von Java mayor sind dem lateinischen Text des Marco Polo im „Novus Orbis" von Grynaeus entnommen. Besonders der Name Beach auf seinen Kartenbildern beruht auf einer falschen Schreibung für Locach (Loeach, Boeach, Beach) bei Grynaeus. Später wurde dann nach anderen Ausgaben des Marco Polo die richtige Lesart als neuer Name neben Beach aufgenommen. Es ist anzunehmen, daß Mercator den Fehler selbst verschuldet hat. Auf dem Globus von 1541 findet sich nur die Bezeichnung Beach, auf der Weltkarte von 1569 erscheinen beide Namen (vgl. Kartenanhang, Abb. 76).

Diese Mißverständnisse hatten ein zähes Leben. Durch den Einfluß von Mercator und Ortelius trifft man auf den meisten niederländischen, aber auch italienischen und französischen Karten und Globen des ausgehenden 16. Jh. und zu Beginn des neuen Jahrhunderts dieses Weltbild an. Weltkarten übten ebenfalls einen besonderen Einfluß in diesem Zusammenhang aus: Die Weltkarten von Petrus Plancius (1552–1622), basierend auf der Karte von 1591 und der Karte von Jan Baptist Vrients (1552–1610) von 1596. Das kartographische Phantom verschwand auch dann noch nicht, als die Inselgestalt Neu-Guineas, des Feuerlandes und Neu-Hollands bereits bekannt war.

Der Globus Mercators aus dem Jahre 1541 zeigte Fretum Pathagonicum/Sive Magellanicum. Die Küstenlinie soll zweifelsohne die Nordküste von Tierra del Fuego darstellen, obgleich keine Andeutung dieses Namens zu sehen ist. Die einzige Inschrift stammt vermutlich aus einer frühen französischen Ausgabe von Pigafettas Bericht über die Magellanexpedition, denn „R. de Sardines" und „ le cap desire" sind die einzigen zwei von Mercator genannten Toponyme. Auf Mercators Weltkarte von 1569 ist das Gesamtbild von Südamerika verzerrt dargestellt. Es zeigt den Kontinent in rechteckiger Form, während die meisten Karten, der Wirklichkeit entsprechend, den Süden in einen spitzen Winkel zusammenlaufen lassen, so wie es Mercator selbst vorher dargestellt hatte. Der Fehler liegt darin, daß die Westküste Südamerikas von der Magellanstraße an bis zum Cap de S. Maria in Chile um etwa 20° zu weit nach Westen vorspringt. Dieser Fehler findet sich auch schon bei Finé's doppelherzförmigen Weltkarte, bei Peter Apían (1551) sowie im Venediger Ptolemaeus von 1561. Bei Paolo Forlani springt die Küste nicht bloß bis zum Cap de S. Maria nach Westen vor, sondern gleich bis zum Wendekreis des Steinbocks. Auf Mercators Weltkarte sind die Toponyme zwischen Golfo di Sebastiano und C. di Maestro (Cabo deseado) auf dem Südkontinent eine Mischung aus einer spanischen und einer italienischen Karte. Bei der einen Karte muß es sich um eine verhältnismäßig maßstabgetreue spanische gehandelt haben, während die italienische wohl nur die südamerikanische Südküste und einen Teil der Ostküste von Tierra del Fuego mit einem fünfmal größeren Maßstab zeigt, den wir heute Bahia San Sebastian nennen. Da Ortelius 1564 einen ähnlichen Verlauf der Küste zeigt, stellt sich die Frage, ob Mercator sie von Ortelius kopiert hat oder beide die gleiche Quelle benutzt haben. Bei dem italienischen Vorbild könnte es sich um J. Gastaldis Weltkarte um 1561 handeln, da Anzahl und Benennung der Toponyme zwischen C. de Maestro und Golfo de S. Sebastiano sehr ähnlich sind, jedoch nicht die Küstenlinie. Auf Mercators Weltkarte von 1569 und Ortelius' Karten von 1564 und 1570 scheinen die Nordküste der Magellanstraße auf ca. 54° zu liegen, während der Abstand zwischen C. de Maestro und Golfo di Sebastiano etwa 10° beträgt. Der Name C. di Maestro ist auf keiner spanischen oder portugiesischen Karte zu finden. Ungeachtet dessen, ob und wie die lange Ausdehnung des Südkontinents schon vor Mercator oder Ortelius existierte, ihre Konfiguration wurde zum Vorbild für viele nachfolgenden Kartographen. So konnte Philipp Apian, der Landestopograph, Mathematiker und Kosmograph des Herzogs Albrecht V. auf die Weltgeographie von Mercators Weltkarte für seinen Globus aus dem Jahre 1576 zurückgreifen. Das Mercatorsche Weltbild spiegeln zum Beispiel die Vorstellung Südamerikas und die Umgrenzung der Terra australis wider. Mercator wußte vom Südkontinent mit Sicherheit nur, daß er durch die Nordküste von Feuerland wirklich existierte. Andere Autoren vermuteten das vom südlichen Teil Indonesiens oder später von Australien. Bischof Joseph Hall's Kritik an die Gläubigkeit eines Südkontinents bezog sich in erster Linie auf Mercators erste Darstellung im Jahre 1541. Da Mercator keine glaubwürdigen Quellen für einen durchgehenden Küstenverlauf des Südkontinents von Cabo di Maestro bis Maletur, Beach und Lucach quer durch den Südpazifik hatte, bediente er sich eines geläufigen Tricks der Kartographen des 16. Jh. und noch später und bedeckte den weißen Fleck mit zwei langen Kartuschen. Auf seiner Karte „Orbis Terrae compendiosa descriptio" von 1587 ersetzte Rumold Mercator sie durch eine kontinuierliche Küstenlinie mit folgender Inschrift, die später von vielen Kartographen übernommen wurde: „Hanc continentem/Australem nonulli/Magellanicum regi/onem ab ejus inuento/re nuncupant" (Dieser Südkontinent wird von einigen die Magellan Region nach seinem Entdecker genannt.)

Mit wenigen Ausnahmen wirkten portugiesische und spanische Kartographen des 16. Jh. praktisch und empirisch. Infolgedessen setzten sie nur die Küstenlinien ein, die erwiesen waren. Das Bild, das sich Gerhard Mercator für seine Weltkarte von 1569 von den patagonischen Giganten machte, hat er der Karte des Diego Gutiérrez des Jüngeren aus dem Jahre 1562 – spiegelverkehrt – entlehnt. Eine Ausnahme war der spanische Ritter, der bei Mercator dem Giganten nicht den Bogen, sondern den Pfeil zurückgibt. Seltsamerweise hat Mercator nicht die eher zutreffende Darstellung Südamerikas des Diego Gutiérrez von 1562 zur Vorlage genommen, sondern die in den Meridianangaben und Richtungen viel weniger zutreffende des Sancho Gutiérrez (1516–80) aus dem Jahre 1551. Daß Mercator die Westküste Südamerikas von der Magellanstraße bis zum Kap St. Maria in Chile um 20° nach Westen ausdehnte, erhärtet den Verdacht, daß die Karte des Sancho Guitiérrez (1551) – mit der Autorität des Zeichners versehen – Mercator von der vermeintlichen Richtigkeit seiner Darstellung von Südamerika überzeugt hat. Von den neuen Karten in Mercators posthumem Atlas von 1595 (vgl. Kartenanhang, Abb. 10) wird die Darstellung der Magellanstraße Hondius zuzuschreiben sein. Mercator portraitierte auf seiner Weltkarte gleich das ganze Geschwader Magellans auf dem Weg zu den Molukken.

Die „patagones gigantes" sind elf und sogar dreizehn Spannen groß, also etwa 2,40 bis 2,90 Meter, die hier einem knabenhaft wirkenden spanischen Ritter – kenntlich an Hellebarde und Degen – begegnen. (Auf der achtblättrigen Wandkarte von Großbritanien aus dem Jahr 1564 beschreibt Mercator Schottland als ein Land der Mythen und erwähnt Riesen, die es in ihrer Größe mit den Patagoniern aufnehmen könnten).

9. Francis Drake

Die Kartographen, und insbesondere Giovanni Battista Ramusio (1485–1557) mit seiner um die Mitte des 16. Jh. veröffentlichten Sammlung von Reiseberichten, hatten dafür gesorgt, daß die Kenntnis der Magellanstraße im übrigen Europa nicht verlorenging. Die Engländer, die damals überall den Spaniern auf den Fersen saßen, haben die Reiseberichte und Karten, die sie sich größtenteils erschlichen, besonders eifrig studiert. Einer ihrer tüchtigsten Seehelden war Francis Drake (um 1540–1596). Schon im Jahre 1572 konnte er am Isthmus von Darien beobachten, daß die Spanier ihre Häfen am Pazifik ziemlich schutzlos gelassen hatten und kaum in Verteidigungsbereitschaft waren. Er faßte schon damals den Entschluß, den Pazifik der englischen Schiffahrt zu öffnen. Doch konnte er seiner Königin Elisabeth erst im Jahre 1577 einen Plan zu einer Expedition durch die Magellanstraße in die Südsee vorlegen. Diese gab ihm dann eine Flotte von fünf Schiffen, mit welcher er am 5. November 1577 von Plymouth aus seine denkwürdige Reise antrat. Der Spanier Argensola schrieb 1608, daß Drake ausgesegelt sei, „um die Straße des Magellan zu suchen, an welche die allgemeine Meinung nicht glaubt, deren Existenz aber von vielen Kosmographen behauptet wird". Um den Spaniern das Ziel der Unternehmung geheimzuhalten, hatte man öffentlich vorgegeben, die Flotte sei für Alexandrien bestimmt.

Am 20. August 1578 fand Drake den Eingang der Magellanstraße. Eine geschickte Führung seiner Schiffe bewirkte, daß er schon am 6. September, also nach 16 Tagen, den westlichen Ausgang errreichte. Wenn auch die Fahrt kurz war, so wurden doch manche Entdeckungen oder Beobachtungen gemacht. Drake und seine Besatzung bespötteltten in ihren Berichten die übertriebenen Angaben der Spanier über die patagonischen Riesen. Einige der von Drake in der Meeresstraße benutzten englischen Namen haben sich bis auf den heutigen Tag gehalten, wie „Elizabeth Island". Die ersten Berichte des Portugiesen de Sylva und eines Franzosen aus der Picardie glaubten immer noch, daß Drake beim Verlassen der Magellanstraße einen Küstenstrich des Südkontinents erblickt hätte und man denselben „das Land Drake's" nennt, welches auf den Karten des 16. und 17. Jh. im Südwesten Amerikas auch vermerkt worden ist.

Drakes Begleiter Francis Fletcher berichtete dagegen korrekterweise, daß das Land, welches Drake unter 57° s.Br. gesehen habe, aus einer Gruppe kleiner Inseln, den Elisabethiden (Elisabethides) bestände und Feuerland sich an der Südspitze Amerikas befände und nicht, wie bisher behauptet worden ist, die nordwärts hinaufgreifende Halbinsel des Südkontinents darstellen würde. „Das äußerste Kap von allen diesen Inseln steht in 56° s. Br., von welchen südwärts keine Insel oder Festland gesehen werden kann".

Nicht nur Fletchers Breitenangabe, sondern auch seine ganz eindeutige Situationsbeschreibung spricht dafür, daß damals schon das Kap Hoorn (58° 59' s. Br.) erreicht worden ist.

Durch Drake wurde deutlich, daß die Magellanstraße nicht die einzige Durchfahrt war. Durch das Verbot der Bekanntmachung wurde Drake zu seinen Lebzeiten um die Anerkennung seiner wichtigen Entdeckung gebracht und die Magellanstraße vor dem vorzeitigen Verlust ihres Anspruches als einziges Tor zum Pazifik bewahrt. Geirrt hatte sich Drake bei der Beobachtung der Mondfinsternis vom 15. September 1578, wonach die Position vom „Golden Hind" mit 90° W von London ermittelt wurde, während die korrekte Position zwischen 75° und 80° W war. Ob Drake selbst auch kartographische Aufnahmen von den auf seiner Weltumseglung gemachten Entdeckungen mit nach Hause nahm, ist nicht verbürgt. Selbst die Weltkarte, die Hakluyts Buch „The principal Navigations and Discoveries of the English nation", welches 1589, also wenige Jahre nach Drakes Rückkehr nach England, beigefügt war, enthält keine Spur über Drakes Feststellungen zur Insularität des Feuerlandes. Vielmehr ist auf ihr die Terra del fuego wie zuvor mit dem Südkontinent verschmolzen dargestellt.

Doch die Zensur wurde bald aufgehoben und dem umfangreichen Band Sonderseiten hinzugefügt, die über die berühmte Fahrt des Drake berichteten.

Das nach Fletchers Berichten und Aufzeichnungen abgefaßte Buch „The world compassed" erschien erst 1628. Unterdessen hatte die Theorie von Drake's Land sich in den Köpfen der Geographen und Kartographen eingeschlichen, die mit der Vorstellung eines Südkontinents so gut zu übereinstimmen schien. Selbst noch später, nachdem die Niederländer die Südspitze Amerikas, das Kap Hoorn, umfuhren, blieb man dabei, daß Drake nur gewisse Länder im Südwesten von Feuerland, nicht aber die südwestliche Seite und das südliche Ende davon gesehen habe. Man verlegte das „Drake's Land" nur ein wenig weiter vom Kap Hoorn südwärts hinaus.

Die Karten in den späten 1580er und 1590er Jahren, die das Archipel von „Elisabethides" im Süden des amerikanischen Kontinents zeigten, deuteten jedoch schon Drake's Entdeckung einer neuen Route an, so die Karten von Jodocus Hondius von 1589 und seine Weltkarte von 1595 oder früher (s. Kapitel XIV), Levinus Hulsius (1602) und Robert Dudley 1646/47. Nachdem Drake an der Westküste entlang nach Norden segelte, bemerkte er, daß die patagonische Küste im ganzen zwar von Süden nach Norden lief, daß sie aber, je weiter sie nach Norden bis nach Peru hinauf gelangten, immer etwas weiter nach Osten zurückwich. Diese Beobachtung korrigierte die Vorstellung einer Ausbuchtung der Küste Patagoniens und Chiles, wie wir es auf Karten von Sancho Gutiérrez über John Rotz (1542), Ramusio (1556) und Ortelius bis Mercator und Thevet sehen können. Drake schnitt von dem vorgeschwollenen „Bauch" einige Tausend Quadratmeilen vom Festland ab und ließ die Küste Patagoniens nach Osten einrücken.

Die Insel Mocha (38° s.Br.), wo Drake an Land ging, gehörte zur „Tierra de Guerra", wo die Spanier gegen die Indios kämpften. Drake hatte dort keine Spanier erwartet, sondern er wollte mit den Einheimischen Handelsbeziehungen aufzunehmen.

Der „Orbis Archipirata" (Erzpirat des Erdglobus), wie Schriftsteller des 16. Jh. Francis Drake nannten, wurde schon zu Lebzeiten zu einer legendären Figur. Für seine Erdumseglung, die ihm und der Königin Elisabeth I. einen Gewinn von 5.000 % brachte, wurde er in den Adelsstand erhoben. Der wie ein Volksheld gefeierte Pirat fand 1596 vor der Küste von Panama den Tod.

Von der Ostküste Brasiliens an, durch die Magellanstraße bis zum nördlichen Kalifornien, hatte Sir Francis Drake zwei Drittel der Neuen Welt umkreist, wie kein anderer zuvor. Bei seiner Rückkehr nach England legte Drake Königin Elisabeth sein eigenes illustriertes Logbuch vor. Dieses höchst geheime Dokument mit einer Fülle von Informationen, die für ausländische Konkurrenten von Nutzen hätten sein können, mußte an einen sicheren Ort geschafft worden sein, doch ist es nie aufgetaucht. Es scheint auch ein Ausfuhrverbot für andere Berichte dieser Fahrt gegeben zu haben. Wie anders läßt es sich erklären, daß ein so großartiges Abenteuer mehr als ein Jahrzehnt lang nicht publiziert wurde.

Der anonyme Zeichner der Weltkarte aus Paris von 1587, die in Hakluyts Ausgabe von Peter Martyrs „De Orbe Novo" abgebildet ist, hat ebenso wie Wright-Molyneux's Weltkarte von 1598–1600 die Entdeckung eines Archipels südlich der Magellanstraße berücksichtigt. Die erste Karte zeigt eine Insel mit der Legende „Ins Reginae Elisabetae 1579 ab Anglis", die zweite eine mit der Legende „Queens Island". Es handelt sich bei beiden um die gleiche Insel, vor der Drake Schutz vor schwerem Sturm gesucht hatte. Felix Riesenberg hat in seinem Buch „Cape Horn"(New York 1939) die Vermutung ausgedrückt, daß es sich um die Insel handelt, die auf heutigen Seekarten als „Burnham Bank" bezeichnet wird.

Bei Wright-Molyneux ist der einzige Hinweis auf den Südkontinent südlich von Java zu sehen, der auf Karten des 16. und 17. Jh. vielfach als die Provinz „Beach" bezeichnet wurde.

Die phantastische Segelzeit und mehr noch die Frechheit der Briten, durch das alte, beinahe vergessene Tor der Magellanstraße plötzlich in ihre Domäne des Pazifiks einzudringen, versetzte die spanische Admiralität in eine solche Aufregung, daß sie schon 1579 von Peru aus eine Expedition unter Pedro Sarmiento de Gamboa, Capitan Superior de la Armada, zur Meerenge schickten.

Auf der Halbinsel Guayacán haben bis heute Schatzgräber ihr Glück gesucht, um den angeblich hier versteckten Schatz der alten Seeräuber aus dem 16. und 17. Jh. zu finden. Die Herradura Bucht hat seit der Entdeckung durch Sir Francis Drake im Jahre 1578 den verschiedensten Abenteurern als Schlupfwinkel gedient.

10. Pedro Sarmiento de Gamboa und Pedro Fernández Quirós

Der Italiener Juan Bautista Antonelli schlug dem spanischen König Philipp II. vor, an beiden Ufern des Estrecho Magallanes je ein Fort zu errichten, ja, einer der Strategen meinte, man müsse den Kanal an seiner engsten Stelle mit einer Kette abschließen und hohe Türme errichten, von deren Ausguck aus die feindlichen Flotten gesichtet werden könnten. Aus diesen phantastischen Ideen wurde die traurige Wirklichkeit einer Expedition, die der Gelehrte Pedro Sarmiento de Gamboa (1579–1580) kommandierte.

Die Expedition fuhr, um die vorherrschenden Südwinde zu vermeiden, in einem weit nach Westen ausgreifenden Bogen nach Süden herum. Sie segelte in einen Einlaß, von dem sie glaubte, er sei ein Kanal, der zur Magellanstraße führe. Sie nannten ihn „Golfo de Trinidad". Sie gingen in einem Hafen vor Anker, der den Namen „Puerto de Nuestra Seniora del Rosario" erhielt. Von den benachbarten Bergen erkannten sie einen Archipel von vielen Inseln, der „Archipel der Mutter Gottes" genannt wurde.

Zu den Instruktionen für Sarmiento gehörte auch, daß er von allen Ländern, auf die er stieß, genaue Beschreibungen und Kartierungen vorzunehmen habe. Dabei sollte besonders untersucht werden, wo sich Befestigungen anlegen ließen. In der Tat wurde das ganze Labyrinth von Inseln und Kanälen des „Archipel der Mutter Gottes" untersucht. Sarmiento benutzte für die Benennung der Toponyme nicht nur spanische Namen, sondern war bemüht, die der Einheimischen zu erhalten.

Sarmiento verfaßte einen umständlichen Bericht an König Philipp, der so viele Details über die Magellanstraße und über die ihr im Nordwesten benachbarten Inseln, Küsten und Landstriche enthielt, wie es noch nie zuvor geschehen war. Zum ersten Mal wurden auch beschneite Berge der Kordilleren erwähnt. Die Engländer King und Fits Roy, die zwischen den Jahren 1826 und 1836 die gleiche Gegend untersuchten, bewunderten noch nach zweieinhalb Jahrhunderten die geographischen Leistungen des Sarmiento, die von ihnen gar nicht übertroffen werden konnten. Sie behielten daher auch so viel als möglich die von Sarmiento benutzten Namen bei.

Der Heiligen Jungfrau widmete Sarmiento die von ihm für Spanien wiederentdeckte und gewonnene Straße. Er nannte sie „El Estrecho de la Madre de Dios". Diese Namensnennung zeigte aber trotz Intervention Sarmientos beim spanischen König keine Folgen.

Bei seiner Fahrt durch die Magellanstraße versuchte Pedro Sarmiento seinen Steuermann zu überzeugen, daß man durch sorgfältiges Reinigen und Ölen der Kompaßnadel die Mißweisung verhindern könne. Er kam nicht darauf, die in den verschiedenen Teilen der Welt unterschiedlichen Mißweisungen miteinander zu vergleichen. Dem viel gefürchteten Vorgebirge, welches heute Cape Froward genannt wird, gab Sarmiento den Namen „El Morro de Santa Agneda". Die Spanier hielten sich noch eine Zeitlang an diese Bezeichnung, bis sie vermutlich von Cavendish und Hawkins durch den englischen Namen ersetzt wurde.

Pedro Sarmiento untersuchte und beschrieb alle Häfen, Vorgebirge und Kanäle des östlichen Teiles der Magellanstraße und gab ihnen neue spanische Namen. In seiner „Conquista de las Molucas", (Madrid 1608) schrieb der Spanier Argensola über Sarmiento: „Er selbst war bei allen Verrichtungen unermüdlich tätig, hatte beständig die Sonde in der Hand und die Astrolabien und die Karten vor den Augen, um alle die Bänke, Gründe, Häfen, Golfe und Gebirge richtig zu erkennen und zu verzeichnen. Er wandte eine so große Sorgfalt auf wie noch keiner seiner Vorgänger, stellte auch Beobachtungen über die Abweichung der Magnetnadel in jenen Gegenden an".

Wie schon die Vorgänger wurde die Expedition beim Auslaufen in den Atlantik von schwerem Unwetter überfallen, um dann in milderem Klima und ruhigeren Gewässern die Insel Ascension zu erreichen. Auf ihr fand Sarmiento Spuren von früheren portugiesischen Seefahrern. Er errichtete dortselbst ein Monument, auf das er schrieb, „daß er, der Admiral Sarmiento, hier mit dem ersten Schiff gelandet sei, welches die Reisen von Peru durch die Magellanstraße in den Atlantik hinaus und von dort nach Spanien zurückgemacht habe". Er gab der Meerenge den Namen „Enge der Gottes Mutter", obwohl sie vorher Magellanstraße hieß und daß er auf Bestätigung seiner Majestät warte. Doch der König Ferdinand II. erhielt nie dieses Gesuch. Außerdem haben die Karten den Namen Magellanstraße schon viel zu sehr publik gemacht. In der Tat war sein Vorgänger Ladrillero (1557) nur bis an das östliche Ende der Magellanstraße durchgedrungen. Die erfolgreiche Fahrt von Peru um Amerika herum nach Spanien, die Erforschung und Bestimmung von Inseln, Archipelen und Kanälen Patagoniens im Norden der Magellanstraße, insbesondere des Golfs von Trinidad und des von der Mutter Gottes waren die wichtigsten und noch jetzt lebendigen Ergebnisse des Sarmiento. Er förderte die geographischen Kenntnisse nicht zuletzt wegen seines Auftrages, Pläne für den Bau von Festungen aufzustellen und Siedlungen zu gründen. Nach den Aufnahmen des Sarmiento, der sobald keinen Nachfolger in seinen patagonischen Insellabyrinthen fand, zeichnete man diese noch zwei Jahrhunderte lang. Der höchste Berg des Feuerlandes, der von Magellan „Campana de Roldan" genannt wurde, erhielt Sarmiento zu Ehren den Namen „Monte Sarmiento". Auch noch vor dem östlichen Ausgang der Magellanstraße steht sein Name auf den Seekarten verzeichnet: Eine vor dem Cap Virgins gelegene Sandbank heißt „Sarmiento Bank".

Sarmiento gründete am Cabo Virgenes die Kolonie „Nombre de Jesús" und da, wo die das Ufer begleitende Erdstraße heute an der Südostküste der Halbinsel

Brunswick endet, eine dem König zu Ehren „Rey Filipe" genannte zweite Niederlassung. Als der englische Bukanier Cavendish den Unglücksort anlief, fand er nur noch Skelette – eines davon am Galgen baumelnd. Von da an heißt die Bucht nur noch Puerto Hambre. Der letzte Überlebende von Nombre de Jesús aber stirbt auf dem britischen Piratenschiff „Delight of Bristol", das selbst mit nur noch sechs Seeleuten seinen Heimathafen erreichte. Heute ziert nur noch ein kleiner Mauerrest die winzige Kirche von Puerto Hambre; ein Gedenkstein spricht: „Für das, was ich erduldete, darf ich mich Märtyrer nennen". Aber der Mensch ist wohl auf ein Rad gebunden worden.

Ortsbezeichnungen, wie „False Cape Horn" (Falsches Kap Hoorn), „Bahia Inutil" (ruhelose Bucht) und „Puerto Hambre" (Hungerhafen) erzählen von den Tragödien, die sich bis ins 20. Jh. hinein am Südzipfel Patagoniens abspielten, dessen Mangel an natürlichen Ressourcen und fehlende Infrastruktur zusammen mit dem rauhen Klima die ersten Siedler zum Hungertod verurteilten.

11. „Ophir" war ein magisches Wort in der Geschichte

Nach Darstellung der Bibel rüstete der König Salomon mit Hilfe der befreundeten Phönizier eine Flotte aus, die aus dem Lande Ophir märchenhafte Schätze mitbrachte. Seither geistert Ophir in allen Erdbeschreibungen umher und wurde zum lockenden Ziel für manche Entdeckungsfahrt. Die Lagebestimmung hat zusammen mit der von Punt ganze Forschergenerationen beschäftigt. Wenn wir heute annehmen, daß Ophir im Somaliland gelegen hat, so ziehen wir diese Rückschlüsse aus den von dort mitgebrachten Myrrhenbäumen und Affen, die uns im Bild überliefert wurden, wie sie an Bord der ägyptischen Schiffe herumkletterten.

Kein Jahrhundert hatte aber fanatischer das Geheimnis zu lüften versucht, als das sechzehnte. Das Aufspüren durch die Zeiten kommt einem Kesseltreiben gleich. Nach früherer Vorstellung lag Ophir am Rande der bekannten Welt. Man brachte es auch zusammen mit „Chryse Chersonneus" des Ptolemaeus, womit die Malacca Halbinsel (der Alten) gemeint war. Mit fortschreitender Erkenntnis rückte es dann weiter nach Ost und Südosten weg. In den Archivos de las Indias in Sevilla befindet sich ein Dokument, das sich mit dem Fernen Osten beschäftigt und Material aus „O Livro de Odoardo Barbosa" enthält. Es könnte von Magellans Schwager Duarte Barbosa geschrieben sein. Da es sich zwischen Manuskriptfragmenten von Magellan befand, könnte das Buch vom ihm dem spanischen Hof gezeigt worden sein. Zu den Themen, die im Buch diskutiert werden, gehören auch Ofir und Tarris, deren Schätze auf den Ryukyu Inseln (einschließlich Okinawa) und Formosa gesehen worden sein sollen.

M. F. de Enciso meinte in seinem bereits erwähnten kanonischen Handbuch Suma de Geographia (Sevilla 1519), daß Ophir schon in der spanischen Interessensphäre liegen müsse, da die Portugiesen vom Atlantik nunmehr schon 180° ostwärts fortgeschritten seien, ohne es zu finden. Er selbst nahm dessen Vorhandensein im Süden und Südosten der Molukken an. Daß Enciso glaubte, auch die nördlichste Spitze der „terra australis" beschrieben zu haben, paßte vorzüglich in die Südlandtheorie der Kartographen, wie Ortelius und Mercator. Das sagenhafte Land Ophir hatte in den Köpfen der Phantasten schließlich eine Wanderung bis vor Peru gemacht. Jean Alphonse Saintongeais plazierte eine Insel „Dorfy" in seiner „Cosmographie avec l'Espére et Régime du Soleil et du Nord" 1544 zwischen 8° und 10° s. Br. mit dem Hinweis auf einen dort herrschenden Überfluß an Gold und all den Dingen, die ehemals zu Salomon geschaffen worden seien.

Auf Mercators Weltkarte von 1569 ist auf der Breite von Cuzco und ca. zehn Meridiane westlich davon eine Gruppe dreier Inseln mit folgendem Vermerk zu sehen: „Hic uspiam longius intra mare in parallelo portus Hacari dicunt nonnulli Indi et Chrístíani esse insulas grandes publica fama divites auro" (irgendwo weiter draußen im Meer auf der Breite des Hafens Hacari, so behaupten einige Inder und Christen, seien große Inseln, nach allgemeiner Ansicht reich an Gold). Der für uns unbekannte Hafen liegt für Mercator auf 16° s.Br.. Diese Angabe verbindet das Ophirmotiv mit altindianischem Fabelgut. Sie fand Resonanz auch auf einigen nachfolgenden Karten, so in Ortelius' Typus Orbis Terrarum von 1570.

Der Chronist Berrabé Cobo (1572–1659) berichtete in seiner „Historia del nuevomundo", das den Anstoß für die spanischen Erkundungsfahrten im Pazifik, die teils religiös, teils durchaus weltlich verstandene Bemühung gab, das Goldland Ophir aufzufinden. Also jenes Land, aus dem König Salomon seinerzeit das Gold und das Elfenbein für seinen Tempelbau in Jerusalem geholt hatte. Diese Vermutung hatte der Pilot, Entdecker, aber auch Historiker Pedro Sarmiento mit großer Suggestivkraft verbreitet, wie wir aus seinem einzigen erhaltenen Prachtband „Historia general Llamado Indica" wissen, das auf Umwegen nach Göttingen gelangte und sich seit 1785 in der Göttinger Universitätsbibliothek befindet.

In jahrelangen intensiven Befragungen überlebender Angehöriger des Inkahochadels hatte Sarmiento außerordentlich wertvolles Material über die Geschichte des Inkareiches zusammengetragen. Darunter befanden sich auch Nachrichten über eine angebliche Südseefahrt des zehnten Inkakaisers Tupac Yupangi im Jahrhundert vor der Ankunft der Conquistadoren in Peru.

Bei seiner Rückkehr habe dieser Inka sehr wertvolle Edelmetallgegenstände mitgebracht. Die „Historia general Llamado indica" war 1572 fertiggestellt worden und wurde unverzüglich Philipp II. übersandt. Sarmiento und mit ihm der Generalkapitän Lope García de Castro, der damalige Regent des Vizekönigreichs Peru, interpretierten diese Nachrichten so, daß aus ihnen Hinweise nicht nur auf das Goldland Salomons wurden, sondern auch auf den Südkontinent.

Außerdem hatte de Castro verständliche Gründe dafür, eine Suchfahrt nach einem Land Ophir zu unterstützten. Nach den Bürgerkriegen in Peru, die mit immer wieder aufflackernden Einzelaufständen bis in die sechziger Jahre des 16. Jh. gedauert hatten, gab es zahlreiche Abenteurer und Unruhe schaffende Kräfte, die er aus dem Land abzuschieben trachtete. Es kann vermutet werden, daß die Bemühungen um eine Suche nach dem Südkontinent von Peru aus starken Auftrieb durch Sarmientos Inkastudien und die Ausführungen von Caspar Varrerius über Ophir (1561) eine zusätzliche Motivation erfuhren. Es ist auffällig, daß von Sarmiento über Mendaña bis Quiros der von Peru aus gesuchte Südkontinent stets auch für das Ophir Salomons gehalten wurde.

Pedro Fernández de Quiros (1560–1614) übernahm von Alvaro Mendaña de Neyro, der zweimal vergeblich auf der Suche nach dem Südkontinent war, dessen leidenschaftlichen Glauben an sein Vorhandensein. Quiros erhielt dafür die Unterstützung des damaligen Papstes Clemens VIII. sowie die Zustimmung der spanischen Krone durch den Staatsrat und nicht, wie sonst üblich, vom Indienrat. Unter Überwindung großer Widerstände in Peru stach er mit einer Flotte von drei

Schiffen am 21. Dezember 1605 von Callao aus in See. Das Unternehmen endete wie das von Mendaña (1595–96) im Fiasko.

Quiros Reisen führten zur Entdeckung u. a. der Solomoa- und Marquesos-Inseln und Teilen der Tuamotu-Gruppe. Quirós Australia del Espiritu Santo waren in Wirklichkeit die Neuen Hebriden, die heute Vanuatu heißen. Da die zweite Ausgabe über seine Erlebnisse, die 1610 in Pamplona veröffentlicht wurde, irrtümlicherweise seinen Nachnamen auf Quir verkürzte, erschien dieser Name später in zahlreichen Übersetzungen. Eine Doppelhemisphären-Karte, die Hessel Gerritsz (1580–1632) zugeschrieben wird, war wahrscheinlich der erste kartographische Niederschlag von Quirós Entdeckungen auf der Suche nach dem Südkontinent. Zwei von Gerritsz mit Hilfe verschiedener Skizzen und Journale zusammengestellte Karten des Südlandes, datiert 1618 und 1627, sind im übrigen die ältesten gedruckten Karten Australiens. Von 1617–32 war er der offizielle Kartenmacher der „Verenigde Ostindische Compagnie (VOC)" und in dieser Funktion verantwortlich für die Ausrüstung aller Schiffe mit guten Seekarten und Navigationsinstrumenten.

Mit von der Partie war Luis Váez de Torres, der schon an der zweiten Mendaña-Expedition teilgenommen hatte. Torres, der sich auf der Rückreise von Quirós getrennt hatte, durchquerte immerhin als erster Europäer das berüchtigte Barriereriff zwischen Australien und Neu-Guinea in der später nach ihm benannten Straße, was erst über 160 Jahre danach wieder Cook gelang. Im übrigen verlor die spanische Krone nach diesem erneut gescheiterten Unternehmen jedes Interesse an der Auffindung des Südkontinents.

Drake und sein Nachfolger Sarmiento kehrten fast gleichzeitig im Herbst des Jahres 1580 in ihre Heimatländer zurück, der erste mit Edelmetallen, Gewürzen und geraubten Schätzen, der andere mit detaillierten Reiseschilderungen, astronomischen Beobachtungen und vielen Plänen und Projekten. England und Spanien fühlten sich veranlaßt, neue Unternehmungen in die gleichen Gebiete vorzubereiten. Auf Grund des komplizierten Reliefs bereitete die kartographische Aufnahme der Magellanstraße große Schwierigkeiten. Die beste Darstellung der Durchfahrt stammt von Pedro Sarmiento aus dem Jahre 1580, die sich im Museo Naval in Madrid befindet.

Phillip II. ging auf dem Höhepunkt seiner Macht und seines Reiches auf Sarmientos Vorschläge ein, die Magellanstraße militärisch zu besetzen, zu besiedeln und zu befestigen. Zu einer sehr ungünstigen Jahreszeit segelten Diego Flores de Valdes, begleitet von Sarmiento als „Capitan general del Estrecho de Magellanes y Gobernador de lo, que en el se poblare", im September 1581 von San Lucar zur Magellanstraße, wo die stark reduzierte Flotte im März 1583 eintraf.

Sarmiento baute nicht weit vom östlichen Eingang der Meeresstraße ein Fort, das er „Nombre de Jesus" nannte. Etwas nordostwärts vom heutigen Cape Froward gründete er eine zweite Siedlung, die er zu Ehren seines Königs „Ciudad de

Rey Felipe" nannte, „um alle Ungläubigen und nördlichen Völker von der Magellanstraße fernzuhalten". Es ist die kälteste Zone, bis zu welcher die Spanier mit Städtebau vorgedrungen sind und die südlichste Ansiedlung, welche von Europäern in der Neuen Welt versucht worden ist. Kaum waren die Blockhäuser in „Philippopolis" vollendet, als der südliche Winter sie im Mai 1584 überraschte und die jungen Siedlungsanfänge unter tiefem Schnee begrub.

Sarmiento fiel auf seiner Rückreise englischen Seefahrern in die Hände. Er traf in England neben Königin Elisabeth auch mit Francis Drake zusammen. Ihre Unterhaltung wurde in Latein geführt. Argensola berichtete darüber (in Conquista de las islas Malucas, Madrid 1609), daß sie „für ihn lehrreich war, und sie später noch für größere zum Ruhme seines Vaterlandes geplante Dinge zu benutzen gedachte". Aber er sollte nicht mehr viel Großes ausführen. Die englische Königin entließ ihn mit einem Geldgeschenk aus der Haft. Als er aber über Frankreich nach Spanien reisen wollte, geriet er in der Grafschaft Béarne abermals in Gefangenschaft. Im Jahre 1590 löste ihn der spanische König aus. Danach widmete er sich, der Historiker, seinen Reiseberichten, die lange Zeit in den spanischen Archiven vergraben waren. Schließlich trat er noch eine letzte Reise nach den Philippinen an.

Wenige Unternehmungen der Spanier in der Neuen Welt sind so kläglich gescheitert, wie der Plan des Königs Philipp, das bedeutende Wassertor im Süden zur Besieglung seiner Weltherrschaft allen nördlichen Völkern zu verschließen. Das verschlossene Wassertor wird sehr anschaulich auf A. Knivets Zelsame Reyslogt door de Straat Magellaan na de Zuyd Zee tot aan syn Vlugt in Angola agtervolgt (aus: Van der Aas Knivet nyt Engelland na de Zuyd-Zee mit Thomas Cavendish, 1706) dargestellt. Die Spanier zogen sich gezwungenermaßen zurück und überließen nördlicheren Völkern für längere Zeit das Feld (vgl. Kartenanhang, Abb. 57a).

Die erste Südsee-Expedition unter dem Kommandanten von Alvaro Mendaña de Neyro (1541–1595) hatte mit einem Zerwürfnis zwischen ihm und Sarmiento geendet, weil Mendaña sich beharrlich geweigert hatte, nach dem Südkontinent in den von Sarmiento vorgeschlagenen stark südlichen Breiten zu suchen. Obwohl Mendañas Suche nach dem Südkontinent 1567–69 erfolglos verlaufen war, erhielt er schließlich 1595 die Lizenz für seine zweite Suchfahrt, die mit einem Fiasko endete. Quiros, der schon sein erster Steuermann war, übernahm in der Folge Mendañas leidenschaftlichen Glauben an Terra australis.

Im Jahre 1567, als Alvaro Mendaña seine erste große Pazifikfahrt antrat, hielt sich der spanische Seefahrer Juan Fernández (um 1530–1599) in Peru auf. Wahrscheinlich 1574, auf der Rückreise von Callao nach Chile, entdeckte Fernández die später nach ihm genannten Juan-Fernández-Inseln. Fernández benötigte für diese Fahrt, die gewöhnlich drei Monate dauerte, nur dreißig Tage. Vermutlich hatte er von Seeleuten des Mendaña davon gehört, daß man in weitem Abstand von der Küste die starken nordwärts gerichteten Wind- und Wasserströmungen auf der Fahrt nach Chile vermeiden könnte. Die Juan-Fernández-Inseln wurden als waldreich beschrieben und stellten seit ihrer Entdeckung für alle Magellanstraßenfahrer und Weltumsegler eine wichtige Transitstation dar.

Daß er die Südpassage an der Küste entlang um zwei Drittel der Zeit verkürzt hatte, wurde Fernández am spanischen Hof in Lima schlecht gedankt. Er war kurzerhand vor das Inquisitionsgericht gestellt und der Hexerei angeklagt worden, weil er – so steht es in der Anklageschrift – mit teuflischer Kunst die Südwinde überlistet habe. Zum Glück für seinen Kopf waren die Inseln auf 33° 37' s. Br. und 78° 49' w. L. wiederzufinden gewesen. Beliebter Aufenthaltsort wurde der Archipel, nachdem, 42 Jahre nach Fernández, Le Maire und Schouten auf Juan Fernández Skorbut, Lepröse, Krätze und andere unerfreuliche Nebenerscheinungen einer Seereise auskurierten. Als sich der 27 Jahre alte Alexander Selkirk 1703 als Obermaat auf der „Cinque Ports" in London einschiffte, um bei den Piratenfahrten im Südpazifik sein Glück zu machen, wußte er noch nicht, daß sechzehn Jahre später nach seinen Erzählungen Daniel Defoe den Abenteuerroman „Robinson Crusoe" schreiben würde. Er wußte noch nicht, daß seine Flucht aus der strengen presbyterischen Familie im schottischen Largo zu vier Jahren einsamen Aufenthalts auf einer der zwei 90 qkm großen Inseln vor der chilenischen Küste werden würde, die heute seinen Namen und den seines literarischen Bruders tragen. Damals hießen sie noch schlicht „Näher am Land" und „Weiter draußen", was bei 600 Kilometer Entfernung von der Festlandküste nicht viel zu sagen hat.

12. Die erste englische Erkundungsperiode

Im 16. und auch noch im 17. Jh. galt das europäische Interesse an der gesamten Region des südlichen Teils von Südamerika vorwiegend der Magellanstraße und den neuen Möglichkeiten, die diese dem Gewürzhandel zu bieten versprach. Feuerland und Patagonien hatten lediglich als Küstenregionen eine Bedeutung. Die Besitzverhältnisse ergaben sich durch den Schiedsspruch von Papst Alexander VI. in Tordesillas. Zu Konflikten kam es daher erst, als die aufstrebende englische Seemacht ebenfalls versuchte, Nutzen an der Ausbeute der Neuen Welt zu ziehen. Die feindliche Auseinandersetzung um die Neue Welt erreichte mit dem Auftauchen von Francis Drake zuerst auch Feuerland. Die Engländer und bald darauf die Niederländer setzten am Endes des 16. Jh. und Anfang des 17. Jh. die Aktivitäten der Spanier fort.

Die erste dieser Expeditionen unter dem Kommando von Edward Fenton (1582) gelangte gar nicht erst zur Magellanstraße. Ein der Fenton-Expedition ähnliches Unternehmen (1586) stand unter dem Kommando von Robert Withrington, der es vorzog, im wesentlich besseren Klima von Brasilien vor Anker zu gehen, um dann 1587 nach England zurückzukehren. Zwar hatte man wenige oder überhaupt keine neuen Länder gesehen, aber unter den erbeuteten Gegenständen befand sich doch etwas, das so gut wie eine Entdeckung war, nämlich die handschriftliche Abhandlung des Portugiesen Lopez Vaz über die spanisch-portugiesischen Besitzungen in der Südsee und in Westindien (Hakluyt III. Teil, S. 778 ff).

Im Jahre 1586 stach der wohlhabende englische Edelmann Thomas Cavendish (vgl. Kartenanhang, Abb. 11) in See und gelangte zu einer Halbinsel, auf deren Ostseite zwischen dem Cabo Blanco und dem Cabo Desuelo er die tief einschneidende Bai entdeckte, die bisher noch jeder patagonische Seefahrer übersehen zu haben schien und der er nach einem seiner Schiffe den Namen „Port Desire" gab. Nachdem die Expedition die erste Enge der Meeresstraße erreichte, fand sie einen Rest von 23 Spaniern, die noch am Leben gebliebenen Kolonisten Sarmientos.

Da die Engländer in der Ciudad de Don Felipe keine lebendige Seele mehr fanden, gaben sie diesem Ort des Elends den Namen „Port Famine", der von den Spaniern später mit „Puerto del Hambre" übersetzt wurde. Die Chilenen nannten ihn 1849 zu Ehren ihres damaligen Präsidenten „Puerto de Bulnes". Neben dem Hafen erhebt sich der Berg „Mount San Felipe". Wahrscheinlich bekam auf der Reise des Cavendish auch der „Port Gallant" im Nordwesten von Cape Froward (das trotzige Vorgebirge) seinen Namen von einem der Schiffe, welches „The Hugh Gallant" hieß.

Cavendishs geographisches Verdienst liegt in der Entdeckung des patagonischen Hafens Puerto Deseado und der Überlieferung zahlreicher Tiefenbestimmungen der Ozeane, reichlicher Beobachtungen über gute Ankerplätze, über die Beschaffenheit der Küsten und über die Richtung der Ströme und Winde. Cavendish bestimmte ziemlich genau die Breitengrade der für die Durchquerung der Magellanstraße wichtigsten Punkte, wie Puerto Deseado, San Julián, Port Famine, Cape Froward und Cabo Deseado. Seine geographische Ausbeute und eine Karte von Chile sind von Hakluyt gesammelt worden. Cavendish hat seine silbergefüllten Südseehäfen und spanische Kaperschiffe wohl nicht vergessen können, denn es trieb ihn 1591 zum zweiten Mal zur Magellanstraße. Von seinen fünf zerstreuten Schiffen waren noch zwei übrig geblieben. Diese erreichten unter dem Kommando des Kapitäns John Davis (1543–1605) den Puerto Deseado. Er ist der gleiche englische Seefahrer, der vorher drei Fahrten unternahm, um einen nordwestlichen Seeweg nach Cathay und Indien zu erforschen.

Der Raubbau der Europäer an den Lebensgrundlagen der Urbevölkerung führte zu einer weiteren Bedrohung der Feuerländer (vgl. Kartenanhang, Abb. 12). Wenn die Verproviantierung der wenigen Schiffe, die im späten 16. und frühen 17. Jh. die Wasserstraßen Feuerlands aufsuchten, auch noch nicht zum Verlust der Lebensgrundlage der Yámana und Alakaluf führten, leiteten sie diesen Prozeß jedoch ein.

Die Mannschaft von Thomas Cavendish nahm auf einer einzigen Reise außer einer nicht näher angegebenen Menge von Robben und Fisch auch tausende von Pinguineiern und 14.000 getrocknete, eingesalzene Pinguine an Bord.

Davis wurde mit seinen Seeleuten auf der vergeblichen Suche nach Cavendish ostwärts verschlagen und stieß dadurch auf die heutigen Falklandinseln, die damals nach dem ersten Entdecker „Davis Southern Islands" genannt wurden. Im August 1589 machte John Chidley noch einmal einen Versuch, mit drei Schiffen ins Zentrum der Magellanstraße vorzustoßen. Ihm ist dort der Ruhm versagt geblieben, der ihm am Eingang zur Hudsonstraße durch die Benennung Cape Chidley zuteil wurde.

Nachdem die Engländer die spanische Armada vernichteten, liefen englische Schiffe in größerem Maße aus, um Jagd auf die Spanier zu machen und sie in ihren angestammten Siedlungen in Amerika, Afrika und Asien anzugreifen. Zur Landeskunde der Südspitze Amerikas trug 1593–95 auch Richard Hawkins, der Entdeckungsreisende der Tudorzeit, bei, dessen Berichte 1622 in London in Purchas' The Pilgrims (Bd. IV, Book VII, Kapitel V) veröffentlicht wurden. Er drang auch darauf, daß neben Zwieback und Musketen ein Zeichner auf seinen Reisen mit eingeschifft werden mußte.

Nach dem Tode von Richard Hakluyt im Jahre 1616 gelangte seine große Sammlung von Reiseschilderungen in die Hände von Samuel Purchas. Purchas setzte die Arbeit von Hakluyt fort, verfälschte allerdings die Originalberichte, indem er sie mit seinen eigenen Worten erzählte. Hawkins benannte einige Häfen neu, Namen, die aber aus unserer Geographie wieder verschwunden sind. Eine kleine Bucht des Feuerlandes in der Mitte der Seestraße südlich von Cape Froward erhielt den Namen „Hawkins Bay". Hawkins teilte mit Drake die Meinung, daß die westlichen Teile des Feuerlandes aus Inseln bestehen (vgl. Kartenanhang, Abb. 14).

Schließlich wurde Hawkins Schiff „The Dainty" von den Spaniern in Besitz genommen und später nach England entlassen. Damit gerieten die von Drake eingeleiteten Unternehmungen der Engländer zur Magellanstraße und zur Südsee ins Stocken.

13. Die Malvinen (Falklandinseln)

Mit ihren guten Häfen boten die Malvinen bzw. die Falklandinseln (vgl. Kartenanhang, Abb. 13) einen strategisch günstigen Stützpunkt für die Schiffe, welche
durch die 500 km entfernte Magellanstraße und um das Kap Hoorn segeln wollten. Daher ist auch ihre Geschichte eng mit der Südwest-Passage verbunden. Bis
heute fehlen eindeutige Antworten auf die Frage nach der tatsächlichen Erst-
entdeckung der Inseln. John Davis (1591) und Richard Hawkins mußten als Entdecker des Archipels ausgenommen werden, wenn man ihre Berichte über die
stark bewaldeten Inseln zugrundelegt. Wissenschaftler bezweifeln, daß dieses der
Fall war. Dennoch verzeichnen Karten bis zum Ende des 17. Jh. „Hawkins Mai-
denland" zu Ehren der Jungfrau Königin Elisabeth. Oft ist erst die Frühkartographie ein Beleg dafür, ob die ersten Entdeckungen nicht doch schon früher stattgefunden haben, als uns die Geschichtsbücher erzählen.

Die Existenz starker Meeresströmungen und kräftiger Winde, die beide in Ost-
Nordost-Richtung von Feuerland zu den Malvinen verlaufen, haben mehr als einmal im Laufe der Jahrhunderte Boote der Yámana und Alakaluf zu Fahrten dorthin verführt. Die hohe Brandung vor der Küste hat aber die meisten Boote bei der
Ankunft zerschellen lassen. Diejenigen Seefahrer, die lebendig ankamen, haben
aber weder überlebt noch haben sie Spuren hinterlassen.

Die etwa 700 Falklandinseln oder Malvinas mit dem ungefähren Umfang
von Rheinland-Pfalz liegen zwischen 51° und 53° s. Br. und 57° und 62° w. L.
500 Meilen nordöstlich von Kap Hoorn. Die zwei Hauptinseln, West- und Ost-
Falkland, sind durch einen Sund getrennt. Die besagten Inseln sollen schon von
Amerigo Vespucci im Jahre 1502 gesehen worden sein. Esteban Gomez, der bei
Magellan desertierte, ist auf den Malvinen vermutlich 1520 oder 1521 gelandet.
Schon auf den Planispheren aus dem Jahre 1529 sind die Malvinen verzeichnet,
wenn auch nicht ganz lagerichtig. Die dort unter dem 50. Breitengrad dargestell-
ten Sieben Inseln, „Yslas de Samson", sind mit großer Wahrscheinlichkeit die
„Jason Inseln", die späteren „Sebaldinen" im Westen des Malvinen-Archipels.
Diese Inseln wurden 1599 durch den Niederländer Sebald de Weert beschrieben.
Die großen Inseln des Malvinen-Archipels sah de Weert allerdings nicht. Auch
gewannen weder er noch seine Landsleute eine richtige Vorstellung von dem geographischen Zusammenhang jener Inseln mit den anderen dieser Inselkette. Auf
Sebastian Münster's „Karte der Neuen Welt" , die zuerst 1540 veröffentlicht
wurde, werden die Inseln „7 Insule Mar Gueritarù" genannt.

Die Niederländer nannten die Insel „Ankes Magdeland" (man findet auch „Isla
de Asencan", z.B. bei Jan Huygen van Linschoten 1596), die Franzosen „Virginie
de Hawkins", oder auch „Terre de la Vierge" oder „de la Pucelle". Die Inseln
wurden auf den Karten entweder auf einen höheren oder niedrigeren Breitengrad

versetzt. Der englische Kapitän John Strong entdeckte 1690 bei der frühesten dokumentierten Landung, daß es sich um Inseln handelte und daß sich zwischen den beiden Hauptinseln ein breiter Kanal befände, der „Falkland Sound", benannt nach dem seinerzeitigen Schatzmeister der englischen Marine, Viscount Falkland. Die Spanier nannten den Sund „Estrecho de San Carlos". Anfang des 18. Jh. nannte ein Franzose namens Anican die Inseln „Les Iles d'Anican", andere tauften sie „Iles St. Louis" nach einem französischen Schiff. 79 Seefahrer aus St. Malo, die im Jahre 1764 die Inseln für drei Jahre besiedelten, nannten sie wegen des reichen Seehundfanges „Iles Malolines". Dieser Name wurde dann von den Südamerikanern zu Malivinas hispanisiert. Im Jahre 1721 nannte der Niederländer Jakob Roggeveen die Insel „Belgique Australe", weil die Bewohner nach seiner Auffassung Antipoden der Belgier waren. 1764 nahm Luis Antoine de Bougainville von diesem „Ultima Thule" des Südens Besitz. In zwei Jahrhunderten hatten die Inseln also über ein Dutzend verschiedene Namen.

Bougainville war verbittert über den französischen Verlust Kanadas an die Engländer und suchte nun im Süden dafür eine Entschädigung. Während seiner Tätigkeit in der französischen Botschaft in London hatte Bougainville von der strategischen Bedeutung der Falklandinseln erfahren. Mit zwei Schiffen segelte er in den Südatlantik und gründete in Port Louis auf einer Ost-Falklandinsel die erste Ansiedlung. Doch schon drei Jahre später mußte er die spanischen Ansprüche anerkennen. Nicht viel mehr Glück hatte der Engländer John Byron (1723–1786, Großvater des berühmten Dichters), dessen im Jahre 1705 entstandene Siedlung auf den Ost-Falklandinseln sich auch bald den Spaniern ergeben mußte. Unter dem Eindruck, daß Buenos Aires angeblich von den Engländern erobert worden sei, verließ der spanische Gouverneur 1806 die Insel fluchtartig. Die Folge: Es gab vierzehn Jahre keine Obrigkeit auf dem gesamten Archipel, was von den Robben- und Walfängern weidlich ausgenutzt wurde.

Im November 1820 erklärte der in argentinischen Diensten stehende Oberst Jewitt die Inseln zum argentinischen Besitz und verbot Robben- und Walfang. Ein Kolonisierungsversuch 1823 scheiterte jedoch. Drei Jahre später faßte der Franzose Louis Vernet mit neunzig deutschen, holländischen, britischen und spanischen Siedlern wieder Fuß. Sie versorgten die vorbeikommenden Schiffe mit Lebensmitteln. Im Jahre 1828 wurde von Buenos Aires die „Politische und Militärische Kommandantur der Malwinen" eingerichtet und Vernet zum Kommandanten ernannt.

Louis Vernet entstammte einer französisch-reformierten Hamburger Kaufmannsfamilie. Sie geht in väterlicher Linie auf seinen Großvater Pierre Antoine Vernet zurück, der 1727 in den hamburgischen Nexus eintrat. 1805 begann Louis Vernet seine kaufmännische Laufbahn in Philadelphia und betrat schließlich 1817 den Boden von Buenos Aires. Im Jahre 1823 hat er den Plan zur Anlage einer Siedlung auf den Ost-Falklandinseln gefaßt, um das dort in großer Zahl vorhandene verwilderte Vieh mit Hilfe von Gauchos einzufangen und zu domestizieren. Als Gegenleistung für die Zustimmung der Regierung hat Vernet ihr eine Schuld erlassen. Im Jahre 1853 betrat Vernet vorübergehend wieder den Boden seiner Heimstadt Hamburg, um 1871 unbemittelt in San Isidro, einem Vorort von Buenos Aires, zu sterben.

Buenos Aires war damals eine von mehreren Provinzen eines durch permanente innere Krisen, durch Bürgerkriege und äußere Aggressionen geschüttelten Staatswesens, das sich „Vereinigte Provinzen vom Rio de la Plata" nannte. Die Argentinier reagierten damit auf die zunehmende europäische Präsens im Südatlantik mit der offiziellen Inbesitznahme des Falkland-Archipels. Wie Spanien maß auch Argentinien weder den Falklandinseln noch Feuerland an sich eine Bedeutung zu, sondern reagierte lediglich auf die Bedrohung fremder Staaten. Dem Stützpunkt auf den Inseln sollte in erster Linie eine Wächterfunktion zukommen.

Zahlreiche Dekrete zeigen jedoch, wie aussichtslos die Versuche Argentiniens waren, ausländische Robben- und Walfangflotten daran zu hindern, die natürlichen Ressourcen des patagonischen Festlandssockels auszubeuten. Die Konkurrenz zwischen den Nationen verschärfte sich durch die wachsende Verminderung der Robbenbestände. Schließlich eskalierten die Auseinandersetzungen zwischen Argentinien und seinen Kontrahenten, als der Kommandeur der Falklandinseln 1831 drei nordamerikanische Robbenschläger am Auslaufen hinderte und ihre Schiffe konfiszierte.

Das US-Kriegsschiff „Lexington" bombardierte als Vergeltungsmaßnahme das argentinische Fort und zerstörte die Siedlung auf der Ost-Falklandinsel. Das wiederum rief die Engländer auf den Plan. Da sie befürchteten, die Amerikaner könnten einen Militärstützpunkt errichten, landeten sie am 2. Januar 1833 auf den Inseln. Wegen der strategischen Lage haben die Engländer sie trotz Protestes der argentinischen Regierung bis heute nicht wieder geräumt.

Als England 1840 beschloß, die Inseln zu kolonisieren, war der Gouverneur Richard C. Moody wenig begeistert über den Auftrag, die Siedlung Port Louis zu verlegen, denn die meisten der sechzig Einwohner, darunter achtzehn Wal- und Robbenfänger, zwölf Soldaten und die Missionarsfamilie Gardiner, waren keine ausgebildeten Handwerker, und das Holz für den Hausbau mußte von England gebracht werden (wie heute von Chile). Aber es war eine weise Entscheidung. 1845 wurde Port Stanley eingeweiht, und der neue Tiefwasserhafen bewährte sich schon ein paar Jahre später, als der Goldrausch Kalifornien erfaßte. Die Reeder schickten alles, was schwamm, nach San Francisco, dabei viele überladene und seeuntüchtige Schiffe, die vor Kap Hoorn scheiterten und in Stanley als Brennholz oder Landungsstege endeten, wenn sie nicht repariert werden konnten. Stanley wurde einer der am meisten angelaufenen Häfen im Südatlantik, ähnlich wie Valparaíso im Pazifik – eine Goldmine ganz eigener Art. Baumaterial und Kohle kamen aus Europa, Guano aus Peru sowie Salpeter und Kupfer aus Chile wurden nach Europa verschifft.

Die Bevölkerungsstatistik spiegelt den Boom wegen des großen Beschäftigungsanteils der Landwirtschaft nur zeitversetzt wider. Auf den Inseln zeigte sich die höchste Wachstumsrate bereits zwischen 1851 und 1861 und nahm bis 1881 stetig zu, um danach wieder abzunehmen. Das lag daran, daß die Grenzen der Expansion für die Schafzucht durch den Inselcharakter der Falklandinseln vorgegeben sind. Die Bevölkerung war von 287 auf 2.500 Einwohner angewachsen und nach 1881 auf die Zahl von 1.616 zurückgegangen. Die geographischen Gegebenheiten bestimmten auch die Wachstumsgrenze für den städtischen Dienstleistungssektor in der Hauptstadt Stanley. Dieser Umstand führte in der Folgezeit sogar zu einer steten Abwanderung von Siedlern nach Patagonien, Feuerland und Magellanes. Charles Darwin schrieb im März 1833, also im dortigen Herbst, in sein Tagebuch: „... gewelltes Land von desolatem Anblick, überall mit Moor und schneidendem Gras bedeckt, von einer scheußlichen Farbe. Hier und dort bricht graues Quarzgestein durch die weiche Oberfläche ...". Das Wetter, sagen die Bewohner, sei fast wie in London, im Winter etwas milder, im Sommer etwas kühler. Manchmal gebe es sogar fußdicken Schnee, aber das nur für fünf Tage.

Eine der vielen Inseln, die die Seefahrer in der Nähe oder innerhalb des Falkland-Archipels gesehen haben wollen, die aber in Wirklichkeit gar nicht existierten, war die Pepy's Insel. Der Name wurde der legendären Insel entweder vom Seefahrer William Cowley, der sie 1684 entdeckt haben will, gegeben oder vom Kapitän William Hack. Samuel Pepys war von 1684–1689 „Secretary for Admirality Affairs", eine Art Staatssekretär der Marine. Cowley beschrieb seine Phantominsel als „angenehm für die Augen durch den vielen Wald." Er behauptete, sie sei ein Teil der „Sebald de Weert Insel". William Hack zeichnete sie zuerst in „Description of the Coast and Islands in the South Sea of America" 1687 und 1698 auf dem 47. Breitengrad. Dr. Edm. Halley hatte die Insel noch 1753 auf seiner Karte eingezeichnet. John Byron suchte 1764 nach ihr.

Die drei Aurora Islands östlich der Malvinen haben eine besonders eigenartige Geschichte: Sie wurden durch die spanische Korvette Atrevido im Jahre 1794, welche zur Malaspina-Expedition gehörte, wissenschaftlich untersucht. Für die meisten Nautiker hörten die Inseln 1825 auf zu existieren, als die Expedition von James Wedell sie als nicht existent erklärte. Sie tauchten dann als legendäre Inseln in Edgar Allen Poe's „The Narrative of Arthur Gordon Pym" wieder auf, um die verlorenen Inseln bei der Ausreise der Wilkes-Expedition im Jahre 1838 zu besingen.

Seit dem Falklandkonflikt zwischen Großbritannien und Argentinien im Jahre 1982 hat sich politisch auf den Inseln nichts geändert. Der argentinische Staatspräsident hat ein Gelöbnis abgegeben, die „Malvinas"-Frage bis zum Jahr 2000 im argentinischen Sinn zu lösen. Doch er hat ebenso fest beschworen, darüber nie wieder einen Krieg zu führen. Bei diplomatischen Gesprächen mit den Argentiniern hat ein britischer Außenminister ein Zeichen für Versöhnung gegeben, indem er sich der Wahl zwischen „Falklandinseln" und „Malvinas" entzog und ganz einfach von „den Inseln" sprach.

Der argentische Außenminister hat Ende 1993 zur kennerhaften Verwunderung der britischen Protokoll-Astrologen symbolträchtig eine abgelegene Inselgruppe in der Ostsee besucht, die gewöhnlich nicht im Reiseplan eines südamerikanischen Diplomaten enthalten ist. Das Archipel im Bottnischen Meerbusen wird von Schweden bewohnt und von Finnen regiert. Die Schweden nennen es Aland Inseln, die Finnen Ahvenanmaa. Es ist ein weithin unbekanntes Beispiel dafür, daß man in so einem Fall in der Tat am besten von „den Inseln" spricht.

14. Die ersten Karten aus der beginnenden Atlasproduktion

Das Verdienst, die englischen Entdeckungen in jenem geographischen Bereich auf einer Karte richtig dargestellt und veröffentlicht zu haben, gebührt Jodocus Hondius (1563–1612) aus Wakken bei Gent, Haupt einer berühmten Familie von Kupferstechern und Kartographen. Jodocus bearbeitete u. a. auch an verbesserten Ausgaben vom Mercator-Atlas. Mit 20 flüchtete er vor den Unruhen in seiner Heimat nach London. Auf Hondius' kreisförmiger Weltkarte aus dem Jahre 1589 in „Typus Orbis Terrarum" finden sich zuerst Belege für Drake's Reise durch die Magellanstraße mit dem Hinweis auf die „In(sulae) Regina Elizab" von der Südspitze Südamerikas. Eine wahrscheinlich etwas spätere Karte „Vera Totius Expeditionis Nauticae" ist der Weltumseglung des Sir Francis Drake und Thomas Cavendish gewidmet. Da Cavendish erst im September 1588 zurückkehrte, kann die Karte kaum vor 1589 veröffentlicht worden sein. Einige Experten tippen auf das Jahr 1590, weil Hondius zu dieser Zeit noch in London war. Da die Karte typische Züge niederländischer Gestaltung der Randleiste trägt und mit niederländischem Text versehen ist, wird auch eine Datierung um 1595 angenommen, weil Hondius erst 1593 nach Flandern zurückgekehrt war. Sieben oder acht Kopien dieser Karte sind bekannt. Die Royal Geographical Society in London besitzt zwei. Davon trägt die eine auf der Rückseite die Portraits von Drake und Cavendish sowie die Signatur von Hondius. Die anderen Exemplare sind im Besitz der British Library, des Maritime Museum im Rotterdam sowie in Sammlungen in Paris und den USA.

Eine reduzierte Version der Hondius Karte findet man in De Brys „Voyages" (Teil VIII), zuerst publiziert in vier Auflagen im Jahre 1599 (drei in Latein, eine in Deutsch) im Additamentum von 1600 und in zwei Auflagen von 1619.

Die Reiseroute des englischen Seehelden Drake ist mit kleinen Perlen angedeutet, die des Cavendish mit kleinen Strichen. Die Küsten Patagoniens waren auf früheren Karten schon korrekter gezeichnet. Von allen Buchten und Häfen der patagonischen Westküste ist nur der St. Julian's Hafen (Puerto San Julian) verzeichnet, der auf Drake's Fahrt durch ein von ihm abgehaltenes Strafgericht genauso denkwürdig wurde, wie das auf der Fahrt des Magellan. Er hat mit 50° s. Br. seine richtige Lage. Der Name „The fortunate Cape" scheint für das Kap der 11.000 Jungfrauen bestimmt zu sein. Am interessantesten ist die Darstellung des Feuerlandes, das hier in Inseln aufgelöst ist. Die südlichste dieser Inseln auf 56° s. Br. hat den Namen „Elisabetha", was wohl „The Elizabethides" heißen sollte. Im Süden davon erscheint ziemlich weit hinaus ein freies Meer. Erst jenseits 60° s. Br. fängt der weit nach Süden zurückgedrängte Südkontinent an. Diese Darstellung steht im Einklang mit Fletchers Reisebericht „The World encompassed", in dem auf die „broken Islands" am Südende Amerikas hingewiesen wird, die kein Teil des Südkontinents seien, den man früher „Terra Incognita" genannt und Drake von „Terra bene cognita" gesprochen hätte.

Jodocus Hondius besorgte 1605 zusammen mit dem Amsterdamer Herausgeber Cornelis Claenz eine Ausgabe der 28 ptolemäischen Karten in einer lateinischen und in einer griechischen Ausgabe der Geographia sowie im Jahre 1606 eine neue erweiterte Ausgabe des Atlas. Dies war der erste große Weltatlas, der in Amsterdam herausgegeben wurde. Die gestochene Titelseite ist dieselbe wie die von Mercators Atlas aus dem Jahre 1595. Es sind aber Frauen hinzugekommen, die die sechs Erdteile darstellen. Neben Europa (eine Königin), Asien, Peruaner (Südamerika dargestellt durch eine Indianerin), Mexicana (Nordamerika) und Afrika ist Magalanica, eine nackte Wilde mit einer Fackel, dem Symbol von Feuerland als Teil des hypothetischen Südkontinents zu sehen.

Im „Theatrum orbis terrarum" von Abraham Ortelius" symbolisierten Frauenfiguren noch vier Erdteile: als thronende Königin Europa, Asien als Priesterin, Afrika mit einem Blumenzweig und schließlich Amerika als selbständiger Kontinent. Der Südkontinent befindet sich aber bereits in einer Art Wartestellung, um zu einem selbständigen Kontinent aufzurücken, denn er wird wenigstens schon als Büste gezeigt.

Wenn die Spanier und auch Cavendish und selbst Hondius an Drake's Wahrnehmung bei der Südspitze Amerikas zweifelten, ist es nicht erstaunlich, daß man die Länder, die Drake unter 56° s. Br. erblickte, ganz wo anders suchte. Fast alle Kartenzeichner und Geographen fuhren bis zur Entdeckung der Niederländer im Jahre 1616 fort, Feuerland als einen Teil des Südkontinents darzustellen.

Eine späte kartographische Würdigung erfuhr Cavendish durch Sir Robert Dudley (1573–1649). Dessen dreibändiges Monumentalwerk „Arcano del Mare" (Mystery of Sea), welches 1647/48 in Florenz zuerst veröffentlicht wurde, ist sowohl der erste Seeatlas eines Engländers als auch das erste Handbuch der Navigationskunst, des Schiffbaus und der Ermittlung von Längengraden auf See. Gestochen sind die Karten von A.F. Lucini. Das Hauptverdienst liegt aber auf den Seekarten, die auf der Mercator-Projektion beruhen und zum ersten Mal weltumfassend dargestellt sind. Für die Darstellung der pazifischen Küste Amerikas bediente der englische Adlige sich der Beobachtung von Cavendish.

Die Südspitze Südamerikas wird durch folgende Karten dargestellt: Carta particolare della costa die America Australe che comincia al C. di Matas sin al C. di Galegos Carta XXII Carta particolare dello Stretto di Magellano e di Maire. La longitudine Comincia da l'Isola di pico d'Asores. D'America Carta XXIII Carta partidicolare della costa di Chilue e di Chica e parte Australe die Cili Carta XXIIII Carta terca Generale d'America (vgl. Kartenanhang, Abb. 15).

A.F. Lucini (geb. 1610) hat scheinbar versucht, Karten des Arcano del Mare in einem kleineren Format (24 x 37,5 cm) aber nicht als Kopie zu drucken, um sie für den Gebrauch auf dem Schiff geeigneter zu machen. Das British Museum berichtet von drei Karten (Carta terzera generale d'America), die es selbst nicht besitzt, die Südamerika südlich von Lima – Salvador sowie mit einer Nebenkarte der Südspitze Südamerikas (13,5 x 12 cm) zeigen.

Nicola van Sype's (2. Hälfte des 16. Jh.) Karte, (La Herdike Enterprinse faict par le Signeur Draeck, Antwerpen), die Drake's Weltreise darstellt, ist immer noch ein Rätsel in Bezug auf Ursprung und Datierung. Auf jeden Fall muß sie nach Drake's Rückkehr im September 1580 gezeichnet worden sein. Dafür spricht, daß die Karte im Gegensatz zu Hondius' Karte wegen ihrer Ungenauigkeit wohl unter Zeitdruck entstanden sein muß. Drake's Weltumseglung ist mit Legenden in Französisch dargestellt. Eine Anmerkung unten auf der Karte besagt, daß die Karte von „besagtem Siegneur drack" gesehen und korrigiert worden sei, was vielleicht ein Verkaufstrick sein könnte. Die British Library besitzt die einzige separate Karte, die uns überliefert ist. Sechs oder sieben Exemplare sind in dem Buch „Le Voyage curieux faict autour du Monde par Francois Drack", das in Paris in den Jahren 1613, 1627 und 1641 veröffentlicht wurde, eingebunden.

Die Karte, die von der British Library während der Drake-Ausstellung im Jahre 1977 mit ca. 1583 datiert wurde, hat Ähnlichkeit mit der sogenannten „Drake-Mellon-Karte", die dafür bekannt ist, daß sie die beste Kopie der Karte ist, die Drake der Königin Elisabeth überreicht hat. Da sie Drake's Route der Westindien-Reise zeigt, dürfte sie ca. 1587 entstanden sein. In seinem Bericht über die Reisen zur Zeit der Königin Elisabeth, vermutlich von 1626, bezieht sich Purchas auf eine große Wandkarte, die in der Galerie von James I. in White Hall hing. Einige Merkmale stimmen mit van Sype's Karte überein, so daß letztere wahrscheinlich von der Wandkarte kopiert wurde. Eine andere Möglichkeit besteht darin, daß die Wandkarte eine Nachzeichnung der Karte von Sebastian Cabot aus dem Jahre 1594 war und durch Einzelheiten der Drake-Reise ergänzt wurde. Der Vermerk von Drake's Billigung könnte dann der Wandkarte in White Hall und nicht der von van Sype gegolten haben. Die Sache wird noch komplizierter, weil es zwei Ausgaben einer ähnlichen, aber deutlich separaten Karte gibt, deren Herstellung im Jahre 1585 vermutet wird. Auf ihr fehlen die S. Elisabeth's Isle.

Im Jahre 1562 brachte Antonio Galvao (†1557) deutsche Kosmographen ungewollt zu weiteren, aber unverdienten Ehren, mit der irrigen Behauptung, Südamerika schon vor Kolumbus dargestellt zu haben. Er bezeichnete die östliche Halbinsel der „indischen Lande", die „India meridionalis" zuerst als Schwanz des chinesischen Drachens und identifizierte ihn mit Südamerika. Er lokalisierte Kattigara, das Nonplusultra der westlichen Schiffahrt im Altertum, so weit südlich wie Valparaiso. Diese Drachenschwanz-Theorie geriet seit dem Ende des 16. Jh. bis 1942 in Vergessenheit, als Historiker der sogenannten Argentinischen Schule der Frühkartographie sich erneut in die Spekulation einließen. Für diese Pseudowissenschaftler gilt die Weltkarte von 1489 des deutschen Franziskaners

Heinrich Hammer (tätig ca. 1480–1496), der in Florenz lebte, als Musterbeispiel und zugleich als die vollständigste und richtigste Darstellung des südamerikanischen Flußnetzes, das sonst erst Mitte des 19. Jh. erkundet worden ist.

Die frühen Ausgaben des eine neue Epoche einleitenden Theatrum Orbis Terrarium des Abraham Ortelius zeigen Südamerika ab 1570 auf der Weltkarte wie auch auf der Amerikakarte in „Kartoffelform" im Stil des Mercators. Erst in den revidierten Ausgaben der späten achtziger Jahre bot Ortelius wieder ein weit realistischeres Bild Südamerikas, wie es bereits auf seiner großen Weltkarte von 1564 zu sehen ist. Die Amerikakarte soll von A.F. von Langren entworfen worden sein. Phantasievoll präsentiert sich der sagenumwobene Südkontinent (vgl. Kartenanhang, Abb. 16).

In der 1587 revidierten Auflage wird der Name Chile einer Region entlang der verbesserten Westküste gegeben, während in der 1570er Version Chile einfach der Name einer Stadt ist.

Um den Ursprung des Namens Chile ranken sich viele Legenden. Das Land verdankt seinen Namen dem spanischen Eroberer Diego de Almagro. Er nannte das Mapocho-Tal „Valle de Chile". Da es in Peru im Casma Tal sowohl ein Tal als auch einen Indiostamm gibt, der sich „Chile" nennt, wäre es möglich, daß die Ähnlichkeit des Tals mit dem des Aconcagua zur Bestimmung des Namens beigetragen hat. Oder aber, daß sogar inkaische Kolonisten im Aconcagua Tal aus dem Chile Tal in Casma stammten. In der Sprache der Aimarás heißt Chilli das Land, wo die Erde aufhört. Sie hatten recht, nur könnte man ebensogut sagen „Wo das Land beginnt". In der Sprache der Quechuas heißt das Wort „Chiri" kalt.

Im Theatrum des Ortelius erschien auch die erste gedruckte Karte, die dem Pazifik gewidmet ist. Der Ozean, der den Europäern so lange nicht zugänglich war, konfrontiert sie nun mit Rätseln. Die Insel Neuguinea erscheint fast so groß wie ein Kontinent und erstreckt sich nach Osten so weit wie Kalifornien. Die Karte wurde von Gerard de Jode 1578 im „Spectrum" übernommen. Während die Anden damals bereits nahezu in ihrem gesamten Verlauf dargestellt waren, wurde jetzt auf sie teilweise zugunsten von Ortsnamen verzichtet. Als Erinnerung an die Weltumseglung Magellans schmückt ein Bild seiner „Victoria" oder eines vergleichbaren Schiffstyps die Weite des Pazifiks (vgl. Kartenanhang, Abb. 17).

Im Jahre 1590 beginnt in Frankfurt Theodor de Bry, nunmehr 62 Jahre alt, mit der Herausgabe seiner „Sammlung von Reisen in das westliche Indien", der sieben Jahre später eine „Sammlung von Reisen in das östliche Indien" folgen sollte. Bis 1634, seine Söhne und später Matthäus Merian übernahmen seine Werkstatt, sollten vierzehn Bände der Amerikaserie erscheinen. Das Panorama einer protestantischen Ikonographie der Entdeckungsreise entrollt sich vor dem Betrachter. Die Bryesche Werkstatt imaginiert vor dem Hintergrund der realen Ereignisse die bedeutendste historische Bildgeschichte, die je der europäischen Expansion gewidmet wurde. Die Serie stützt sich dabei auf Vorarbeiten des Engländers Richard

Hakluyt. Bezüge auf Patagonien und Feuerland finden wir in Form von Illustrationen und Karten im 9. Buch, 2. Teil von 1612, im 11. Buch, 1. Teil von 1619, im 2. Teil von 1620 und im 12. Buch von 1623. Über den Karteninhalt wird berichtet, wenn über deren Originalkartographen die Rede ist.

Die kreisrunde „America Sive Novus Orbis" von 1596, die auf der Originalkarte von Petrus Plancius basiert, enthält in den Kartenzwickeln Entdeckerfiguren, darunter auch Magellan. Die Weltumseglung des Sir Francis Drake wird auf der Titelseite mit einer Karte in Band VIII vom Jahre 1599 gefeiert.

De Bry veröffentlichte 1601 die Karte „Fretum Magellanicum, Estrecho de Magellanes" von Jan Outgherszoon. In einer allegorischen Darstellung zeigt er Magellans Entdeckung von „El Paso", der Meeresstraße zwischen der ihm vorgelagerten Insel „Tierra de los Fuegos". Von nautischen Instrumenten umgeben, sitzt der Entdecker im Bug seines vom Sturm beschädigten Schiffes und schaut auf die Feuer der Eingeborenen, nach denen die Insel ihren Namen erhalten hat. Auf der linken Seite ist einer der angeblich riesenhaften Einwohner des Festlandes als Pfeilschleuderer dargestellt (vgl. Kartenanhang, Abb. 18).

Der als Sekretär von Brabant tätige Jurist Cornelius Wytfliet († 1597) gab in seinem Todesjahr in Löwen den ersten separaten Atlas heraus, der gänzlich Amerika zum Gegenstand hat. Er faßte zusammen, was zu Ende des 16. Jh. in den spanischen Niederlanden über Amerika bekannt war. Karten wie Texte wurden aus verschiedenen Quellen zusammengetragen. Amerika erscheint jetzt auch als Frauengestalt personifiziert und gleichberechtigt neben den Verkörperungen der drei alten Erdteile – so in der Folge von I. Sadler, 1581. Das Werk des Brabanter Advokaten und Ratssekretärs, das Philipp III. von Spanien gewidmet wurde, enthält außer einer Weltkarte 18 Regionalkarten Amerikas. Die Karten stellen den Wissensstand um 1590/91 dar.

Die Karte „Chica sive Patagonica et australis terra" zeigt im Norden die Magellanstraße und im Süden den Südkontinent, der die Namen „Terra Incognita" und „Terra Australis" trägt. Fälschlicherweise diente auch diese Karte als Beleg dafür, daß Australien schon im 16. Jh. entdeckt sei. Das gleiche Werk enthält die Regionalkarte „Chili Provincia Amplissima". Es handelt sich hierbei um eine der ältesten, nur Chile gewidmeten Karten. Erwiesenermaßen gab es z. B. schon eine Hafenkarte aus dem Jahre 1580 aus dem Atlas mit dem Titel „Joan Riezo alias oliva jiglio de mastro dominico no napole (Verzeichnet in „Monumenta Chartographica Indiana").

Als Quelle dienten Wytfliet u. a. Davis (1585–87) Cavendish (1586) und die Karten von Mercator (1569), Plancius (1592) sowie de Bry's America (1596). Im Jahre 1598 hatte J. Christoffel in Köln die Karten nachgedruckt und so der deutschen Übersetzung von Joseph von Acosta's „Description of America" beigefügt. Patagonien und Terra Australis spiegelt die tradierte Anschauung von einem ausgedehnten Südkontinent wider. Johann Bussemacher stach die Karte im Jahre

1600 neu für das Geographische Handbuch von Matthias Quad, ebenfalls in Köln (vgl. Kartenanhang, Abb. 19 und Abb. 20).

Zuvor waren lediglich wenige Regionalkarten Amerikas im „Theatrum" des Ortelius und in De Jode's Spectrum erschienen. Die Darstellungen in De Bry's America, Teile 2–6 (1591–1596) hat Wytfliet nicht berücksichtigt. Sein Werk war offenbar schon einige Jahre vor dem Druck fertiggestellt. Als Quellen dienten unter anderem die Weltkarten von Mercator (1569) und Plancius (1592), wohl auch verschiedene Handzeichnungen und darüber hinaus die gedruckten Reise- und Entdeckungsberichte des 16. Jh.

15. Die Blütezeit der niederländischen Kartographie

In die Fußstapfen der Engländer traten die in ihren Freiheitskämpfen gegen die Spanier erstarkten und vom Enthusiasmus für ihre Religion und Republik angefeuerten Niederländer. Sie hatten schon 1594/96 verschiedene Expeditionen unternommen, um auf der Nordost-Passage nach Ostasien zu gelangen. Der 1587 von den Utrechtern gefaßte Beschluß, sich nicht mehr um einen neuen Landesherrn zu bemühen, enthielt zugleich die Entscheidung für die Republik der Vereinigten Niederlande, deren Kampf gegen Spanien bis 1648 weitergeführt wurde, lediglich 1609–1621 durch einen Waffenstillstand unterbrochen.

Weniger aus eigener Kraft als vielmehr im Gefolge des aufblühenden spanischen Wirtschaftsraumes lief der Handel mit Nordost-Europa im 16. Jh. über Antwerpen. Alle „Welt" hatte dort Niederlassungen, so auch die Portugiesische Casa da India. Dem spanischen Staatsbankrott von 1557 folgte im Zusammenhang mit den niederländischen Unabhängigkeitskriegen gegen Spanien der Niedergang der Stadt an der Schelde.

Damals zählte der Florentiner Historiker Guicciardini an die 300 Maler und Radierer in Antwerpen, ein eindrucksvoller Prozentsatz der Gesamtbevölkerung der Stadt, wenn man bedenkt, daß es zur damaligen Zeit dort nur 179 Bäcker und 78 Metzger gab.

In den ersten Jahrzehnten des 17. Jh. stieg ein ehemaliges Fischerdorf, Amsterdam, zum führenden Welthandelszentrum auf, womit es Antwerpen und Genua ablöste. Die Ursachen dieses Aufstieges lagen vornehmlich in dem Umstand, daß in den Niederlanden auf dem Handelssektor Staats- und Privatinteressen eine fruchtbare Symbiose bildeten. Die Kaufmannsschaft lenkte das Staatsschiff, und für ihre politischen Grundsätze ist die Einstellung des Direktoriums der niederländischen Ostindienkompanie bezeichnend, das die von ihr eroberten Plätze nicht als nationales Eigentum, sondern als Privatbesitz der Kaufleute betrachtete.

Amsterdam als Zentrum dieser Provinz hatte seinen Aufschwung der Mittlerrolle seines Handels zwischen der Ostsee und den flämischen, deutschen und französischen Gewerbezentren auf der einen und Sevilla mit seinem atlantischen Handelsbereich auf der anderen Seite zu verdanken. Die gewaltige Flotte der Niederländer, deren Transportkapazität so groß war wie die aller Flotten in Europa zusammen, sorgte dafür, daß Amsterdam für 150 Jahre zum größten Warenumschlagsplatz der Welt und zum bevorzugten Kreditzentrum Europas wurde, bis es nach der Mitte des 18. Jh. von London als neuem weltwirtschaftlichen Epizentrum abgelöst wurde.

Vom letzten Jahrzehnt des 16. Jh. und bis weit ins 17. Jh. hinein war die Blütezeit der niederländischen Kartographie. Das 16. Jh. war für die Niederlande die Periode eines beachtlichen wirtschaftlichen Fortschrittes, in der sich das Land zeitweilig zur bedeutendsten Handelsmacht Europas entwickelte. Die nördlichen Provinzen, mit der wichtigsten, Holland, hatten sich zuerst von der spanischen Herrschaft getrennt. Der geographische Horizont der Niederländer erfuhr durch die Unternehmungen in überseeischen Gebiete eine beträchtliche Erweiterung.

Zu den Flamen, die sich überwiegend in Amsterdam niederließen, gehörten auch zahlreiche Kartenmacher, wie J.F. van Langren, J. Hondius und P. van den Keere. Um 1600 übernahm Amsterdam die Führung in der Publikation von Atlanten. Mit der stürmischen Entwicklung der niederländischen Handelsmarine ging der Bedarf an besseren Seekarten Hand in Hand. Ab 1599 war Willem Jansz Blaeu (1571–1638) als Produzent von Globen und ab 1604 von Karten tätig. Man nennt ihn auch den „Rembrandt der Kartographie" (vgl. Kartenanhang, Abb. 21).

In seinem Verlag wurden ebenfalls große Wandkarten gedruckt, darunter in der frühen Periode drei Weltkarten in verschiedenen Projektionen. In weiterer Folge erschienen 1608 vier Wandkarten der Kontinente, jeweils aus vier Blätter bestehend. Die Seerouten z. B. von Magellan und O. van Noort (1598–1601) sind auf den dekorativen Weltkarten von C. Claeszoon (um 1602) verzeichnet.

Durch Blaeus Aktivitäten wurden auch seine Konkurrenten H. Hondius (1597–1651) und J. Janssonius (1588–1664) gleichfalls zur Veröffentlichung eines Appendix angespornt. Infolgedessen entbrannte ein heftiger Konkurrenzkampf, der großen Einfluß auf die weitere Entwicklung der Amsterdamer Kartenproduktion hatte. Mit jeder Auflage wurde versucht, das zuletzt erschienene Werk des Kontrahenten zu übertreffen. Bald aber schuf Blaeu einen völlig neuen Weltatlas; die erste deutsche Ausgabe erschien 1634 unter dem Titel „Novus Atlas" mit 159 Karten, gefolgt von Ausgaben in Niederländisch, Französisch im nächsten Jahr.

Die Karte „Chili" des Antwerpener Historikers, Geographen und Direktor der West-Indischen Komp. Johannes de Laet (1583–1649) aus „Nieuwe Wereldt ofte Beschvijvinghe van Westindien" aus dem Jahre 1630 war eine Art Schlüsselkarte, die von Blaeu, Jansson, Sanson und vielen anderen über 50 Jahre lang kopiert wurde, allerdings nicht immer so sparsam gestaltet wie das Original. Auf der Karte ist auch die Stadt Castro auf Chiloe zu sehen. Die spanischen Chilenen versetzten das Ende der Christenheit an die rauhen, von Stürmen gepeitschten Küsten der Insel Chiloè. Diesem Beispiel folgten auch de Laet (Novus Orbis 1633) und Herrera (Descriptio Indiae Occitentalis).

1620 begann Blaeu's großer Konkurrent Johannes Jansson(ius) (1588–1664) das „Licht der Zeevaert" mit Kupferplatten nachzudrucken, die durch P. van den Keere nach Blaeus Vorlagen kopiert waren. Blaeu's Position in der niederländischen Seekartographie wurde mit seiner Ernennung zum offiziellen Kartenmacher der „Vereenigde Oostindische Compagnie" (V.O.C.) zum Ausdruck gebracht. Von diesen Karten ist keine erhalten geblieben. Willem Jansz Blaeu's

Lebenswerk wurde durch seine Söhne Joan und Cornelis fortgesetzt. Die Erdteile wurden 1659 in sechs neuen Arbeiten dargestellt, darunter „America Meridionalis". Die wissenschaftliche Kartographie in Amsterdam begann mit Petrus Plancius (1552–1622) im Jahre 1585. Er schuf eine von Cornelis Claez (ca. 1546–1609) publizierte Weltkarte mit dem eingezeichneten Reiseweg des Magellan und O. van Noort (1598 bis 1601). Dieser veröffentlichte auch das „Itinerario" des H. J. van Linschoten, das nach spanischen und portugiesischen Vorlagen angefertigt wurde und von den Brüdern van Langren gestochene Karten enthielt. Trotz der Geheimhaltung tauchten manche Entdeckungen schon bald auf Karten privater Herausgeber auf (vgl. Kartenanhang, Abb. 22).

Nach dem 1606 erschienenen ersten Mercator-Hondius-Atlas kam ein Jahr später ein Atlas Minor mit den verkleinerten Karten des Vorgängers heraus. Hondius kaufte nach dem Tod von Rumold Mercator (1602) die Platten des Mercator Atlas. Unter seiner und dann seines Sohnes Henricus und dessen Schwager Johannes Jansson(ius) Leitung erlebte das Werk, das allmählich das „Theatrum" des Ortelius ersetzte, bis 1641 in vielen Nachdrucken, Übersetzungen und erweiterten Neuauflagen wegen seiner Qualität und der attraktiven Gestalt große Verbreitung. Die südorientierte Karte von der Magellanstraße „Exquisita Magno aliquot mensium periculo lustrata et iam retecta Freti Magellanici Facies" wird von Robben und den erstmals von Pigafetta beschriebenen Pinguinen geschmückt. In der Mitte eine Kompaß-Rose, unten rechts eine Kartusche mit Meilenanzeiger, links in der Kartusche drei kleine Inseln, im Meer Schiffe und ein Wal.

Ein schönes Beispiel der reich ausgestalteten niederländischen Karten ist „Terra australis incognita" von H. Hondius/J. Jansson(ius) (1639–1656). Die Karte ist in einem Kreis eingeschlossen. In den Zwickeln sieht man Eingeborene, Pinguine, Seelöwen, Schiffe und Landschaften. Die Existenz des hypothetischen Südkontinents wird nur diskret angedeutet. Hinweise gibt es auf Oliver van Noort, Le Maire und Schouten sowie auf L'Hermite. Mindestens die Dreiergruppe rechts oben mit dem von hinten gesehenen Mann mit den langen Haaren und der Keule ist eine gegenseitige Kopie aus dem Reisebericht von Schouten's „Wahrhafte Beschreibung", Arnheim 1618 (vgl. Kartenanhang, Abb. 74).

1601 erschien in Madrid Antonio de Herrera Tordesillas (1559–1625) „Descripcion de la Provincia de Chile" als erstes kartographisches Produkt spanischen Ursprungs, das sich auf Chile bezieht. In der Antwerpener Ausgabe der „Historia General del Reyno de Chile" von Antonio de Herrera aus dem Jahre 1728 befindet sich eine Karte von Chile, zu der folgender Hinweis erfolgte: „Was ich in der Allgemeinen Geschichte des Königreiches Chile (Historia General del Reyno de Chile) breit angelegt beschreibe, das findest du auf dieser Karte in Kurzform: dort als Text und hier als Druckwerk. Hier erkennst du das lieblichste und fruchtbarste Land Amerikas, wie Laet sagt, das Königreich überaus reich an

Metallen, vom gesündesten Temperament (Klima) gemäß Antonio de Herrera, die Region, die laut de Bry Spanien am meisten ähnelt. Und Fray Gregorio de León nennt diese Karte „eine Goldtafel mit einer eingelassenen Perle, eine Krone, die am Ende der Welt deren Stirn schmückt". Herrera's vierbändiges Werk „Historia General de Hechos de los Castellanos en las Islas y Tierra Firme del Mar Oceano", Madrid 1601–15, gestattet uns einen guten Überblick über die städtische Bevölkerung Ende des 16. Jh. Es weist dreiunddreißig topographische Merkmale auf vom Norden Copíapós bis zur Insel Chiloè. Wegen der Übersetzung ins Lateinische, Französische und ins Englische erfreute sich das Werk großer Verbreitung (vgl. Kartenanhang, Abb. 24).

Mit dem „Atlas Maior" von J. Blaeu entstand in fünf Versionen ab 1662 mit ca. 600 Karten und 3.000 Textseiten ein Meisterwerk der niederländischen Druckkunst. Einige wohhabende Sammler waren mit der Standardausgabe noch immer nicht zufrieden und ergänzten den Atlas systematisch mit weiteren gezeichneten oder gestochenen Karten verschiedener Verlage und Künstler. Auf der berühmten Weltkarte von Blaeu, die er 1648 aus Anlaß der Beendigung des Dreißigjährigen Krieges schuf, war infolge der damals unzureichenden Methoden der Längenmessung Südamerika noch immer um 9 Grad zu breit geraten.

Die große Zeit der niederländischen Kartenkunst fand hauptsächlich deshalb ihr Ende, weil es zuviel des Guten gab: Die Karten überschwemmten den Markt, die Offizinen richteten sich im schärfer werdenden Wettbewerb allmählich gegenseitig zugrunde, die Qualität sank ab, weil um der Kostenersparnis willen zu oft alte, längst überholte Karten nachgedruckt wurden. Die Zeit forderte jetzt neue Karten, nicht schöne Karten.

16. Die ersten niederländischen Erkundungen – Le Maire-Straße und Kap Hoorn

Die ersten ernsthaften Versuche, zur Magellanstraße zu gelangen, machten die niederländischen Seefahrer Sebald de Weerdt und Oliver de Noort noch mit englischer Begleitung. Jodocus Hondius bezog sich in seiner Karte „Freti Magellanici ac novi Treti vulgo Le Maire" von 1639 ausdrücklich auf Aufnahmen seines Landsmannes Weert. Bei seiner zweiten Reise unter dem Kommando von Oliver de Noort wurde er aus dem östlichen Ende der Magellanstraße zu den „Iason's Inseln" getrieben, die dann nach seinem Namen „Sebald de Weerdt's Eylanden" genannte wurden. (Siehe Kapitel 13; vgl. Kartenanhang, Abb. 18, 23, 26).

Die erste von holländischen Kaufleuten und Reedern für die Magellanstraße und Südsee ausgerüstete Flotte von fünf Schiffe ging unter dem Kommando von Jacob Mahu am 27. Juni 1598 von Rotterdam aus unter Segel, kam aber erst nach Jahresfrist bei der Magellanstraße an. Mahu starb unterwegs und Kapitän Simon Cordes übernahm sein Kommando.

Gestochen von Pieter van den Keere (1571 bis ca. 1646) erschien 1600/02 in Den Haag im Caert-Thresoor, ein kleiner Weltatlas in Oblong Format von Barent Langenes „Fretum Magellanicum" und von einem unbekannten Stecher „Chili et Patagonum Regio / Chile y Region de la Patagonia". Keere, einer der profiliertesten Persönlichkeiten der niederländischen Kartographie, wich 1584 aus Glaubensgründen nach London aus. 1593 übersiedelte er zusammen mit seinem Schwager Hondius wieder nach Amsterdam (vgl. Kartenanhang, Abb. 29).

Die Miniaturkarte des Petrus Bertius „Destroit de Magellan" aus seinem „Tabularum Geographicarum", zuerst von Barent Langenes im Jahre 1598 publiziert, zeigt deutlich, wo Magellan in die nach ihm benannte Straße einfuhr.

Die Holländer wollten mit dem, in der Mitte des großen Welttores vollzogenen Akt, ihre Oberherrschaft auf diesen Meeren besiegeln, wo dieses früher die Spanier durch Gründung ihrer Festung „Philippsstadt" für sich angestrebt hatten. Der Bucht der Magellanstraße gaben die Holländer den Namen „Ridders Baye" (Ritter Bucht). Sie ist schon auf der Karte von Jan Outgherzoon (De Bry Grand Voyage Band IX), der Seefahrer unter Sebald de Weerdt war, verzeichnet.

Nachdem Isaac Le Maire († 1624), einer der reichsten und tatkräftigsten Kaufleute seiner Zeit, aus der „Vereenigden Oostindischen Companie (V.O.C.) der Niederlande ausgeschlossen worden war, sann er darauf, der Gesellschaft zu schaden und sich einen eigenständigen Platz im Ostasienhandel zu erobern. Überzeugt davon, daß es an der Südspitze Amerikas noch einen bequemeren Weg in den Pazifik gebe, gründete Isaac Le Maire im Jahre 1614 mit dem Chirurgen W.C.

Schouten und anderen Unternehmern die „Australische Compagnie" in Hoorn, das damals 14.000 Einwohner zählte. Man beschaffte sich das Privileg, auf neuen Routen Fahrten zur Entdeckung neuer Länder in die Südsee zu unternehmen. Die Bestimmungen der 1602 gegründeten „Vereenigde Oostindische Compagnie" (V.O.C.) verboten unter hoher Strafe, allen nicht zur V.O.C. gehörenden Schiffen ostwärts über das Kap der Guten Hoffnung und westlich durch die Magellanstraße zu segeln.

Die „Australische Compagnie" setzte sich darum zum Ziele, eine neue Passage nach der Südsee aufzufinden und neue Länder, wie die Terra australis dem Handel zu erschließen. Die Fahrten des P.F. de Quiros im Jahre 1605 waren ihr nicht nur bekannt, sondern bildeten einen erheblichen Anreiz für ihre Pläne. Wahrscheinlich wußten sie auch von den Vermutungen, daß sich südlich der Magellanstraße Inseln befänden. Der spanische Seefahrer Francisco de Hoces, der die Karavelle „Santo Lesmes" auf der Expedition des Fr. J.J. Loaysa befehligte, soll durch einen Sturm aus der Magellanstraße vertrieben sein. Es verschlug ihn dabei bis 55° s. Br., wo das „Ende des Landes zu sein schien". Unstreitig gelangte de Hoces in den Bereich, der dann erst durch Le Maire bekannt geworden und nach diesem benannten Meeresstraße, wohl aber nicht bis Kap Hoorn, wie Alexander von Humboldt vermutete. S.E. Morison glaubte dagegen, daß der spanische Seefahrer sehr gut die Ostspitze der Staaten Insel erreicht haben könnte. Wie dem auch sei, Hoces Bericht blieb ohne Einfluß auf die geographischen Vorstellungen.

Als Kapitäne für die rund 360 Tonnen große „Eendracht" und die erheblich kleinere „Hoorn" wurden die Brüder Willem und Jan Cornelisz in Dienst genommen, während die Expeditionleitung Le Maires Sohn Jacob (1585–1616) übertragen wurde. Die Auftraggeber verboten bei Strafe, durch die Magellanstraße zu fahren, falls sie keinen neuen Weg in den Pazifik fänden. Handelsbeziehungen sollten sie auf der Terra australis anknüpfen, die man im Verlauf der Reise zu entdecken hoffte.

Die beiden Schiffe verließen Texel am 14. Juni 1615. Am 23. Januar 1616 zeigte sich Land im Westen und Südwesten und alsbald auch im Süden. Als man am nächsten Tag das Land nach Südosten hinziehen sah, erstaunte dieses Le Maire. Nach der ihm vorliegenden Karte des W. J. Blaeu mußte er davon ausgehen, daß es sich um den Südkontinent handelt, dessen Küste ungebrochen nach Osten laufe. Doch schon bald sahen sie nicht nur das Ende des Landes, sondern ein weiteres Land östlich davon „sehr hoch und gefährlich wirkend". Die Breitenbestimmung ergab knapp 55° s. Br. Man lief in den Kanal ein und war von zahllosen Pinguinen und noch mehr Walen umgeben. Auf gemeinsamen Beschluß des Schiffsrates wurde das westliche Land (Feuerland) „Mauritius de Nassau", das östliche „Staaten-Land" benannt. Das Staaten Land, (heute: Staaten-Insel) wurde bei seiner Entdeckung noch als Teil des Südkontinents angesehen (vgl. Kartenanhang, Abb. 28).

Selbst Abel Janszoon Tasman sprach noch 1693 von „Neuseeland Staaten Landt", „weil er glaubte, daß Neuseeland ein Teil des anderen" Staaten Land süd-östlich von Feuerland sei. Die Einsicht, daß dieses nicht der Wahrheit entsprach, kam ihm ein Jahr später. West-Südwest auftauchende Inseln (57° 30' s. Br.) nannte Le Maire „Barnevelt" (nach dem holländischen Staatsmann Oldenbarnevelt). Das Landende bekam den Namen „Kap Hoorn" nach dem holländischen Hafen. Er hielt es für die Südspitze von Feuerland, was dann auch auf der Karte seinen Niederschlag fand. Am 31. Januar 1616 hatte man Kap Hoorn hinter sich gelassen. Den Namen zu Ehren von Mauricio de Nassau finden wir noch in einer kleinen Bucht südlich von Kap San Diego.

Parallel zur westpatagonischen Küste, ohne dieser ansichtig zu werden, wurde nach den Juan-Fernández-Inseln weitergesegelt.

Le Maire's Reise war das erste holländische Weltumseglungsunternehmen mit ausgesprochenen Entdeckerabsichten. Eine neue Meeresstraße, eine „Regia Via" (einen Königsweg), wie sich ihr Chronist ausdrückte, sollte nach der Südsee und die vermeintliche Terra australis gefunden werden. Durch die Entdeckung des neuen Seeweges erhielt die interozeanische Schiffahrt eine neue Dimension. Jacob Le Maire wurde durch ein tragisches Geschick um die Früchte seiner Leistung, um Anerkennung und Entdeckerruhm gebracht. Sein Schiff wurde später in Java beschlagnahmt, sein Unternehmen, insbesondere die Auffindung einer neuen Passage im Süden von Feuerland, als nicht glaubwürdig hingestellt und er selbst mit W. C. Schouten und einigen Mann seiner Besatzung auf der von J. von Spilbergen befehligten Flotte nach Europa zurückgeschickt. Unterwegs erlag er den Strapazen und der Seelennot. Ein Bericht („Diarium vel descriptio laboriosissimi et molestissimi itineris facti a Guillelmo Cornelio Schotenio Hornano Annis 1615, 1616, 1617") über das Unternehmen, in dem Schouten im Mittelpunkt steht, kam bereits 1619 durch Blaeu heraus.

In der Zeit der Entdeckung erhielt Blaeu, der gerade einen Erdglobus anfertigte, keine Erlaubnis, die Le Maire Straße einzuzeichnen. Das hinderte ihn nicht daran, die alten Konturen zu beseitigen und bei der nächsten Auflage die ganze „Magellanica" wegzulassen, um dann in der folgenden (nach August 1618) wieder die „Magellanica", nun zusammen mit der Le Maire Straße, zu verzeichnen (vgl. Kartenanhang, Abb. 30).

Dem größten Teil jenes Berichtes hängte Georg Spilberg, der aus einer Malerfamilie in Düsseldorf stammte und dessen Namen die Holländer Spilbergen schrieben, 1619 seine eigenen Reisebeschreibungen an. Als Autor läßt er nicht Schouten, sondern Le Maire erscheinen. Schließlich gab die „Australische Compagnie", nachdem sie in den Besitz des beschlagnahmten Journals des Le Maire gelangt war, dieses im Jahre 1622 heraus. Es erschien als dritter Teil des Sammelbandes „Nieuwe Werelt, anders ghenaempt Westindien". Es wird gleichzeitig festgestellt, daß Neu Guinea kein Teil des Südkontinents sei. In der Vorrede zu dieser Ausgabe wird Schoutens Auftreten und Anmaßung gerügt. Er habe, so hieß es, die Reise nur als Schiffer mitgemacht und sei nicht Verfasser des von ihm veröffentlichten Journals. Dieses weicht denn auch von dem neu herausgegebenen ab. Die Karten sind allerdings die gleichen. Bis in das 19. Jh. hinein fand Schouten als sechster Weltumsegler auf Kosten von Le Maire in seinem Ansehen hohe Beachtung, nicht zuletzt in seiner Heimat. Das Problem der wahren Autorenschaft ist aber immer noch nicht eindeutig geklärt (Aris Claessen?) und welche der vorliegenden Versionen durch Dritte überarbeitet worden sind. Auf jeden Fall erhielt die neu entdeckte Meerenge nicht den Namen „Schouten's Straße", sondern „Fretum Jacobi Le Maire". Der Name Le Maire Straße ist seitdem geblieben und international anerkannt worden. Die Spanier sprechen von „Estrecho de La Maire". Ebenso wurde der Name der kleinen Stadt Hoorn an der Südspitze Amerikas für alle Zeit verewigt. Die Spanier nennen sie „Cabo de Hornos". Vielleicht trug dazu bei, daß der Name wegen der Anspielung auf die Bedeutung des Wortes „Horn" für ein Vorgebirge so passend schien. Dieser Name wurde von Le Maire und Schouten später noch einmal einer kleinen Inselgruppe in der Nähe der Salomon-Inseln verliehen. Französische Geographen haben zuweilen aus dem Cap Hoorn ein „Cap Cornu" (das gehörnte Kap) gemacht. Bei der Umseglung des Kap Hoorn wurde Amerika in größerem Abstand umfahren und damit wurden die Sebalds und Falklandinseln im Osten und Juan Fernandez im Westen als Zwischenstation attraktiver als vorher die chilenische Insel La Mocha.

Die Skizze, auf welcher die Entdeckungen Le Maires und Schouten an der Südspitze Amerikas dargestellt ist, dürfte nach den auf den beiden Schiffen gemachten Aufnahmen gezeichnet worden sein. Die Magellanstraße ist auf ihr nach früheren englischen und holländischen (Spilberg)-Karten gezeichnet worden, wobei die östlichen Teile von Feuerland bei den Beobachtungen der Holländer berücksichtigt wurden (vgl. Kartenanhang, Abb. 27).

Schon fünf Tage, nachdem die holländische Flotte zurückgekehrt war, gab der spanische Spion Manuel Sueyro die erste Nachricht über die neu entdeckte Meerenge am 5. Juli 1617 weiter.

Viele Informationen von der ersten Reise der Niederländer finden wir zum ersten Mal auf dem Globus von Jodocus Hondius aus dem Jahre 1618 und auf dem Globus von Joannes Jansson(ius) (Stecher Abraham Goos) aus dem Jahre 1623 sowie auf dem Globus von Willem Jansz Blaeu. Alle Kartenbilder zeichnen sich durch hohe zeitgenössische Aktualität aus.

Auf dem Globus von Jansson(ius) wird die Frage, ob „Staaten lant" eine Insel oder Halbinsel des vermuteten Südkontinents (Magalanica) sei, durch abbrechende Küstenlinien offen gelassen. Bei dem Blaeu Globus kann mit der Darstellung Tierra del Fuego als Insel der Druck nicht laut Legende 1602, sondern erst nach 1616, ja sogar erst nach 1621 datiert werden, da erst seit dieser Zeit Willem Jansz mit Blaeu signiert. In diesem Zusammenhang ist auch die unterschiedliche Handschrift des Stechers in der Kartusche interessant. Oberhalb von ihr ist die Le Maire Straße zu sehen. Sie trennt die östliche Halbinsel „Mauritius" von der Staaten Insel (Isla de los Estados), die auf dem Globus als Halbinsel „Statenlandt" mit dem hypothetischen „Terra Australia incognita" verbunden wurde. Vor der Südspitze von Kap Hoorn befinden sich drei kleine Inseln mit dem Namen „J. Barneveltij". Die gesamte Reiseroute von Oliver van Noort ist mit einer punktierten Linie eingetragen und mit Segelschiffen ausgeschmückt worden (vgl. Kartenanhang, Abb. 30).

17. Die Nodals

Es entstand in Spanien eine ähnliche Aufregung wie 40 Jahre vorher beim Einbruch des englischen Abenteurers Drake. Der spanische Hof unter Philipp III. reagierte sofort und nahm einige holländische Matrosen und Piloten, welche die Fahrt von Schouten und Le Maire mitgemacht hatten, in ihre Dienste und ließ zwei Karavellen ausrüsten. Zur Besatzung gehörte auch der Amsterdamer Pilot Johann de Moore (Juan de Moore). Das Kommando übernahm Bartolomeo Garcia de Nodal (um 1574–1622) und sein ihm zugeordneter Bruder Gonzalo (um 1578–1622) in Begleitung des Chronisten Diego Ramírez de Arellano. Bei ihnen handelte es sich um zwei Seefahrer, die nicht weniger als 76 feindliche Schiffe vernichtet oder gekapert hatten. Die Brüder unternahmen die Fahrt nach Feuerland 1618–19 und umsegelten die Insel zum ersten Mal. Dicht südlich des von Cavendish im Jahre 1586 entdeckten Port Desire (Puerto Deseado) ankerten sie in einer größeren Bucht. Zwei kleine Inseln, die dieser vorgelagert sind, benannten sie „Islas de leones", nach der überraschenden Menge von Seelöwen, die hier zu sehen waren. Die Bucht, die damals unbenannt blieb, erschien auf späteren Karten unter dem Namen „Seabear Bay", während die unmittelbar südlich sich anschließende „Spiring Bai" auch als „Ensenada de los Nodales" bezeichnet wurde. Die Brüder hatten als erste die Nordostküste Feuerlands in einem Zuge entschleiert und Voraussetzungen für die Kartierung geschaffen. Ihre Benennung der Häfen, Buchten und Vorgebirge sind ein fester Bestandteil der Karten geblieben. Das südliche Kap am Eingang der Magellanstraße tauften sie am 20. Januar 1619 „Cabo San Sebastian". Die Indios nannten das Kap „ Kolenken" oder Jarror (große Seemöwe oder Steinspitze). Diego Ramirez gab der Nordspitze der Bucht den bezeichnenden Namen „Punta de Arenas". Die Choncoiucas nannten es „Tolxkonskton" (große Steinwüste oder großer steiniger Ort, und die ganze Bucht nannten sie „Kolmen". Als sie vor einen beträchtlichen Einschnitt kamen, von dem sie glaubten, es sei die Öffnung eines die feuerländische Insel in Ostwest-Richtung durchziehenden Kanals, nannten sie ihn „Entrada de San Sebastián", (nicht zu verwechseln mit San Sebastian an der großen Bai in Ost-Feuerland, dessen Name bestehen blieb). Erst im Jahre 1826 konnte Phillip Parker King das Nichtvorhandensein des St. Sebastian-Kanals nachweisen. Sein angenommener West-Ausgang stellte sich als eine tiefe Einbuchtung heraus, die bis dicht an die Bucht Inutil im Pazifik reicht.

Weiter der Küste folgend, entdeckten und benannten die Brüder das Cabo de Penas. Von hier an zeichneten sich gegen Süden und Südosten am Horizont die Umrisse hoher, schneebedeckter Berge ab. Als „Cordillera de los Nodales" findet sich diese Bergreihe noch auf Karten des Stielerschen Handatlasses in den Ausgaben 1905–34. Nach den Tagesheiligen erhielt der „Cabo de Santa Ines" seinen

Namen. Die Le Maire-Straße nannten die Brüder „Estrecho de San Vicente". Doch sollte der ursprüngliche Name bald wieder zu Ehren gelangen. Die Strömungen in der Straße waren so mächtig, daß die Brüder in einer nahen Bai Schutz suchen mußten, die sie „Puerto de Buen Suceso" tauften. Das Südwest-Kap des Staaten-Landes wurde „Cabo de San Bartolomeo" genannt, ein Name, der geblieben ist. Am 5. Februar 1619 tauchte Kap Hoorn vor ihnen auf, das sie in „Cabo de San Ildefonso" umbenannten, ein Name, der später auf die westlich benachbarten Inseln überging.

Es ist das Verdienst der Nodals, die Breitenlage des Kaps erstmals genau mit 56° s. Br. bestimmt zu haben. Ihre niederländischen Vorgänger hatten sich nur um anderthalb Grad geirrt. Am 12. Februar entdeckten sie das südlichste Land Amerikas: Die nach ihren Chronisten genannten Diego-Ramírez Inseln im Südwesten von Kap Hoorn. Die ganze Reise hatte nur neuneinhalb Monate gewährt. Sie bleibt denkwürdig auch durch ihre Ergebnisse, die die Brüder in ihrer „Relacion del Viaje" 1621 in Madrid publizierten. Es heißt, die Nodals seien „30 Leguas entlang des Staatenlandes" gefahren und hätten hier immer noch Berge und Küsten sich weithin nach Osten erstrecken sehen. Da das ganze Staatenland nicht vielmehr als 20 Leguas lang ist, so ist es nicht verwunderlich, daß die Nodals an einen Zusammenhang mit dem Südkontinent glaubten. Die Ergebnisse von B. u. G. García de Nodal wurden in einem Reisebericht veröffentlicht, der eine sehr detaillierte Karte aus dem Jahre 1619 des königlichen Kartographen Pedro Teixeira Albernaz (†1662) und dessen Bruder Joao enthält. Sie zeigte erstmals Nordost- und Südost-Feuerland in einer der Wirklichkeit entsprechenden Gestalt, während die Südwest- und Westküste der großen Insel, die außer Sicht geblieben waren, schematisch als eine einzige ungebrochene, leicht gewellte Kontur dargestellt ist. Die „Entrada d. S. Sevast" durchschneidet als schmaler Kanal die Insel. Der britische Historiker Sir Clements Markham behauptete sogar, daß die Nodals die Karte selbst gezeichnet hätten, ohne allerdings dafür den Beweis zu liefern.

Eine Variante dieser Karte ist die Manuskriptkarte von 1621 des Diego Ramírez, die überraschenderweise von jener Entrada („Canal") nur die östliche und westliche Einfahrt darstellt, ohne beide zu verbinden. Noch im Jahre 1788 zeichnete man in Spanien diese Ostküste Feuerlands nach Angaben der Nodals. Die Küsten von Patagonien boten nichts Neues. Die Nodals hatten den Auftrag, auch noch die Westküste Patagoniens zu untersuchen. Sie mußten aber darauf verzichten, weil ihnen der Proviant ausgegangen war. Ein kleiner Berg in der Magellanstraße östlich von Cape Froward, „Nodales Peak" genannt, erinnert noch heute an ihre Reise.

Spätere Kartographen bedienten sich vieler kartographischer Darstellungen der Seefahrer Le Maire, Schouten und der Brüder Nodal, wobei eine merkwürdige Vermischung spanischer und niederländischer Namen zu verzeichnen ist. Auf seiner Karte „Provinciae Sitae ad Fretum Magellania" aus Novus Orbis (1633) übernahm der Niederländer Johannes de Laet die Konfiguration von Patagonien und Feuerland von den Gebrüdern Nodal mit spanischen Namen, aber weiterhin die falschen Breitengrade seiner Landsleute für das Kap Hoorn. Trotz der authentischen Berichte der Nodals setzten die Kartographen den Golf San Sebastiano in eine Region, in der die Ungenauigkeit der Karten nicht deutlich erkennen läßt, ob es sich um Feuerland oder südlicher gelegene Länder handelt.

Die Nodals hatten durch ihre Berichte über das Staatenland die alten irrigen Ansichten eher bestätigt als berichtigt. Sie sprachen davon, „daß es sich vermutlich weit bis nach Afrika und zum Kap der Guten Hoffnung erstrecke". Nun, die Wahrnehmung schien diese Auffassung auch zu unterstützen. Äußerste Inseln und Landzipfel, mit denen große Gebirgsreihen und Ländermassen endigen, laufen im allgemeinen ganz allmählich und immer niedriger aus. Beim Staatenland ist dieses nicht der Fall. Im Gegenteil: Hier erhebt es sich noch einmal und gleichsam einen neuen Anlauf nehmend, zu sehr hohen und wilden Felsen und mit Schnee bedeckten Gebirgen. Es übertrifft damit noch das Feuerland. So konnte den Vorbeifahrenden schon der Gedanke kommen, daß hier ein anderer Kontinent von Neuem beginne. Nur wenige Kartographen, wie de Laet, ließen das Ostende des Staatenlandes offen. Doch erschien es gewöhnlich als ein sehr langes Stück Land, im Westen in der Le Maire Straße geschlossen, ostwärts aber weit offen und mit unbestimmten Linien sich verlierend.

In Spanien berechnete man, daß die Benutzung der Le Maire Straße es gestatten würde, in fast der halben Zeit um die Welt zu den Philippinen, den Molukken und nach China gelangen zu können als bei einer Reise um Südafrika herum, wo im Indischen Ozean oft der Monsun abgewartet werden mußte. Für eine Reise um Afrika herum benötigten die Seefahrer zwölf bis sechzehn Monate zu den Philippinen und den Molukken. Die Nodals hatten dagegen gezeigt, daß man in vier Monaten über den Atlantischen Ozean zur Le Maire Straße gelangen und in wenigen Stunden hindurch schiffen könnte. Von dort war es möglich, mit Hilfe der fast regelmäßigen Süd- und Südwestwinde in nur einem Monat nach Peru und von Peru mit den beständigen Ostpassatwinden leicht in zwei oder drei Monaten zu den Philippinen zu gelangen. Die Erwartungen des spanischen Königs waren fast so hoch gespannt wie einst bei der Entdeckung der Magellanstraße selbst. Der König war im Begriff, im November 1619 acht große Schiffe durch die Le Maire Straße zu den Philippinen und Molukken zu entsenden. Dieser Plan wurde jedoch von den Kaufleuten und Gouverneuren in Amerika vereitelt. Die spanischen Pazifikhäfen hatten ein starkes Interesse daran, ihr angelaufenes Geschäft zu erhalten und erachteten den Handelsweg über sie und den Isthmus von Panama nach China und den Philippinen als die sichere Alternative. So kam es, daß die Nodals lange keine spanischen Nachfolger hatten.

18. Die zweite niederländische Erkundungsepoche

Der Höhepunkt der spanischen Conquista war bereits überschritten, und das 17. Jh. war durch wirtschaftlichen Niedergang geprägt. Die Besteuerung in Kastilien stieg beständig an, Handwerk und Landwirtschaft waren der agressiven ausländischen Konkurrenz nicht mehr gewachsen. Ein gerütteltes Maß Schuld an dieser Lage muß der Politik der Casa de la Contratación beigemessen werden, die seit dem späten 16. Jh. fast schon systematisch dazu überging, Ladungen zu beschlagnahmen, um Gläubiger der Krone befriedigen zu können. Die Jahrzehnte von 1630 bis 1680 umfassen das goldene Zeitalter der Piraterie im Atlantikhandel. Die Präsenz von Piratenschiffen, die manchmal Flottenstärke aufwiesen, soll zum Beispiel die Küstenschiffahrt zwischen Valparaiso und Acapulco praktisch zum Erliegen gebracht haben.

Da der Waffenstillstand, den die Niederländer im Jahre 1609 mit den Spaniern schlossen, im Jahre 1621 abgelaufen war, traten sie wieder mit ihrem Erbfeinde in offenen Krieg. Auf Befehl der Generalstaaten und des Prinzen Moritz von Nassau unternahm der holländische Admiral Jacques L'Hermite eine Kaperfahrt mit elf Schiffen nach den spanischen Besitzungen an der südamerikanischen Westküste. Diese Flotte wird in der Geschichte der Niederlande gewöhnlich als die „nassauische Flotte" bezeichnet. Es war die erste großartige Expedition, die eine Umschiffung Amerikas im äußersten Süden zustande gebracht hatte. Die Reise lieferte auch geographische Ergebnisse. Der südliche Bereich des feuerländischen Archipels wurde weiter entschleiert. Vizeadmiral Shapenham erkundete eine Bucht der Insel Navarino, die später den Namen „Bahia Nassau" erhalten sollte. An der Westseite der Le Maire Straße erhielt die bereits von der Nodalschen Expedition aufgefundene Bahia Puerto de Buen Suceso den Namen „Valentijns Bay". Der erstere Name blieb auf den Karten an seiner ursprünglichen Stelle, während durch ein Versehen eines französischen Kupferstechers die Valentin-Bai südlich außerhalb der Le Maire Straße zu liegen kam. Nachdem die Flotte im Süden jener Straße gekreuzt hatte, erblickte man im Westen, sieben Meilen entfernt, Kap Hoorn, dessen fehlerhafte Breitenfixierung durch die Le Mairesche Expedition nunmehr offenbar wurde, wie es Nodal bereits feststellen konnte.

Entdeckt hatte man auch die „Nassausche Voerd" (heute Nassau Bai), von deren Dasein bisher nichts bekannt war.

An der Westseite der neuen Bai wurde die „Schapenhams Bay" (heute Orange Bai) gefunden, die nach dem Vizeadmiral der Flotte getauft wurde. Schepenham unternahm im Februar 1624 eine Untersuchungsfahrt nach den nördlichen Teilen der Nassau-Bai. Dabei gelangte er an einen breiten Meeresarm, „Goeree" (heute Goeree-Kanal) benannt. Jenseits davon ging es schließlich zu einer Insel, die den Namen eines seiner Offiziere erhielt: „Terhalten". Heute ist es die durch die Beagle-Affaire bekanntgewordene Insel Lennox. Der ursprüngliche Name ist auf ein Inselchen südlich von Lennox übergegangen.

Zurückgekehrt, meldete der Vizeadmiral, daß Feuerland aus vielen Inseln bestehe und daß, um in die Südsee zu gelangen, es nicht nötig sei, Kap Hoorn zu umfahren. In die Nassau-Bai könne man von Osten einfahren, so daß Kap Hoorn im Süden bleibe. Durch die L'Hermite Expedition wurden die bis dahin wertvollsten Aufschlüsse über die Natur und die Bewohner des Feuerlandes gegeben. Die Flotte verließ am 27. Februar die Nassau Bai, aber nur ein einziges Schiff gelangte über den Pazifik und Java schließlich im Juli 1626 nach Holland zurück und soll damit die siebente Weltumseglung zustande gebracht haben. Zwei Jahre später kehrte auch der deutsche Kapitän Adolph Decker zurück und veröffentlichte 1629 in seiner Heimatstadt Straßburg sein „Diurnal der Nassawischen Flotta". Decker erwies sich als der „beste Geschichtsschreiber dieser Unternehmung" (Kohl).

Als eine Verbesserung gegenüber den Karten von Le Maire und Nodal erweist sich die Karte „Zvysyde von Tierra del Fuego" vom Mathematiker der Flotte, John van Walbeeck.

Der einzige Bereich im Süden Amerikas, über dessen Küstenverlauf nach den ersten Reisen durch die Le Maire Straße noch Unklarheit bestand, war das „Staaten-Land". Immer noch herrschte die Vorstellung, daß es ein Teil des Südkontinents sein könnte. Nur sehr vor- und umsichtige Kartographen, wie Joannes de Laet, gingen kein Risiko ein und ließen das Ostende des Staaten-Landes offen.

Louis de Mayerne Turquet war z. B. durch die Erfahrungen von Drake, Le Maire und die Nodals so verunsichert, daß er den weltumspannenden Südkontinent westlich der Magellanstraße auf seiner Weltkarte „La Nouvelle maniere de reprender le Globe terrestre.." aus dem Jahre 1648 (Discours sur La Carte Universells) unterbrach und Tierra del Fuego von Terra australis trennte.

Auf der Rudolphinischen Tafel von Johannes Kepler, die uns hauptsächlich durch Philipp Eckebrecht's Weltkarte (1530) bekannt wurde und die zum ersten Mal Längengrade durch Zeitunterschiede zeigte, steht der Name „Terra Australis Incognito" zwar noch da, aber die Konturen sind nur ganz schwach angedeutet. An einem großen Südkontinent sind Kepler offenbar Zweifel aufgekommen. Das Verdienst, die Inselgestalt erkannt zu haben, gebührt dem holländischen Seefahrer Hendrik Brouwer. Er hatte die Faktorei der Vereinigde Oostindischen Companie in Japan geleitet, 1632–36 den Posten des Generalgouverneurs von Batavia bekleidet und war später in den Dienst der holländischen Westindischen Companie (W.I.C.) getreten. Als einer ihrer Direktoren befürwortete er den Plan einer Expedition nach der chilenischen Küste. Um den spanischen Einfluß zu unterminieren, sollten Kontakte zu den Einheimischen geknüpft werden. Hendrik Brouwer selbst wurde die Leitung des Unternehmens übertragen. Mit drei Schiffen stach er im November 1642 in See, um im März nächsten Jahres vor den Eingang zur Le

Maire Straße zu gelangen. Die Expedition erkannte bei klarer Sicht, daß das Staaten-Land nichts weiter war als eine Insel von nur neun bis zehn holländischen Meilen Länge. Bei der Umfahrung bestätigte sich seine Insularität und zugleich sehr geringe Größe. Nach der Umfahrung der Südspitze Amerikas segelte Brouwer zur Insel Chiloè, wo er bald darauf in dem am Nordende jener Insel gelegenen (eine Zeitlang seinen Namen tragenden) Brouwer-Hafen starb. In seinem Reisebericht, den er zusammen mit Elias Herckemann 1642–1643 in Frankfurt veröffentlichte, wird nicht deutlich, ob die Autoren sich der Bedeutung ihrer Erkenntnisse von der Inselgestalt von Staaten Land bewußt waren. So ist es wohl auch zu verstehen, daß die These des ausgedehnten Kontinents noch nicht aufgegeben wurde. Man glaubte vielmehr, daß Brouwer nur eine weitere Meeresstraße passiert hätte, die im Norden von der Staaten-Insel und im Süden von noch unbekannten Inseln bzw. Feuerland flankiert wäre.

Die „Brouwer-Straße" ist z. B. noch im Atlas „Nova telluris geographica totius projecto" von Gerald Valk (Amsterdam 1706) und „Histoire des Navigations aux terres australes" (Paris 1756) zu sehen. Der Name Magellan spielt beispielsweise auf der Karte von Valk immer noch eine große Rolle. Patagonien wird mit „Terra Magellanica" bezeichnet. Das Meer im Süden und Südwesten des Feuerlandes wird unter dem Namen „Mare Magellanicum" zusammengefaßt. Mit Brouwer endete praktisch die von Kolumbus eingeleitete Suche nach einer Seestraße durch die südlichen Länder Amerikas, um eine Verbindung vom Atlantik zum Pazifischen Ozean zu finden (vgl. Kartenanhang, Abb. 37).

19. Alonso de Ovalle

Der spanische „Consejo de las Indias", begierig, immer die vollständigsten geographischen Informationen zu haben, erbat durch eine Note vom 30.12.1633 vom Gouverneur von Chile, eine Karte von seinem Herrschaftsbereich erstellen zu lassen. Dieses Dokument ist in der „Historia de Reyno de Chile" von P. Diego de Rosales abgedruckt. Francisco Laso de la Vega berichtete am 15.4.1635, daß man trotz großer Bemühungen keine Person gefunden hatte, die in der Lage war, die Karten in der gewünschten Perfektion zu machen.

Die erste uns bekannte Karte von Chile, die von einem gebürtigen Chilenen gezeichnet wurde, sollte in Europa erst 1646 durch den Jesuiten Alonso de Ovalle erscheinen. Sein Geburtsjahr wird in den meisten Nachschlagewerken sowohl in Chile als auch im Ausland in der Regel mit 1601 angegeben (selbst noch im Vorwort zu einem erst 1969 in Santiago herausgekommenen Reprint eines seiner Werke). Sein jüngster Biograph, Walter Hanisch, verweist auf den Catálogo SI. Paraguay, 1620, no. 48, in dem das Geburtsdatum genau mit dem 27. Juli 1603 angegeben wird, das deshalb hier zugrundegelegt werden soll.

Alonso wurde als ältester Sohn von Francisco Rodríguez del Manzano y Ovalle, einem spanischen Kapitän aus Salamanca, und María Pastene de Astudillo y Lantadillo geboren. Aufgrund seines Dienstes in dem langjährigen Krieg mit den Araukanern und seines vornehmen Geblütes sowie der guten Beziehungen seiner Frau zur chilenischen Führungsschicht, kam Francisco Ovalle auch zu Landbesitz. Alonso machte als Missionar bei den einheimischen Indios schnell Karriere und wurde Rektor des Colegio Seminario. Er hatte eine starke Sensibilität, die durch den Aberglauben seiner Zeit gesteigert wurde. Er reiste deshalb mit einem Totenkopf. Ovalles Biographien und Schreiben offenbaren einen eigensinnigen Charakter.

Als guter Sachkenner des regionalen Geschehens wurde Alonso Anfang 1641 als „Procurador" der chilenischen Jesuiten nach Spanien und Italien geschickt, wo er bis 1650 blieb. Zunächst fuhr Ovalle und seine Begleitung, D. Ignacio Monoa und Salinas, nach Callao und schiffte sich im Mai 1641 nach Panama, Cartagena und Havanna ein, um im Mai 1641 in Cádiz einzutreffen. Er verbrachte zwei Jahre in Spanien, insbesondere in Sevilla, Madrid und Salamanca. Er mußte schnell erfahren, wie wenig dort über Chile bekannt war.

Von Genua kommend, traf er Ende März 1644 in Rom ein, wo er mit einiger Unterbrechung bis 1650 blieb. In Rom beschäftigte sich Ovalle intensiv mit der Literatur über die Neue Welt. Das waren u. a. Werke von Herrera, Acosta, de Bry und de Laet. Deren Informationen benutzte Alonso für ein umfangreiches geschichtliches Werk über das Königreich Chile, für das er im September 1644 die Druckgenehmigung erhielt und das 1646 in Rom durch Francesco Caualli /

Francisco Cauallo sowohl in italienischer („Historica Relatione del Regno di Chile, e delle missioni, e ministerii che esercita in quelle a Compagnia di GIESV") als auch in spanischer Sprache (Historica Relación del Reyno de Chile, y de las missiones y ministerios que exercita en el la Compania de Jesvs") erschien. Welche der beiden Ausgaben zuerst erschien, ist nicht eindeutig festgestellt worden. Die Vermutung liegt nahe, daß es die italienische war und daß Ovalle sie selbst in diese Sprache brachte. Beide Ausgaben enthalten ganzseitige Veduten der Schulen und Residenzen der Gesellschaft Jesu, eine „Facies Coeli Antarctici" betitelte Karte des Südpols sowie 8 Pläne von Städten, Häfen und Inseln und eine Faltkarte „Tabula Geographica Regni Chile", auf die noch näher eingegangen werden soll. Ovalle reiste 1650 nach Südamerika zurück und starb am 11. Mai 1651 in Lima, bevor er nach Chile zurückkehren konnte.

Chile besaß im Vergleich zu anderen lateinamerikanischen Ländern schon sehr früh eine eigene epische Dichtung, die über die Herkunft und den Werdegang des Landes berichtete. Der Gouverneur von Chile, Garcia Hurtado de Mendoza, unternahm eine Expedition zu Lande zwecks Eroberung und Besetzung der Länder und Inseln im Süden Chiles. Er wurde u. a. auf diesem Kriegszug von dem schon erwähnten Offizier und Dichter Alonso de Ercilla begleitet. Dieser hat nicht nur die Sterne, die Berge und das Wasser gesehen, sondern entdeckte auch die Unterschiede und gab den Männern Namen. Mit seinem Werk „La Araucana" setzte er den Chilenen ein großes literarisches Denkmal seiner Zeit. Durch Ercilla vergißt man oft Ovalle, den „Bautismo histórico" Chiles, zu nennen. Alonso de Ovalles geschichtliches Werk über Chile ist das erste, das diesen Namen überhaupt verdient. Sein Wert beruht nicht nur darauf, daß die erste nationale Geschichte des Landes auch im Ausland verbreitet wurde, sondern auch auf seinem Stil, seiner Sprache, Struktur und künstlerischen Vollendung. Ovalle gibt uns das Bild einer lebendigen und beweisbaren Geschichte mit vielen geistreichen Anmerkungen und landschaftlichen Details. Er schrieb, wie die Chronisten des Mittelalters, die Geschichte des alten Heldenepos in Prosa nieder. Es war zu damaliger Zeit nicht leicht, zum Klassiker des Sprachschatzes aufzusteigen, denn die „Lengua castellana" war noch nicht vollkommen in diesem Kontinent verwurzelt. Wie sollte man einen tropischen Sturm beschreiben oder vielfach Früchte, die in Europa noch vollkommen unbekannt waren? Für Amerika und seine Schönheiten mußten neue Worte gefunden werden, eine Aufgabe, die Alonso de Ovalle dadurch erfüllte, daß er neue Ausdrücke erfand und Worte der Eingeborenen in die spanische Sprache aufnahm.

So bezeichnete die erste Auflage des Sprachlexikons der Königlich-Spanischen Akademie „Diccionario de la Lengua Castellana" 1726–1739 den chilenischen Historiker in 1.004 Fällen als Schöpfer des Wortes. Die Kenntnis, die er von seiner Heimat hatte, erstreckte sich von La Ligna bis Arauco mit allen Orten dazwischen und bis in die letzte Cordillere, die Provinz Cuyo mit der Stadt

Mendoza, die Pampas und die Wege von Tucumá. Was Ovalle am meisten beeindruckte, waren die Cordilleren, die sehr ausführlich und mit großer Liebe beschrieben wurden. Sein Biograph Walter Hanisch („El Historiador Alonso de Ovalle") meinte deshalb, die Chilenen seien durch Ovalle über Jahrhunderte so beeinflußt worden, daß sie zuerst die Cordilleren betrachteten und erst viel später das Meer entdeckten. „Hinweise auf Landschaften findet man schon vorher, nicht nur bei Ercilla, sondern auch bei Oña und Domínguez Camargo, aber immer abstrakt und ohne Bezug auf ein bestätigendes geographisches Merkmal", schreibt Hanisch.

Der berühmte Historiker beschrieb die Natur, den Charakter des Landes und seiner Bewohner, die Ankunft der Spanier und ihre Eroberungen, den Verlauf der Kampfhandlungen, in denen die Araukaner tapferen Widerstand gegen die Spanier leisteten. Das Werk erreichte Chile bald nach seiner Veröffentlichung. In ihm konnten sich die Eingeborenen wiedererkennen und fühlten sich dadurch in ihrer Identität und in ihrem Selbstbewußtsein gestärkt.

Von großem Einfluß wurden die neuen Karten, die in beiden Ausgaben enthalten sind. Da Ovalle uns nicht nur einen der ersten Stadtpläne von Santiago und dem Hafen von Valparaiso anbietet, sondern auch kleine, bis dahin unbekannte Orte, wie z. B. Chimba und südlich von Cañada gelegene Ortschaften, vermittelt er uns zumindest wichtige Aufschlüsse über die soziologische Topographie. Die italienische und die spanische Ausgabe wurden mit einer Karte „Tabula Geographica Regni Chile" (35,7 x 47,2 cm) versehen.

Durch Ezequiel Uricoecheas „Mapoteca Colombiana", (London 1860) eine Titelsammlung von Karten, Plänen, Ansichten mit Bezug auf Spanisch-Amerika, Brasilien und die angrenzenden Inseln, erfuhr die Öffentlichkeit erstmals von einer größeren Karte (58 x 117 cm) mit dem gleichen Titel. Beide Karten sind geostet. Nachweislich sind von der großen Karte nur noch zwei Exemplare erhalten, das eine in der Bibliothèque nationale in Paris, das andere in der John Carter Brown Library in Providence (R.I.), das 1917 aus der Huth Collection London erworben wurde. Vermutlich war die große Version als späterer Ersatz schon geplant, konnte aber aus drucktechnischen Gründen in dieser Größe nicht erscheinen.

Die chilenische Universität begann ein ernstliches Interesse an Wissenschaft und Geographie in den 1750er Jahren zu zeigen. Im Jahre 1889 machte der chilenische Kartengelehrte José Toribio Medina den ersten Versuch, eine Auflistung chilebezogener Karten mit seinen „Ensayo acerca de una Mapoteca Chile", die 2.126 Karten enthält. Medina zitiert darin die große Karte, unter Bezugnahme auf Uricoechea, mit dem Hinweis, daß er sie selbst nicht gesehen hat.

„Imago Mundi" XIV veröffentlichte 1959 einen Artikel „Alonso de Ovalle's Large Map of Chile, 1646" von Lawrence C. Wroth nach dem Exemplar seiner Bibliothek in Providence (R.I.). Drei Jahre später publizierte Ricardo Donoso in

Buenos Aires unter dem Titel „El Mapa de Chile del P. Alonso de Ovalle" einen weiteren Artikel und stellte die sich in Paris befindliche große Karte vor.

Vielfach wird davon ausgegangen, daß die große Karte sich nur in einigen Exemplaren befand und vermutlich später eingeklebt wurde. Die „kleinere Version" erschien vor der großen und ist zweifellos unter Zeitdruck entstanden, weil sie viel mehr Fehler und Ungenauigkeiten als die große enthält.

Da Ovalle die „Décadas" von Herrera kannte, zieht er Vergleiche und ergänzt die Reise von Schouten und Le Maire durch die von den Brüdern Nodales. Die Nachrichten von der Magellanstraße, von den Einwohnern, den Früchten, den Tieren und der Geographie dieser Teile sowie von den chilenischen Küsteninseln kommen zweifellos aus diesen Quellen. Da beide Karten schon eine Andeutung der Le Maire-Straße (1616) und den Namen Kap Hoorn enthalten, muß der Zeichner sie nach 1620 angefertigt haben. Daß es vom Kap Hoorn auf der Karte heißt, es sei beim Volke („vulgo") so genannt, ist anzunehmen, daß schon einige Zeit nach Le Maire's Entdeckung ins Land gegangen sein muß. Von dem ersten Umsegler des Staatenlandes, Brouwer (1643), wußte der Zeichner noch nichts.

In den Archiven des Jesuitenordens in Rom, der ein unbestreitbares Verdienst um die Kartographie Lateinamerikas hat, befinden sich zwei Alben mit 54 Karten, deren Ursprung unbekannt ist. Sie enthalten neben der kleinen Karte von Ovalle auch andere Karten über Chile, so eine aus dem Jahre 1644, die die chilenische Küste von 41° bis 46° s. Br. und eine andere, die sie von 46° bis 41° s. Br. mit der „Ciudad de Baldivia" (Valdivia) zeigt.

Dem Jesuiten und Historiker Walter Hanisch kommt das Verdienst zu, vorher unerforschtes Material in den Archiven von Rom, Sevilla, Salamanca und Madrid in „El Historiador Alonso de Ovalle", veröffentlicht zu haben. Der Biograph bezeichnete Ovalle als Entdecker der Landschaft, der Natur, wie später Rousseau in Europa. Die „Große Karte" überträfe in Gestalt und Detail die Karten von Herrera, de Laet, Blaeu, Hondius oder Jansson.

Über die Entstehung der Karteninhalte der „Tabula Geographica Regni Chile" sei zunächst Medina zitiert: „Er (Ovalle) nahm als Basis seine persönlichen Erinnerungen, eine andere analoge Arbeit von Fray Gregorio de Leon, die zu seiner Zeit sehr bekannt war, nach den zahlreichen Zitierungen, die die Autoren der Epoche von ihm bringen, sowie die Karten von Herrera und de Laet. So erstellte Ovalle ein Werk, das – obwohl ziemlich weit entfernt von der Wahrheit – eine große Anhäufung von Daten über das Innere des Landes enthielt. Das war der Grund, daß bald zahlreiche und wiederholte Editionen seine Arbeit in der ganzen Welt bekannt machten." In der Tat, alles deutet darauf hin, daß dem Franziskaner Gregorio de Leon das Hauptverdienst gebührt, die Karte nach dem Jahre 1625 skizziert zu haben (vgl. Kartenanhang, Abb. 33).

Ovalle stellte auf beiden Karten das Meer mit Wellen und einigen schmückenden Booten dar, mit einigen Fischen und Walen mit enormem Kopf, ein Meeresungeheuer mit menschlichem Kopf und langen Barthaaren. Die große Karte zeigt vor den Küsten eine anmutige Sirene. Die Umgebung der Küsten ist schattiert mit einige kurzen Linien, die von der Küste zum Meer hinausgehen.

Die Gebirge sind hier, wie allgemein in den Karten seit Mitte des 16. Jh. üblich, wie Erdhaufen, die Spitzen bilden, gezeichnet. Sie muten wie konische Zuckerhüte an, die keine Vorstellung von der Höhe, Oberfläche und Neigung der Berge vermitteln. Dieses System der topographischen Darstellung hielt sich noch lange, denn erst im 19. Jh. konnten die wirklichen Höhen dargestellt werden.

Auf der großen Karte ist oben rechts die künstlerisch sehr sorgfältig gestaltete Schlacht zwischen Spaniern und Araukanern und oben links der Friedensschluß von 1641 durch Marques de Baides zu sehen, darunter die verkleinerte Karte von Santiago wie im Buch sowie die Mündung des Valdivia-Flusses.

Das koloniale „Reyno de Chile" (1552–1776) und vorher der Inka Staat (1440 bis 1520) waren ein Gebirgssattelstaat. Das „Reyno de Chile" begann mit der Erstüberschreitung des Uspallata-Passes durch Maldonado 1552. Es umfaßte nach einer Schätzung von Ehrfried Lankenau („Die Andengrenze von Altchile") mit allem Vorbehalt wegen der fehlenden Grenzen etwa 480.000 qkm (davon 180.000 qkm vom Copiapo bis zum Bio-Bio/Laja und 300.000 qkm in Cuyo ohne das Territorium Neuquén). Rechnet man dagegen das Reyno de Chile in seiner größeren Ausdehnung auf altchilenischer Seite bis zur Insel Chiloè unter Berücksichtigung des nur formell beherrschten Araukanerlandes und der völlig unbesiedelten Landstriche Südchiles sowie der Provinz Cuyo unter Einbeziehung des Territoriums Neuquén, wo die kolonialspanische Herrschaft gleichfalls fraglich war, so ergeben sich etwa 720.000 qkm Fläche für den gesamten Sattelstaat (300.000 qkm in Altchile, 420 qkm in Cuyo). Die Bevölkerungsdichte war während des „kolonialen Königreiches" gering. Die Einwohnerzahl dürfte im Jahr seiner Zerschlagung (1778) etwa 260.000–300.000 betragen haben. Das Cuyo-Gebiet war beträchtlich dünner besiedelt als der altchilenische Raum westlich der Anden. Dieser Gebirgssattelstaat ist sehr gut auf beiden Karten von Ovalle zu erkennen. Die Cordillere, die den Staat zerschnitt, verhindert nicht, daß die staatsbildende Kraft vom Kernraum Santiago aus landwärts allseitig ziemlich gleich weit reichte. Die dauernde Einbeziehung von Cuyo durch die spanische Conquista ist vom Westen, von Altchile her, über die Cordillieren erfolgt. Dabei hatten die Bewohner beider Seiten auch verkehrsfeindliche Zonen zu überwinden. Während auf argentinischer Seite durch den Ausbau der Landstraße und im 19. Jh. mit einem immer dichter werdenden Eisenbahnnetz die meisten Ebenen erschlossen wurden, blieb die Verbindung zwischen „Altchile" und der Cuyo-Provinz praktisch bis 1910 auf dem Stande der Inka-Zeit erhalten. Die schnurgerade Kette der Cordilleren, „Vulcani" genannt, reicht soweit südwärts wie Sarmiento sie erblickte. Die Kartographen des 17. Jh. stimmten darin überein, Ostpatagonien zum Regierungsbereich von Chile zuzuordnen. So auch bei

Ovalle, wo dieses Gebiet und die Inseln bis zum Ende des Kontinents innerhalb der Grenzen des Landes liegen. Die Geschichte der Mission bietet einen weiteren Beleg für die Kenntnisse, die die Zeitgenossen von den genauen Grenzen des Regierungsbereiches von Chile hatten. Eines ihrer einflußreichsten Zentren war das Gebiet von Nahuel Huapi (in der Nähe des heutigen Bariloche), von wo die Jesuiten unter Padre Nicolas Mascardi nach Ostpatagonien bis zum Atlantik eindrangen. Die Ostseite Patagoniens ist nur sehr vage dargestellt. Man kann aber schon die langen, in der Cordillere entspringenden und in den Atlantik mündenden Flüsse sowie ihre Verbindungen zu den Seen des Landes erkennen. Auf der Westseite Patagoniens finden wir den von Sarmiento durchschifften Archipel unter einer ziemlich genauen Breite angegeben mit der Inschrift „Insulae triginta a Pedro Sarmiento detectae". Nördlich der „Insula Madre de Dios" erscheinen die „Chonos", ein Indianername, der vielleicht von den Jesuiten in die Geographie eingeführt wurde. Das Kap Hoorn (C. de Hoorn) trägt den Zusatz „C. de Saluador", also „Cabo de San Salvador". Vermutlich haben die chilenischen Jesuiten diesen Punkt dem Erlöser selber widmen wollen, wie es Francis Drake seiner Königin gegenüber tat, als er Burnham Bank nach ihr benannte.

Die Insel Chiloé ist recht genau dargestellt. Nördlich der Insel liegt Puerto del Inglesi. In „History of the Discoveries in the South Sea" schreibt Admiral James Burney, daß in jener Gegend ein „englischer Hafen, den andere Chilova nennen", wäre. Weder Drake noch Cavendish noch Hawkins sind dort gelandet. Vermutlich sind von Expeditionen versprengte Engländer dort gewesen und haben dem oder den Spaniern vom Puerto Ingles erzählt.

Die wichtigsten der von patagonischen Reisenden so häufig erwähnten Tiere finden sich alle auf beiden Karten: der südamerikanische Löwe oder der Puma, Hirsche und Guanacos. Bei einer Gruppe Guanacos steht: „Vocatur guanaci et fasciunt belzuaros" (diese Tiere werden Guanaci genannt, und sie machen Belzoa-Steine). Das kleine, auch in ganz Patagonien so häufige Armadillo (Gürteltier) wird riesig dargestellt und heißt „quiriquincho", ebenso sind der patagonische Strauß und der Geier zu sehen. Dicht am Ufer der Magellanstraße sitzt auf einem Zweig ein Papagei, was bemerkenswert ist, weil man noch am Ende des 18. Jh. bezweifelte, daß dieser tropische Vogel so weit südlich vorkäme. Aber schon Sarmiento erwähnte ihn 1580.

Die meisten dargestellten Wilden sind noch zu Fuß. Einer erscheint jedoch zu Pferde, was zu beweisen scheint, daß zur Zeit Ovalles die Patagonier wenigstens schon damit begonnen hatten, sich die Nachkommen der spanischen Pferde, die gegen Mitte des 16. Jh. der Gründer von Buenos Aires, Pedro de Mendoza, zum La Plata gebracht hatte, anzueignen. Hunde, von denen auch einige auf unseren Karten dargestellt sind, besaßen die Patagonier schon vor der Ankunft der Europäer. Dem Feuerland werden ganz fabelhafte Menschen zugeordnet, die „geschwänzten Menschen" – einer davon ist dargestellt, dazu die Inschrift: „Caudati homines hic" (hier wohnen geschwänzte Menschen). An der Spitze des Kap Hoorn liegt ein „Sonnenanbeter" auf dem Boden („ex luto confecta vestimenta exicat ad solem" – die aus Schmutz und Feuchtigkeit zusammengesetzten Kleider trocknet er an der Sonne). Terra incognita wird auch hier nicht als Insel, sondern als Teil des südlichen Kontinents wiedergegeben.

Ohne Zweifel ist Ovalle der erste, der eine Geographie von Chile publizierte. Auf diesem Wege folgten ihm der größte Teil der Autoren über die Geschichte Chiles des 17. und 18. Jh. In der Tat beriefen sich viele spätere Kartographen auf Alonso de Ovalle, auch wenn sie selbst wesentliche Verbesserungen vornahmen. Die erste Karte, die sich offiziell auf Ovalle bezieht, ist die von Nicolás Sanson aus dem Jahre 1656, also zehn Jahre nach Veröffentlichung des geschichtlichen Werkes von Ovalle. Sie trägt den Titel „Le Chili, de celuy que Alf. de Ovalle P. de la C.d.J. a fait imprimer a Rome en 1646". Eine andere Karte von Sanson aus dem Jahre 1669 ist betitelt: „Le Chili Divisé en ses Treize Iurisdictions. Tiré du R.P. Alfo. de Ovalle de la C.de I. et de diverses Relations les plus recentes."

Die Sanson-Karte von 1656 beginnt im Norden mit dem Rio Salado und reicht im Süden bis zu 55° s. Br. Sie umfaßt auch die Provinz Cuyo, hier mit dem Namen Chucuito. Die Ortsnamen sind von Ovalle mit einigen Fehlern übernommen worden. Die Chile-Karten von Sanson erlebten verschiedene Auflagen, mit teilweise unterschiedlichen Inhalten an der Kartusche und wurden auch von anderen Kartographen wie Joann Jansson(ius) und Willem Janszoon Blaeu (1658 und 1662) übernommen. Einen gewaltigen kartographischen Fortschritt stellte Guillermo de l'Isle's „Carte du Paraguay, du Chili, du Detroit de Magellan etc." von 1703 dar, die noch den Zusatz enthält: „Dresée sur les descriptions des P.P. Alfonse d'Ovalle et Nicolas Techo...". Sie wurde später von Johannes Covens und Cornelis Mortier (1716) publiziert (vgl. Kartenanhang, Abb. 34, 39, 40).

Zum endgültig letzten Male erscheint nach 87 Jahren der Name Ovalles auf der l'Isle-Karte, herausgegeben 1733 in Nürnberg von Homann's Erben, entweder mit einer Nebenkarte von Santiago (nach „Plan de la Ville de Santiago" von Amedée Francois Frézier von 1716) oder von der „Freti Magellanici". Der Inhalt der l'Isle-Karte lebt jedoch weiterhin fort, so durch Nicolas Visscher d.J. (1740) (vgl. Kartenanhang, Abb. 65).

Als José Toribio Medina die späteren kartographischen Arbeiten von Manuel José de la Castra (1680) und Juan Corral Calvo de la Torre (1713) besprach, schrieb er, daß sie „die Grundlagen für spätere, bedeutende Arbeiten legten, die nach und nach die Karten ergänzten, die so viele Jahre zuvor Alonso de Ovalle in Rom hatte anfertigen lassen."

Es gibt heute in Chile kaum ein Werk über die Geschichte des Landes ohne die Abbildungen mindestens einer Karte von Ovalle, um ihm damit ein ewiges Denkmal für seine kartographische Pionierleistung zu setzen.

20. Die zweite englische Erkundungsperiode

Der englische König Charles II. und sein Bruder, der Herzog von York, der damals High Admiral war, entschlossen sich, den Vorstellungen Brouwers zu folgen und die Einheimischen Chiles zu einem Handelsverkehr mit dem nichtspanischen Europa anzuregen. Natürlich stand das eigene Interesse Englands mit der Möglichkeit neuer Entdeckungen im Vordergrund. Zu diesem Zwecke segelte der englische Seefahrer John Narborough (1640–1688) mit zwei Schiffen in Richtung Südsee. Mit einem Schiff durchfuhr er die Magellanstraße und entdeckte an der Küste Patagoniens einige Häfen, landete auf verschiedenen Inseln und verteilte großzügig englische Namen. Nur wenige Bezeichnungen sind geblieben, so z.B. Desolation Island (Isla Desolacíon) – auf seiner Karte: „The land of desolation all Craggy on which is perpetuall snow" – das er aber noch nicht als selbständige Insel annehmen konnte, sondern für einen Teil des Feuerlandes. Namenspatron für einen kleinen Hafeneinschnitt war Leutnant Nathaniel Pecket.

Die größte Insel des Feuerlandes wurde zu Ehren seines königlichen Gönners und Patrons „King Charles Southland" genannt. In der Mitte der Magellanstraße gab es „Cape Quod" oder „Quad". Die „Westminster-Insel" nannte er so, weil ihre wunderlich gestalteten und hohen Felsen ihn an die Westminster Hall in London erinnerten. Narborough's Karte der Magellanstraße bildete für alle späteren englischen Karten die Grundlage. Einer seiner Begleiter, John Wood, veröffentlichte über die Reise einen Bericht, ohne seinen Vorgesetzten Narborough zu nennen. So kam die falsche Nachricht auf, Wood hätte eine selbständige Fahrt unternommen. Narborough fand an den patagonischen Gestaden überall nur Menschen von normaler Körpergröße. Auf der 1694 veröffentlichten Karte in seinem Reisebericht heißt es: „Many Savage people were of common stature" und noch deutlicher auf seiner in der British Library aufbewahrten Patagonien Karte von 1670 „the natives are not taller than generally Englishmen are."

Wie im 16. Jh. nach der erfolgreichen Fahrt des Francis Drake, so wurden auch nach der Reise von Narborough die spanischen Machthaber erneut herausgefordert. Der Vizekönig von Peru, Baltasar de la Cueva, schickte 1675 eine Flotte unter Antonio de Vea von Callao aus zur Magellanstraße (vgl. Kartenanhang, Abb. 35).

Vea nahm an der patagonischen Westküste wieder in Besitz, was hundert Jahre zuvor schon Sarmiento getan hatte.

Das Ende des 17. Jh. war bestimmt von englischen Filibustern. Kapitän Bartholomaeus Sharp, der offentsichtlich, ohne von Brouwer's Umseglung von Staaten-Land zu wissen, im Jahre 1683 das gleiche tat, nannte es die Insel Albemarle Island, zu Ehren seines Gönners, des Herzogs Christopher von Albemarle. Der erste, der nach Brouwer und Sharp die Inselgestalt von Staaten-

Land und die Verbindung des Atlantiks und des Pazifiks erkannte, war Kapitän Ambrose Cowley. Noch mehr freie Wasserflächen im Süden und Osten der amerikanischen Südspitze erblickte ein anderer Filibuster, Edward Davis, im Jahre 1688.

An den meisten Umseglungen der Filibuster und ihrer Nachfolger nahm William Dampier (†1715) teil, die er auch am besten beschrieb, ohne daß es zu besonderen kartographischen Leistungen kam.

21. Der Beginn der wissenschaftlichen Expeditionen

Die beschränkten wissenschaftlichen und meereskundlichen Mittel und die mangelnden Möglichkeiten, andere Reiseberichte zu lesen, erklären die bisher dürftige Bilanz der Forschungsreisen.

Die Dinge begannen sich nach 1630 durch die Gründung von wissenschaftlichen Gesellschaften zu ändern. Es ist das Zeitalter, in dem in Paris und in Greenwich die ersten astronomischen Observatorien eingerichtet wurden.

Im Jahre 1660 gründeten einige an Physik, Geographie, Wind, Wetter und Meer interessierte Männer in London eine „Mondgesellschaft" zum Studium der Gestirne. Aus ihr wurde 1662 die „Royal Geographical Society", die sich zur Aufgabe machte, unsere Erde richtig zu erforschen. Die Gesellschaft führte namhafte Gelehrte zusammen, die die wissenschaftliche Basis der britischen Kartographen schufen. Zur topographischen Aufnahme und kartographischen Darstellung britischer Überseeterritorien leisteten ferner die Topographen der Handelsgesellschaften bedeutende Beiträge. Der französische König Ludwig XVI. und Charles I. von England unterstützten diese Unternehmungen. Doch diese wissenschaftlichen Anstrengungen trugen erst im 18. Jh. ihre Früchte. Obwohl sich eine breitere Öffentlichkeit für die Entdeckungsreisen zu interessieren begann, förderten die fast ununterbrochenen Kriege in Europa zwischen 1688 und 1713 nicht gerade die Ausrüstung neuer Entdeckungsfahrten. Unter dem Einfluß der Aufklärung wurde dann in der zweiten Hälfte des 18. Jh. begonnen, die Erde mit ihren verschiedenartigsten Erscheinungsformen des Lebens zu erforschen.

Zu Beginn des 18. Jh. werden gleich zwei Erfindungen zur Messung der Längengrade gemacht: die Längenmessung durch die Berechnung der Mondentfernung und die genaue Ortsbestimmung durch das Chronometer. Für die Seefahrt bedeutete das eine regelrechte Revolution, denn damit begann die exakte astronomische Navigation. Dank dieser Neuerungen konnte die Erforschung der Länder und Ozeane – vor allem die des Pazifiks – erst richtig beginnen. Besonders Frankreich und England, im 18. Jh. die dominierenden Mächte in Europa, konkurrierten im Ausrichten von Expeditionen untereinander. Neben wirtschaftlichen Interessen spielten nun auch wissenschaftliche, insbesondere völkerkundliche, eine Rolle. Das Gebiet des Pazifischen Ozeans, einer der am wenigsten bekannten Teile der Erde, trat dabei in den Vordergrund der großen Forschungsunternehmen. Es begann das „Zeitalter der Weltumseglungsfahrten", an denen Wissenschaftler verschiedener Disziplinen teilnahmen. Allerdings standen hinter diesen Fahrten entscheidend wirtschaftliche Zielsetzungen und ein scharfer Wettkampf zwischen Engländern und Franzosen, die zunächst die Hauptträger dieser Reisen waren. Allmählich löste sich der Südkontinent auf oder zog sich weit nach Süden in die

Nähe des Südpols zurück. Die Entdeckung des freien Meeres war für Handel und Schiffahrt bis zum Aufkommen der Dampfschiffahrt fast noch wichtiger als die Seestraßen von Feuerland.

Bis zur Mitte des 18. Jh. waren die Entdeckungsfahrten eine Angelegenheit der zivilen Seefahrt. Das hatte sich nun geändert. Vor allem in Frankreich erhielten die Offiziere der Kriegsmarine eine umfassende Ausbildung. Einige von ihnen wurden sogar bedeutende Astronomen oder Mathematiker. Auch hatte sich das Aufgabengebiet der Kapitäne gewandelt. Sie sollten nicht nur gute nautische Kenntnisse haben, sondern gleichzeitig auch Wissenschaftler sein, die nicht selten einer Akademie angehörten. Durch die Beteiligung der Regierungen an den Expeditionen werden die Entdeckungen nun organisiert, rationalisiert und klassifiziert.

Die Offiziere, die mit der Expedition betraut wurden, erhalten vor dem Beginn der Reise genaue Anweisungen über den geographischen Raum, in dem sie operieren und ihre Forschungen durchzuführen haben. Eine wichtige Aufgabe war das Beschaffen von Informationen. Die Seefahrer erhielten zu ihrer Begleitung jetzt an Bord auch eine Gruppe von Wissenschaftlern der verschiedensten Fachgebiete, wie Astronomen und Naturwissenschaftler.

Dem englischen Weltumsegler George Anson (1697–1762) waren keine Entdeckungen gelungen, aber seine Fahrt errregte großes Aufsehen. Den offiziellen Reisebericht mit verschiedenen Karten verfaßte der Kaplan des „Centurion", R. Walter mit dem literarischen Beistand Benjamin Robin's. Das Buch wurde zum Bestseller und erlebte bereits im ersten Jahr fünf, bis 1776 fünfzehn Auflagen und erschien in vielen Übersetzungen „A Voyage round the World in the years MDCCXI, I, II, III, IV", London 1748, mit 15 Karten und 20 Kupfertafeln (siehe Seite 113). Für Goethe verband sich mit Ansons „Reise um die Welt" „das Würdige der Wahrheit mit dem Phantasiereichen des Märchens, und indem wir diesen trefflichen Seemann mit den Gedanken begleiteten, wurden wir weit in alle Welt hinausgeführt". Die Reise des George Anson leitete nun eine neue Epoche ein, in der die Ergebnisse früherer Entdeckungsreisen allgemein zugänglich gemacht und durch neue wissenschaftliche Beobachtungen ergänzt wurden. Die Veröffentlichung von Reiseberichten wurde zur Regel. So gewinnen die verschiedenen Wissenschaften stets weitere Informationen, da sie sich auf die Ergebnisse der einzelnen Expeditionen stützen können. Die Kartographie, deren Informationen man um jeden Preis vor den anderen Nationen geheimhielt, ist nicht länger die heimliche Waffe im Konkurrenzkampf. Es ist das Verdienst der folgenden Jahrhunderte, mit einer genaueren Kartographie und besseren Instrumenten die weißen Flecke auf den Karten des pazifischen Raumes ausgefüllt zu haben.

Auch die wissenschaftlichen Akademien schalteten sich mit in die Vorbereitung der Reisen ein. Der Fortschritt der Erkenntnisse wird ebenfalls dadurch unterstützt, daß die Geheimhaltung der Ergebnisse gelockert wird und damit eine schnelle Veröffentlichung der Reiseberichte gewährleistet wurde.

22. Die französische Erkundungsperiode

Der Aufstieg der französischen Kartographie setzte mit dem 17. Jh. ein, als 1616 Heeresingenieure einen eigenen, offiziellen Status als Kartographen erhielten. Einer von ihnen, Nicolas Sanson d'Abbeville (1600–1667), erlangte überragendes Ansehen und wird überhaupt als Begründer der modernen französischen Kartenproduktion angesehen. Gemeinsam mit dem Pariser Verleger Pierre Mariette (1603–1657) veröffentlichte er zahlreiche Karten und ab 1652 Atlanten. Später waren auch Sansons Söhne Guillaume (1633–1703) und Adrien (†1718) an der Publikation beteiligt.

Nach den nicht mehr so erfolgreichen Holländern kamen erstmals offiziell französische Seefahrer zum südlichen Teil von Amerika. Mit der Herrschaft Ludwigs XIV. erreichte die französische Seemacht eine bisher nicht gekannte Größe, die bereits am St. Lorenz Strom und am Mississippi sehr erfolgreich war. Die erste größere Expedition nach Südamerika wurde 1695 von de Gennes geleitet. Mit sechs Schiffen verließ sie La Rochelle mit Kurs auf die Magellanstraße und geriet dort in so ungünstiges Wetter, daß keine Entdeckungen gemacht wurden. Auch die Namen Baie Francaise, Riviére de Gennes etc. gerieten mit dem Abzug der Flotte wieder in Vergessenheit. Im Jahre 1697 wurde in Frankreich eine „Südsee-Compagnie" gegründet, die Frankreichs Position in der Südsee ausbauen sollte. Im Dezember 1698 verließ Jacques de Beauchesne-Gouin unter der Schirmherrschaft von Ludwig XIV. mit vier Schiffen ebenfalls La Rochelle nach der Westküste Südamerikas. In der Magellanstraße belegte die Expedition mehrere Örtlichkeiten mit französischen Namen, von denen sich auch keiner gehalten hat (vgl. Kartenanhang, Abb. 57).

Nach einem fast einjährigen Aufenthalt an der Küste von Chile und Peru segelte Beauchesne im weiten Bogen um das Kap Hoorn in die Heimat, weil er den westlichen Eingang in die Magellanstraße nicht wieder finden konnte. Am 19. Januar 1701 entdeckte er die nach ihm benannten Inseln südlich der Falklandinseln. Seitdem 1701 ein französischer Prinz als König Philipp V. den spanischen Thron bestiegen hatte, wurden die Expeditionen der Franzosen intensiviert.

Der französische Franziskaner Louis Feuillée, „der nützlichste und arbeitsamste Astronom seiner Zeit", wurde im September 1707 zum Mathematiker des Königs ernannt und erhielt gleichzeitig die Erlaubnis zu einer Forschungsreise an der Westküste Südamerikas. Als Ergebnis brachte er eine verbesserte Karte der Westküste mit, deren Umrissen es noch an Schärfe fehlte, die aber in ihren mathematischen Grundzügen richtig war.

Der französische Seefahrer Marcand befehligte das kleine Versorgungsschiff „Sainte-Barbe", mit dem er Ende 1712 Saint Malo in Richtung Südsee in Begleitung zweier größerer Schiffe verließ. Deren Kapitäne empfahlen ihm, mit seinem langsameren Segler den Weg durch die Magellanstraße zu nehmen, während sie selbst um Kap Hoorn segelten. Marcand durchfuhr mit seiner Tartane „Sainte Barbe" aber nicht die ganze Meerenge, sondern gelangte im Mai 1713 durch einen südlichen Seitenkanal in den Pazifik. Er erhielt von seinem Entdecker den Namen seines Schiffes „Passage de S. Barbe". A.F. Frézier machte in seiner „Relation du Voyage de la Mer du Sud", Paris 1716, Marcands Reise bekannt und trug dessen Segelroute auf der Karte ein (H. Froidevaux: Le navire malouin la Sainte-Barbe et l'exploration du détroit de Magellan, 1713 in Geographie Tome 12. 1905) (vgl. Kartenanhang, Abb. 44).

Der französische Ingenieuroffizier schottischer Herkunft, Amédée Francois Friezier (1682–1773) schiffte sich Ende 1711 ein, um 1712/14 die Häfen und Fortifikationen der Spanier an der Westküste Südamerikas zu erkunden und auf-zunehmen. Seine Beobachtungen ergänzten mehrfach die Angaben seines Vor-gängers L. Feuillée. Beider Werke stellen die wichtigsten Quellen für die Kennt-nis der pazifischen Seite Südamerikas aus jener Zeit dar. Frézier's Karte hat ge-genüber der Feuilléeschen Karte von 1714 den Vorzug einer noch größeren Annä-herung an die wahren Verhältnisse. Es muß dabei berücksichtigt werden, daß sie erst aufgrund der bahnbrechenden astronomischen Arbeiten Feuillées gezeichnet werden konnte. Frézier's Karte von der Südspitze Südamerikas, die er seinem umständlich geschriebenen Werke „Relation du Voyage de la Mer du Sud aux les du Chíly et du Peru" (Paris 1712) beifügte, hatte lange Zeit in Frankreich einen hohen Rang. Sie wurde im Laufe der Zeit einigen Korrekturen unterzogen, insbe-sondere an der Südspitze des Feuerlandes. Einige neue Angaben über Marcands Unternehmen förderten Anfang unseres Jahrhunderts E.W. Dahlgrens Archiv-studien in Saint Servan zutage. Der Barbara-Kanal selbst wurde zusammen mit dem Magdalenen-Kanal im Jahre 1829 von Thomas Graves († 1856) vermessen, der der großen Forschungsexpedition von Philipp Panker King angehörte.

Die Amsterdamer Verleger, die noch in der zweiten Hälfte des 17. Jh. mit einem gewaltigen Vorsprung gegenüber ihren ausländischen Wettbewerbern be-gonnen hatten, wurden zu selbstzufrieden. Sie brachten keine Innovationen mehr zustande. Aus Mangel an Aktualität erklärt sich der Rückgang der niederländi-schen Kartographie. Das Feld wurde den Franzosen überlassen. In Amsterdam erschienen mit P. Mortier schon Ende des 17. Jh. auch Ausgaben französischer Karten, wie die von N. Sanson und später Arbeiten von G. de L'Isle und H.A. Jaillot. Auch Schenck brachte 1702 einen kleinen Atlas mit Sanson Karten auf den Markt. Jene Franzosen, die in den kolonialen Eroberungen sofortigen kommer-ziellen Gewinn suchten, taten sich allerdings nur wenig bei der Herstellung von Seekarten hervor. Minister Colbert war sich des Rückstandes der Seeleute bewußt und schuf 1661 die „Ecoles royales d'hydrographie". Im Jahre 1720 wurde das „Depot des cartes et planes de la Marine" gegründet. Dadurch war es möglich geworden, die Kartenaufnahmen und Logbücher zu zentralisieren sowie die bestehenden Karten auf den neuesten Stand zu bringen. Ein Jahr später trat Jacques-Nicolas Bellin (1703–1772) in den Dienst dieser Institution und war von 1741 bis zu seinem Tode Ingenieur-Hydrograph der Marine. In dem Jahrzehnt seines Amtsantrittes zeichnete sich ab, daß viele Platten des „Le Neptun francais" abgenutzt, beschädigt oder schlicht verlorengegangen waren. Im Jahre 1751 übernahm die Kriegsmarine die letzten Plattenbestände und gab eine neue offizielle Ausgabe des Kartenwerkes bei Bellin in Auftrag. Sein Name wurde zum Synonym für das französische Kartenschaffen im 18. Jahrhundert.

Als Stubengelehrter, der selbst nie gereist war und der das ihm von den Reisenden und Seefahrern übergebene Material zu verwerten hatte, trug Bellin eine gewaltige Menge an Informationen zusammen und bildete daraus eine gediegene Kompilation der geographischen Kenntnisse seiner Zeit. Nachdem auf dem Gebiet der Seekartographie seit dem Erscheinen des „Neptune francois" im Jahre 1693 sich nichts Entscheidendes tat, begann Bellin 1737 mit der Herausgabe neuer Karten. Bis 1762 veröffentlichte der Ingenieur-Hydrograph 59 Karten von allen Teilen der Erde, darunter auch dem südlichen Südamerika. Eine handliche Version, des „Petit atlas maritime" aus dem Jahre 1764 erschien auf Befehl des Marineministers Choiseul in fünf Bänden und enthielt insgesamt 575 Seekarten und Hafenpläne der ganzen Erde. (Vgl. Kartenanhang, Abb. 49, Abb. 52)

Die neue Ausgabe verfügte über aktualisierte Karten, von denen einige in der Erstauflage zweifarbig gedruckt wurden, schwarz für geographische Details, rot für das über die Karte gelegte Netz der Rumbenlinien. In späteren Ausgaben wurden die Rumbenlinien direkt in die Platte graviert und schwarz gedruckt. Der nach geographischen Gesichtspunkten geordnete Atlas wurde erst im Jahre 1800 von einer Neuausgabe des „Neptun francais" abgelöst, der die Gewässer der Welt in elf Bänden beschrieb. Bellin entwarf neben der „Hydrographie francoise" (alle Meere der Erde betreffend) die Karten für die vielbändige, von A.F. Prévost herausgegebene Sammlung „Histoire générale des Voyages" von 1764 an und für Louis-Antoine Bougainvilles „Voyage autour du monde" des Jahres 1771. Durch seine gesellschaftlich hohe Stellung kam Bougainville mit allen führenden Wissenschaftlern und Entdeckungspraktikern seiner Zeit in Frankreich zusammen. Diese Kontakte bestärkten ihn in der Überzeugung, daß es das bisher nicht entdeckte „Terra australis" nicht nur gäbe, sondern auch ohne Schwierigkeiten aufgefunden werden könnte (s. S. 73). Frankreich, das sein Kolonialreich in Nordamerika und Indien mehr oder weniger an England aufgrund des Ausganges des Siebenjährigen Krieges (1756–1763) verloren hatte, suchte nach einer Kompensation. Dafür bot sich nun auch für Frankreich die „Terra australis" an. Bougainville reichte zwischen 1761 und 1763 mehrere Denkschriften an den zuständigen Minister Etienne Francois Choiseul sein, die aus seiner Sicht alle Vorteile einer raschen Besetzung des Südkontinents aufzeigten. Die übereilten Aktivitäten Frankreichs zur Auffindung waren Anlaß für entsprechende Unternehmungen Englands, das dann mit den Expeditionen Bayrons, Wallis, Carterets und Cooks Frankreich in seinen Anstregungen überflügelte und letztlich die wissenschaftliche Unhaltbarkeit der These von der riesigen „Terra australis" erbrachte.

Die zunächst französische und ein Jahr später auch englische Besetzung des Maldiven Archipels bildete den Schlußpunkt unter ausführliche Debatten, die über die Vorteile der einen oder anderen Region als Stützpunkte in geographischen Kreisen und auf Regierungsebene in Frankreich und England geführt worden waren. (Siehe Kapitel XIII).

Mehr denn je strebte Bougainville nun danach, Entdecker der „Terra australis" zu werden. Begleitet wurde er auf seiner Weltreise von Charles-Othon de Nassau-Siegen (1745–1780), der u. a. die Küste Patagoniens und der Magellanstraße erforschte (sein Tagebuch erschien erst im Jahre 1977 in Paris im Druck). In der Magellanstraße begegnete Bougainville John Byron. Das zweite Mal erreichte der französische Weltumsegler im Januar 1768 nach 52tägiger Passage durch die Magellanstraße den Pazifik. Der nautisch-geographische Gewinn dieser ersten französischen Erdumseglung blieb weit unter dem, was man hätte erwarten können. Immerhin ging von ihr ein beträchtlicher Einfluß auf die nachfolgenden französischen Südsee-Expeditionen aus. Die Franzosen begannen in der Südsee mit den Entdeckungsfahrten, angeregt durch das Buch „Geschichte der Seefahrten zum Südland" von Charles de Brosse, in dem ganz ernsthaft eine großzügige Kolonisation im Süden des Pazifiks vorgeschlagen wurde.

Ihm folgte Jean-Francois Galaup de La Pérouse (1741–1788), der einer persönlichen Anweisung von Ludwig XVI. folgte. Er durchfuhr 1785 die Le Maire-Straße, doublierte Kap Hoorn und vergewisserte sich, daß das von Francis Drake beschriebene Land in der ihm zugewiesenen Breite nicht existiert. Am 9. Februar 1786 befand er sich vor der Westeinfahrt zur Magellanstraße. Ende des Monats erreichte er Concepción. Er spähte durch das Fernrohr nach dem Hintergrund der Bucht, wo nach dem Plan des A. M. Frézier aus den Jahren 1712/14 die Stadt liegen sollte. Sie war aber im Jahre 1751 vom Erdbeben zerstört und an anderer Stelle wieder aufgebaut worden.

Durch die Kartographie auf astronomischer Grundlage errang Frankreich seine wissenschaftliche Vormachtstellung. Wissenschaftler der „Académie des sciences" zogen aus, um in verschiedenen Teilen der Erde Meridianbögen zu messen. Spätestens seit Gottfried Leibniz begann man in der Kulturwelt wissenschaftliche Akademien zu gründen. So war es auch am französischen Hof in Mode gekommen, sich ein genaueres Bild der Erde zu machen. Geographie sollte sich an der Wirklichkeit auch wissenschaftlich orientieren. Forscher des eigenen Landes sollten andere Länder persönlich in Augenschein nehmen. Im dritten Teil seiner „Principa" (1686) hatte Isaac Newton aufgrund der Tatsache, daß die Fliehkraft der sich drehenden Erde am Äquator der Anziehung entgegenwirkt, auf die Abplattung der Erdkugel an den Polen geschlossen und diese berechnet. Zwei von der französischen Akademie der Wissenschaften ausgesandte Expeditionen in die Polar- und die Äquatorgegend sollten dem wissenschaftlichen Disput über Newtons Veröffentlichung ein Ende machen. Charles-Marie de la Condamine (1701 bis 1774) wurde als Leiter einer geodätischen Expedition in Begleitung von Antonio de Ulloa und Jorge Juan y Santacillia zur Messung eines Meridianabschnittes unter dem Äquator nach Peru und Ecuador geschickt.

Nach mehreren Jahrhunderten einer sehr langsamen Entwicklung gewinnt man ab 1750 innerhalb kurzer Zeit eine Vielzahl neuer Erkenntnisse. Die aufblühende europäische Wissenschaft konzentriert sich auf die Erforschung der Ozeane. In derselben Zeit festigt Europa seine Herrschaft über den Rest der Welt. Mittlerweile sind viele Voraussetzungen geschaffen, um die Forschungsreisen zu begünstigen. Seit 1750 besitzen die europäischen Staaten mehr finanzielle und technische Mittel als alle anderen Kontinente. Zudem wird die Bevölkerungsexplosion zum Auslöser für eine neue Phase der Expansion. Die europäischen Regierungen rüsten nun stetig neue Entdeckungsreisen aus, während sie bis dahin relativ wenig Interesse an den Seeunternehmungen gezeigt hatten.

Europäische Gelehrte sprachen jetzt vom „Großen Ozean", wenn sie das meinten, was Vasco de Balboa die „Südsee" nannte und Magellan den „Pazifik" oder den „Stillen Ozean". Der französische Geograph Philippe Buache (1700–1773) prägte 1752 für das ganze Gebiet zwischen dem asiatischen Festland und Amerika, das 32 % der Erdoberfläche ausmacht, den Begriff „Ozeanien", wozu die Fachwelt auch die Staatsgebiete von Indonesien und den Philippinen zählt.

Durch den Verlust der Franzosen an einem Teil ihrer nordamerikanischen Besitzungen, begründeten die Engländer ihr Übergewicht in Amerika und Europa. Französische Unternehmungen nach Südamerika waren nicht mehr so zahlreich. Sie wurden abgelöst von englischen und holländischen Expeditionen, die mit den Namen des englischen Kapitäns Shelvock und des holländischen Weltumseglers Jakob Roggeveen (1659–1729) verbunden waren. Der Engländer durchfuhr die Le Maire-Straße im Jahre 1719, der Holländer bewegte sich 1722 ebenfalls in diesen Gewässern auf seinem Wege zu Osterinseln, die er 1722 angeblich entdeckte, die jedoch möglicherweise schon 35 Jahre vorher (1687) von dem englischen Seeräuber Edward Davis gesichtet und für einen Teil des gesuchten Südlandes gehalten worden waren. Kartographisch fanden beide Reisen für unseren Themenbereich keinen Niederschlag.

Admiral George Anson passierte 1741 mit seinen acht Schiffen, von denen nur der „Centurion" im Jahre 1744 zurückkehrte, die Le Maire-Straße nach den Juan-Fernandes-Inseln. Eines der Schiffe, die „Wager", auf der sich John Byron befand, wurde bei der Umfahrung des Feuerlandes von dem Geschwader getrennt und scheiterte vor der Küste von Westpatagonien. Erst 1745 gelangte Byron nach Europa zurück, um dann ein Jahr später erneut mit einer von ihm geleiteten Expedition an der Magellanstraße aufzutauchen, wo er 1765 auf de Bougainville stieß.

Byron beschreibt die Patagonier noch einmal als Riesen, neben denen ein englischer Offizier von 1,90 m Größe sich ausnehme wie eine Mißgeburt.

Zur Auffindung des Südkontinents erreichten die „Swallow" mit dem englischen Weltumsegler Philip Carteret (1733–1796) und Samuel Wallis mit der „Dolphin" die Magellanstraße. Am Eingang der Magellanstraße wurde ein Aufenthalt von fast vier Monaten zur Aufnahme von neuen Vorräten eingelegt. Man nutzte die Zeit, um die Patagonier entsprechend der neuen Wissenschaftlichkeit zu messen. Dabei wurde endgültig festgestellt, daß sie durchaus nicht die legendären Riesen sind.

Nach seiner Plünderungsfahrt 1740/44 gegen Spanisch-Amerika war Anson für die Errichtung eines Stützpunktes auf den Falklandinseln eingetreten. Der Admiral war der Meinung, daß sie sowohl seestrategisch als auch kommerziell von größter Bedeutung wären. Die Durchführung dieses Planes, für die die englische Admiralität bereits 1749 Vorbereitungen traf, scheiterte zunächst am Widerstand Spaniens. Erst mit dem Ende des Siebenjährigen Krieges wurden bekanntlich Ansons Vorschläge wiederaufgenommen. Dann ergriff John Byron 1765 von den Inseln Besitz, ohne allerdings eine Niederlassung zu gründen. Dieses hatte ja Bougainville bereits vor Jahresfrist versucht (siehe Kapitel 13).

In Italien fanden die Glanzzeiten der Kartenherstellung mit dem Tod von Jacobo Gastaldi (1565) und Antoine Lafreri (1577) ihr Ende. Erst 1660 erschien in Rom der erste italienische Weltatlas von Giovanni Battista Nicolosi (1610 bis 1670). Der berühmteste italienische Barockkartograph war ohne Zweifel der venezianische Minoritenpater Vincenzo Coronelli (1650–1718), der als echtes Genie seiner Zeit in den verschiedensten Wissenschaftsdisziplinen beachtenswerte Leistungen vollbrachte. Einen alles überstrahlenden Namen schuf sich Coronelli als Globenbauer (vgl. Kartenanhang, Abb. 51 u. 54).

Der venetianische Typograph, Verleger und Buchhändler Antonio Zatta (tätig 1757–1799) konnte nach der seit Coronellis Tod herrschenden Krise in der italienischen Kartographie wieder überregionale Bedeutung als Kartenhersteller erlangen. Von den 161 Tafeln in Antonio Zattas Atlas beruhten besonders die außereuropäischen auf aktuellen Forschungsergebnissen. So ist der Pazifik schon entsprechend der auf den Weltreisen von Philip Carteret (1765), John Byron und Patrick Mouat (1765), Samuel Wallis (1767) sowie James Cook (1768–1771) gewonnenen Erkenntnisse geformt. Vom hypothetischen Südkontinent findet sich keine Spur mehr. Zattas „Atlante novissimo" (1785) enthält die Karte „Chili La Terra Magellanica (oll) Isola della Terra del Fueco" (vgl. Kartenanhang. Abb. 53).

23. Jesuitenkartographie

Im Jahre 1619 wurde die Mission „Buena Esperanza" gegründet. Sie hatte sich jedoch auch 60 Jahre später noch nicht wesentlich über ihren Einzugsbereich Rio Salado (in der Nähe von Cabo San Antonio) hinaus ausbreiten können. Gouverneur Hernando Arias de Saavedra drang im Jahre 1605 von Norden bis zum Rio Negro vor. Die beabsichtigte Besiedlung scheiterte an den kriegerischen Auseinandersetzungen mit den nomadisierenden Ureinwohnern. Erst die Réal Orden vom 24. März 1779 ließ eine zumindest punktuelle Besiedlung Patagoniens zu, so daß zunächst zwei Stützpunkte sowohl in der Bahia Sin Fondo und in der Bucht von San Julián innerhalb des Vizekönigreiches Rio de la Plata eingerichtet wurden. Als Folge des gescheiterten Versuches der Spanier, die Magellanstraße zu befestigen, wurden im genannten Vizekönigreich zwischen Pampas, Patagonien und Anden die Jesuitenmissionen gefördert.

Im Jahre 1940 wurde unter Papieren des Jesuitenordens eine Karte des Franziskaners Diego de Ocana aus dem Jahre 1600 gefunden, die uns einen allgemeinen Überblick über die Bevölkerung zwischen Coquimbo und dem Norden der Insel Chiloé gibt. Dieses in vier Teile gegliederte kartographische Werk wurde von Eugenio Pereira Salas aufgezeichnet und in „Anales de la Universidad de Chile" veröffentlicht.

Der Jesuit Rosales hat berechnet, daß in den ersten sieben Jahrzehnten des 17. Jh. allein in den südchilenischen Indianer Kriegen 42.000 spanische Soldaten gefallen waren. Eine ungewöhnlich hohe Zahl, weil diese Zahl die der gesamten Verluste der Spanier in Amerika, einschließlich der Kämpfe gegen die Paulistaner und gegen die Seeräuber bis zu den Freiheitskriegen im 19. Jh. übersteigt. Selbst wenn die genannte Zahl zu hoch gegriffen wäre, so läßt sie die Bedeutung Chiles für das spanische Kolonialreich deutlich erkennen. Die Aktivitäten der Engländer alarmierten wiederum die Spanier und veranlaßten sie zu einer Unternehmung nach Patagonien. Der Auftrag bestand darin, das Durchgangsland zur Südsee gegen die Engländer durch Festungen und Besiedlungen zu sichern. Mit der „San Antonio" wurde der Jesuitenpater Joseph de Quiroga „ein starker Mathematiker und Marine-Experte" 1745 von Buenos Aires auf die Reise geschickt. Alle Buchten und Häfen der Ostküste Patagoniens wurden auf dieser Reise in Augenschein genommen und teilweise kartiert. Dafür standen Quiroga zwei sprachkundige deutsche Jesuiten, Strobl und Kardiel, zur Verfügung. Die Ergebnisse wurden bald darauf in Madrid publiziert und in andere Sprachen übersetzt.

Im Archiv der Gesellschaft Jesu in Rom befinden sich zwei Alben mit Originalkarten und Reproduktionen von ihnen. Der überwiegende Teil der Stücke bezieht sich auf Lateinamerika. Verschiedene Karten wurden im Jahre 1925 im Garten des Vatikans aus Anlaß des Heiligen Jahres gezeigt. Darunter befindet sich auch eine Karte aus dem Jahr 1644, die die chilenische Küste von 41° bis 46° s. Br. mit der Bucht und Insel von Chiloé zeigt. Gezeigt wird der Kurs, den holländische Seefahrer 1643/44 nahmen.

Mindestens eine kolorierte Manuskriptkarte (1759) von der chilenischen Insel Chiloé, die von deutschen Jesuiten stammt, ist dem Autor bekannt. Sie wurde von Melchor Strasser und Miguel Mayer gezeichnet. Die Karte befindet sich in Madrid. Eine Manuskriptkarte von etwa 1765, die sich im Privatbesitz befindet, ist mit ihrem Karteninhalt und Positionsbeschreibung fast identisch. Unterschiedlich ist der übrige – sich auf der linken Seite befindliche – Text (vgl. Kartenanhang, Abb. 56).

Pater Joseph von Stöcklein sammelte in seinen letzten neun Lebensjahren in Graz zahlreiche Berichte und Karten der deutschsprachigen Jesuiten von 1728 bis 1761, um sie in Form der Zeitschrift „Der Neue Welt. Bott" in Augsburg und Graz zu veröffentlichen.

Benjamin Subercaseaux schreibt in seinem Buch „Chile – o una loca geografia": „Karten zur Erkenntnis der Erdlandschaft sind unentbehrlich. Dennoch hat bis jetzt ein Allgemeinwissen genügt – die geistige Karte, die alle gebildeten Menschen in sich haben, um dem Leser eine Vorstellung über die relative Lage der Städte, Flüsse und Berge zu vermitteln. Aber von nun an kommen wir damit nicht weiter. Selbst der begabteste Geograph könnte nur einen kleinen Ausschnitt dieses ungewöhnlichen Labyrinths im Kopf behalten. Vielleicht wird er sich an Chiloé mit allen kleinen Einzelheiten erinnern können, vielleicht kann er die Umrisse der Guaitecas-Inseln im Gedächtnis behalten, und wenn es ganz vorzüglich ist, wird er sich auch den Archipel von Los Chonos vorstellen können. Doch sowie man über die Halbinsel Taitao hinaus ist, gibt es keinen Menschen, der die geographischen Verzwicktheiten vom Golf de Penas, der Wellington Insel und der Unzahl von Wasserstraßen und Rinnsalen im Kopf behalten könnte."

Wichtig für die Kenntnisse über Patagonien war die Forschungstätigkeit des englischen Jesuitenmissionars, Thomas Falkner (1707–1784), mit dem die eigentliche Kenntnis von Patagonien und seinen Bewohnern begann. Um 1731 kam er über die Guinea-Küste nach Buenos Aires. Beeindruckt von der Gastfreundschaft und Güte, die ihm hier die Jesuiten erwiesen, beschloß er 1732, selbst dem Jesuitenorden beizutreten. 38 Jahre wirkte er missionarisch und zugleich auch als Arzt im La Plata Gebiet und in Patagonien. Nach der Vertreibung des Jesuitenordens aus Südamerika 1759 durch die Portugiesen und 1767 durch die Spanier, kehrte Falkner nach England zurück. Aufgrund seiner Aufzeichnungen verfaßte Will. Combe das Werk „A Description of Patagonia". Noch im Jahre 1838 wurde das Werk als die einzige bis dahin erschienene Beschreibung des Landes südlich von Buenos Aires bezeichnet. Eine deutsche Ausgabe verlegte Carl Wilhelm Ettinger, 1775 in Gotha mit einer „Neue Charte der Südlichen Theile von Südamerika" nach Thomas Kitchin (1718–1784), die wiederum auf

Vorlagen von Jean-Baptiste Bourguignon d'Anville (1697–1782) basiert. Das Hinterland der argentinischen Küste nördlich von Cabo Virgenes am Eingang der Magellanstraße wird als Wüste dargestellt mit dem entsprechenden Hinweis: „Begraebnisse der Tehuelhete. Die ganze Küste ist eine dyrre und unbewohnte Wÿsteney da die Indianer zuweilen Salz holen."

Falkner vermittelte auch die ersten weitläufigeren Nachrichten über den größten Fluß Patagoniens, den Rio Negro, in dem er einen schiffbaren, quer durch Patagonien gehenden Kanal sah und, weil er ungeschützt sei, von Fremden wie die Magellanstraße in die Südsee benutzt werden könnte. Dadurch veranlaßt, beauftragte die spanische Regierung D. Basil Villarino mit der Erforschung jenes Flusses und befahl die Gründung eigener Niederlassungen an der patagonischen Küste, darunter die am Rio Negro. Villarino befuhr den Fluß bis in die Nähe von Valdivia, wo er nicht weit vom See Nahuel Huapi auf die Ruinen ehemaliger Missionen der spanischen Jesuiten stieß. Unter dem Oberkommando von Kapitän Antonio Viedma wurde seit 1778 Patagonien weiter erforscht.

Der spanische Kapitän ging im Jahre 1782 vom St. Julians-Hafen aus westwärts bis zum Fuße der Anden, wo er den nach ihm benannten „Viedma See" entdeckte. Die nach den Unternehmungen von Villarino und Viedma unternommenen Absicherungen der Küste und Mündung des Rio Negros wurden größtenteils wieder verlassen. Die Aktivitäten Villarinos und Viedmas fanden ihren Niederschlag in dem bekannten Sammelwerk „Colección de obras y documentos relativos a la historia antiqua y moderno de las provincias del Rio de la Plata etc, Buenos Aires 1836 von P. de Angelis."

Der spanische König Karl III. ließ 1785 zwei Schiffe ausrüsten. Unter Führung des erfahrenen Kapitäns der Marine und Ingenieurs Antonio D. Cordoba sollten wissenschaftliche Untersuchungen an der Magellanstraße durchgeführt werden. Genaue Aufnahmen dieser Meeresstraße sollten eine Entscheidungshilfe dafür geben, ob der Schiffsweg durch sie oder die Fahrt um Kap Hoorn vorzuziehen sei. Während dreier Monate vermaß er auf der ersten Fahrt die Straße bis zum Santa Barbara-Kanal sowie Teile der Ostküste von Feuerland und der Nordküste der Staaten Insel. Von zahlreichen Häfen und Buchten wurden Spezialkarten angefertigt. Diese Reise hatte auch das Ergebnis, daß die Patagonier und Feuerländer eine positivere Beurteilung erfahren hatten. „Cordoba führte die vielfach als Cyklopen" oder als „Menschenfresser" oder als „Halbaffen" verschrieenen Völker zum ersten Mal, sozusagen, in den Kreis der übrigen Menschheit ein" (Kohl). Auf seiner zweiten Fahrt wurde die Untersuchung der Magellanstraße vom Kap Lunes (Kap Monday) bis zum Kap Pillar fortgesetzt. Diese Aufgaben wurden von Cordobas Offizieren D. Cosma de Churruca und D. Ciriaco de Cevallos durchgeführt. Im ganzen erbrachten Cordobas Expeditionen mit die vollständigsten Forschungsergebnisse, die bis zum 18. Jh. am südlichsten Ende der Welt erzielt wurden. Ihre Ergebnisse erschienen in seinem Werk „Relacion del ultimo viage al

Estrecho de Magellanes de la Fregata de S. M. Santa Maria de la Cabeza en los anos 1785 y 11786", Madrid 1788. Das Werk enthielt viele Karten. Das Original-Manuskript befindet sich im Museo Naval, Madrid. Die Entdecker und Forscher, die die Magellanstraße bis Bougainville passierten, hinterließen wohl viele Beschreibungen der Tiefen und Küsten. Aber mit einiger Sicherheit läßt sich sagen, daß die vollständigste von der Fregatte Santa Maria de la Cabesa unter dem Kommando von Antonio de Cordoba 1786 geliefert und von Parker King und Fitz Roy 1830 ergänzt wurde.

Von 1783 bis 1784 unternahm der Jesuitenpater Fransisco Menendez mehrere Missions- und Forschungsreisen durch die Patagonischen Anden zwischen 40° und 43° s. Br. Vom Golf von Reloncaví bzw. Ancud aus über die Wasserscheide hinweg bis zum atlantischen Einzugsbereich. Durch die Boca de Bodudahué stieg er ins Seengebiet des oberen Futaleufu hinauf, dessen Entdecker er damit wurde – einhundert Jahre, bevor dort die Forschung ihren Einzug hielt. Menendez' Reise blieb ohne Widerhall in der zeitgenössischen Erdkunde. Sein Bericht wurde von Dr. F. Fonck herausgegeben und trägt den Titel: „Viajes de Fray Francísco Menéndez a la Cordillera. Edición centenaria adornada de grabadis originales del autor, con una mapa. Por F. Fonck", Valparaiso, 1896. Dr. Fonck hatte versucht, durch eine mühsame Untersuchung über das Tagebuch des Francisco Menendez einiges Licht über die noch fehlende Mitte der Gebirgsknoten zu verbreiten. Wir wissen seitdem, daß der Puelo etwa 42° 30' s. Br. entspringt.

Im Jahre 1766 hatte Pater José Garcia auf Missionsfahrten mit 40 Mann Begleitung von seiner Station Cailin (bei der Insel Chiloé) die westpatagonische Küste bis zu 48° s. Br., also weit nach Süden, erforscht. Seit den Fahrten der spanischen Piloten Ant. de Vea und B. D. Gallardo war dieses nicht mehr geschehen. Garcias Beobachtungen brachten einen wesentlichen Kenntnisfortschritt. Über seine von Oktober 1766 bis Januar 1767 unternommenen Bootsfahrten liegt von ihm ein Bericht vor, der 1811 im Druck erschien und dem eine „Mapa construido por el P. Joseph Garcia de la Compañia de Jesus a 1768" beigefügt ist. Dr. H. Steffen bezeichnete sie in „Westpatagonien" Bd. II, Berlin 1919, als „das erste und bis lange hinaus das einzige Dokument, das die Küstengestalt auf der Strecke zwischen Palena und Aisen in großen Zügen richtig, wenn auch in äußerst unbeholfener und die wahren Maßstäbe verkennender Darstellung verzeichnet" (siehe Kapitel 31). Aus der Karte geht hervor, daß José Garcia die Kanäle Jacaf und Poyehuapí befahren und die von diesen eingeschlossene Insel Magdalena richtig erkannt hat. Ebenso verfolgte der spanische Jesuit den Aisen (Aysen-) Fjord, den Vea noch nicht erwähnte, bis zum Ende und hat ihn erstmals auf seiner Karte als einen tiefgreifenden Meeresarm dargestellt.

Die Expedition des José Garcia hatte auch eine hohe politische Bedeutung. War es nicht gelungen, unter den Araukanern Fuß zu fassen, sollte der Versuch nun weiter südlich erneuert werden, und jetzt schien sich ein neues Tätigkeitsgebiet aufzutun. Da erfolgte der Rückschlag. Er kam um so unvermuteter, als die gesellschaftliche Stellung des Jesuiten-Ordens in Chile ausgezeichnet war. Seine Schulen waren stark besucht, große Stiftungen und Zuwendungen aus allen Kreisen der Bevölkerung zeigten, wie sehr die Bevölkerung die Vorteile zu würdigen verstand, die die wirtschaftliche Betätigung des Ordens der bisher nur als Kriegsgebiet angesehenen Kolonie brachte. Auch der Präsident der Audiencia von Santiago, Guill y Gonzaga, gehörte zu ihren Freunden; man kann auch wohl sagen, daß fast alle bedeutenden Persönlichkeiten der Kolonie, die hohen Beamten wie die Offiziere des Heeres, die Großgrundbesitzer wie die Kinder der reichen Familien, durch die Schule der Jesuiten gegangen waren. Und gerade Guill y Gonzaga mußte die Vertreibung durchführen.

Am 7. August 1767 erhielt er vom Gouverneur in Buenos Aires ein geheimnisvolles, versiegeltes Schreiben, das dieser ihm im Auftrag des allmächtigen Ministers Aranda in Madrid zugestellt hatte. Es enthielt den klaren Befehl, alle Mitglieder der Gesellschaft Jesu verhaften und ihre Klöster und Häuser besetzen zu lassen. So fest saß die Disziplin des spanischen Staatsgedankens, daß Guill y Gonzaga, dessen Beichtvater und Vertrauter ein Jesuit war, nicht einen Augenblick schwankte, sondern sofort die notwendigen Maßnahmen ergriff, um den erhaltenen Befehl, so schmerzlich er ihm auch sein mochte, durchzuführen. Der Eindruck, den die Verhaftungen und Beschlagnahmen auf die Bevölkerung machten, war außerordentlich, die Straßen füllten sich mit der bestürzten Bevölkerung. Niemand wußte, was eigentlich los war. Nur die Jesuiten blieben ruhig. Sie nahmen den Schlag ohne Gegenwehr hin und wurden kurze Zeit danach in Valparaiso zur Fahrt nach Europa aufs Schiff gesetzt. Auch in der Indianermission des Ordens verlief alles ohne Zwischenfälle. Die Szenen, die sich nach dem Grenzvertrag des Jahrs 1750 abgespielt hatten, als die Indianer sich weigerten, dem ungerechten Vertrage Folge zu leisten und aus ihrer Heimat auszuwandern, wiederholten sich nicht. Vielleicht waren die Vorbereitungen des Ministers Aranda in ganz Amerika so sorgfältig durchgeführt, daß ein Widerstand nicht möglich war, vielleicht kam der Schlag auch für den sonst so gut informierten Orden zu unerwartet. Wahrscheinlich ist aber, daß der Orden bewußt auf Widerstand verzichtete, in der Hoffnung, später wieder in seine Rechte eingesetzt zu werden (vgl. Kartenanhang, Abb. 57).

24. Neue spanische Aktivitäten

Im Jahre 1789 wurde in Madrid das „Depósito Hidrográfico de Marina" gegründet, um die maritimen kartographischen Aktivitäten an den Küsten Amerikas und der Philippinen zentral zu lenken. 1793 fand unter Leitung von Alexander Malaspina und J. de Bustamente eine wissenschaftliche See-Expedition mit den Schiffen „Descubierta" und „Atrevida" zu den spanischen Überseebesitzungen statt (1789–94), um zuverlässiges Kartenmaterial über die amerikanischen Küsten vom Rio de la Plata über die Magellanstraße und die pazifische Seite des Kontinents bis Alaska zu erhalten.

Alle Karten dieser Expedition wurden vom „Deposito Hidrográfico de Marina" 1805 im „Atlas de las costas americanas" publiziert. Im Jahre 1775 zeichnete und stach Juan de la Cruz Cano y Olmedilla die „Mapa geográfico de la América Meridional", die lange Zeit die detailreichste Karte Südamerikas war. Sein Kollege Tomás Lopez de Vargas Machuca (1730–1802) veröffentlichte in Madrid 1758 seinen achtunddreißigblättrigen „Atlas geográphico de la América Septentrional y Meridional". Auf seine Empfehlung hin stach Willam Faden 1799 in London de la Cruz' Karte in sechs Blättern. Die monumentale Wandkarte nahm wenig Rücksicht auf vorhergehende Quellenkarten und stellt die beste Gesamtdarstellung des Halbkontinents im 18. Jh. im Maßstab 1: 425 000 dar. Sie diente im 19. Jh. als Grundlage für die Grenzziehung der neu entstandenen lateinamerikanischen Staaten.

Der Vertrieb der Karte wurde aus politischen Gründen nach dem ersten Druck für ein Vierteljahrhundert von der spanischen Regierung gestoppt. Alexander von Humboldt behauptete zusammen mit Thomas Jefferson, daß die Druckplatten zerstört worden seien. Das erschien auch glaubwürdig, weil die Spanier sich an der Grenzziehung der Kartographen, die angeblich die Portugiesen begünstigte, störten. Die Verträge von 1750 und 1777 zwischen Spanien und Portugal sollten die Grenze zwischen Brasilien einerseits und Spanisch-Amerika andererseits regeln. Im Jahre 1942 wurde jedoch von der Wiederentdeckung der Druckplatten berichtet (vgl. Kartenanhang, Abb. 58, 59 u. 60).

In der Kartenabteilung der berühmten Golda Meir Library in Milwaukee hängt fast unauffällig unter den überbordenden kartographischen Schätzen eine der seltenen Juan de la Cruz Wandkarten aus dem Besitz Alexander von Humboldts mit handschriftlichen Notizen und seiner Unterschrift. Sie wurde im Jahre 1859 von der American Geographical Society erworben, deren Bestände in Milwaukee verwahrt werden.

Es wird vermutet, daß Humboldt diese Karte auf seine Reise nach Südamerika mitgenommen hatte. Dafür spricht auch die Abnutzung der Karte gerade in dem Bereich, den er bereist hatte (siehe Kartenanhang, Abb. 61).

25. Der „negative" Entdecker – James Cook

Im Jahre 1768 konnte man immer noch an einen Südkontinent glauben, denn bis dahin war noch kein Schiff zum Südlichen Polarkreis (66° 30' s.Br.) vorgestoßen, und nur wenige hatten 30° s. Br. erreicht. Der Zweifel an dem Vorhandensein begann sich dennoch zu mehren, da bei keiner Fahrt eine zusammenhängende Landmasse festgestellt wurde. Deshalb wandte sich die „Royal Geographical Society" an Cook und übertrug ihm mit 40 Jahren als Erstem Leutnant das Kommando des Kohlenschiffes „Endeavour", um es auf eine Weltreise zu schicken. Cook hatte sich bei Vermessungsarbeiten im St. Lorenz Strom und 1767/69 bei Neufundland ausgezeichnet.

Cook verließ Plymouth am 26. August 1768 und fuhr mit dem englischen Gelehrten Joseph Banks und anderen Wissenschaftlern an Bord in Richtung Feuerland, das am 11. Januar 1769 gesichtet wurde. Zwei Tage später fuhr Cook durch die Le Maire Straße, für die er Segelanweisungen gab, die noch im 20. Jh. beachtet wurden. Einige Tage später warf er Anker in der Success Bai an der Ostspitze Feuerlands, von der er, wie von der Bai selbst, einen Plan zeichnete (A Chart of the SEast Part of Terra del Fuego etc.). Am 25. Januar kam Kap Hoorn in Sicht. Die Breite von Kap Hoorn hatte der Entdecker auf eine Minute genau getroffen, während er die Länge um etwas weniger als einen Grad zu groß angab. Wenn auch die Le Maire Straße um ca. einen Grad zu weit westlich angenommen wurde, waren seine Längenbestimmungen gegenüber der vorhergehenden eine Verbesserung. Auf seiner weiteren Fahrt, auf der er auch von den deutschen Naturforschern J. Reinhold und dessen Sohn Georg Forster begleitet wurde, doublierte Cook am 29. Dezember 1774 abermals Kap Hoorn und bestimmte diesmal seine Länge bis auf die Minute genau. Dunstiges Wetter machten es ihm unmöglich zu entscheiden, ob Kap Hoorn Teil einer kleinen Insel wäre, wie er es – in einigen Karten durchaus richtig – angegeben fand. Der Weg wurde fortgesetzt zur Success Bai. Am Neujahrstag des Jahres 1775 wurde an der Nordseite der Staaten Insel ein Hafen aufgefunden, dem Cook nach diesem Tag den Namen „New Year's Harbour" gab und kartierte (Charts – Views, Chart XL) (vgl. Kartenanhang, Abb. 62). Die gegenüberliegende Insel benannte Cook „New Year's Isles". Mit einer Umfahrung von Kap St. John (S. Juan) endeten Cooks Entdeckungen und Forschungen im feuerländischen Bereich, deren topographisches Ergebnis Chart XL verdeutlicht. Eine Fortsetzung der Entdeckung und Festlegung der stark zerschnittenen Insel, von der Cook nur einige Stellen an der Peripherie fixiert hatte, erfolgte später von Robertz Fitz Roy.

Nachdem auf der zweiten Reise 1772/74 zweimal der Südliche Polarkreis überschritten wurde und Cook bis zum Packeisrand der Antarktis gekommen war, mußte die „Terra australis" der alten Karten endgültig gestrichen werden. Cook vermutete schon richtig, daß sich jenseits des Packeises um den Südpol eine größere Landmasse befinden müsse. Mit seiner Fahrt und der von Fabian Gottlieb von Bellinghausen (1819–1821) endete die Suche nach dem Südkontinent. Dafür begann die Erforschung des Südpolargebietes. War man auch jahrhundertelang einem Truggebilde nachgejagt, so hatte die Suche nach ihnen doch große entdeckungsgeschichtliche Erfolge gebracht und der Umfahrung der amerikanischen Südspitze einen hohen Stellenwert eingeräumt.

Der Meister der „Negativ-Entdeckung" hat mit seinem Spürsinn das jahrhundertelange, geographische Puzzle-Spiel zu Ende gebracht. Der allerdings nur zögerliche Abschied vom Südlichen Kontinent wird deutlich aus „Stielers Handatlas". 1864 ist neben „Wilkes Land" wieder der Südliche Kontinent (mit Fragezeichen) verzeichnet, und so bleiben die Blätter bis 1877. Dabei hatte der arabische Geograph und Historiker Al Massudi schon fast ein Jahrtausend zuvor die Meinung vertreten, daß es keinen Südkontinent gäbe. Ironischerweise hatte Cook eine Seekarte seines Rivalen Alexander Dalrymple aus dem Jahre 1764 bei sich, die den Golf von St. Sebastian der Ortelius- und Mercator-Karte wieder ins Leben rief, um den vagen Bericht von Anthony de la Roche aus dem Jahr 1675 über die Entdeckung einer Insel in dieser Position Rechnung zu tragen. Bei dem Festland, von dem diese Insel getrennt war, handelt es sich in Wirklichkeit um South Georgia.

Mit dem Verlassen der Gewässer um Feuerland begann der letzte Abschnitt mit der Eisrandfahrt, deren Ziel die endgültige Klärung der Existenz eines Südkontinents war. Cook ging zunächst auf Südostkurs, um den legendären „Golfo di San Sebastiano", der sich u. a. unter diesem Namen auf Mercators Weltkarte von 1569 findet und der durch Cooks Widersacher Alexander Dalrymple eine Wiedergeburt erfahren hatte. Am südlichen Polarkreis (71° 10' s. Br.) traf er auf gewaltige Eisberge und Eisfelder, mußte aber feststellen, daß der sagenumwobene Südkontinent nicht vorhanden ist. Er vermutete jedoch bereits aufgrund verschiedener Anzeichen, daß sich jenseits der Eismauer ein größerer Landblock rund um den Südpol herumziehen müsse. Einen Teil davon glaubte er gesehen zu haben.

Mit den Anbruch der Neuzeit gab es literarische Zeugnisse nicht nur von der Arktis, sondern auch von der Antarktis, vor allem aus Reise- und Expeditionsberichten. Da sich die eisigen Gebiete am Rande der damals bekannten Welt modernen Entdeckungsobsessionen hartnäckig verschlossen hatten, wurde die lebensfeindliche Welt der Pole zur Chiffre des Fremden und Monströsen. Schriftsteller wie H. G. Wells, Jules Verne oder H. P. Lovecraft zeichneten dunkle, apokalyptische Bilder der ewigen Kälte, die von Edgar Poes berühmter Erzählung „The Narrative of Artur Gordon Pym" (1838) beeinflußt wurden. Seine visionären Schilderungen der Antarktis mündeten in dem mysteriösen Absturz des Abenteurers, der von einen gigantischen Wasserstrudel verschlungen wird. Cook war der erste, der nicht nur Hunderte von Inseln fand, sondern auch Tausende von

Meilen des Pazifischen Ozeans und seinen Küsten absegelte und sie auf Karten festhielt. Nach James Cooks Weltumseglungen waren Kartographen bemüht, nicht nur auf seine Fahrten hinzuweisen, sondern für ihre Karten die neuen Ergebnisse zu verwenden. Das Forschungsmaterial unterlag allerdings zunächst der Kontrolle der britischen Admiralität. Den Begleitpersonen war es untersagt, eigene Berichte herauszubringen. Doch bis zur offiziellen Veröffentlichung waren bereits eine Reihe von Publikationen zum Teil anonym erschienen. Ihre Autoren waren Offiziere, Matrosen und Mitarbeiter. J. R. Forster entzog sich der Auflage dadurch, daß sein Sohn Georg die entsprechende Veröffentlichung 1787 (in deutscher Sprache 1789) vornahm. Beide nahmen an der zweiten Reise teil.

Die Karte „Chart of the Discoveries, Made in the South Atlantik Ocean" stammt von der zweiten Reise. Es ist die Position für jeden Tag angegeben. Die Streckenzüge dazwischen sind nach Fahrtrichtung und Geschwindigkeit interpoliert. Süden ist auf der Karte oben. Das Reisetagebuch des Forster jr. enthält auch Anmerkungen zu der auf der Karte dargestellten Strecke. Auf der Rückfahrt machte Cook nach dem Passieren des Kap Hoorns noch einmal einen Vorstoß nach Süden. Er berührt Südgeorgien und entdeckt die noch südlicher liegende Sandwich-Insel. Über das Kap der Guten Hoffnung erfolgt dann die Heimreise.

Bei Forster findet sich folgende Eintragung: „...dieser Grund fand Beifall. Das Land war Südgeorgien benannt. Die zwei folgenden Tage segelten wir noch immer längs der Küste hin und entdeckten verschiedene Buchten und Vorgebirge, die in folgender Ordnung benannt wurden: Cumberland-Bay, Cap George, Royal-Bay, Cap Charlotte und Sandwich-Bay. Das Land blieb von einerlei Aussehen, die südwärts gelegenen Berge waren gewaltig hoch und die Gipfel in lange flammenartig gestaltete Felsspitzen geteilt."

Eine in zwei Hemisphären getrennte Darstellung der Erde reicht zurück bis an den Anfang des 16. Jh., als auf der großen Weltkarte von Martin Waldseemüller (1507) über der Hauptkarte oben die östliche und westliche Hemisphäre, jeweils in Kegelprojektion, erscheinen. Die älteste kreisförmige Hemisphärendarstellung geht auf Franciscus Monachus (1527) zurück. Was die Anordnung der beiden Hemisphären bei den Planiglobendarstellungen angeht, so waren bis gegen Ende des 18. Jh. fast ausschließlich die „Alte Welt" rechts und die „Neue Welt" links angeordnet. Erst als nun die Entdeckungen im Pazifik zeitweise in den Mittelpunkt des Interesses rückten, wurden beide Erdhälften ausgetauscht und standen damit wieder so, wie einst in der ersten Planiglobendarstellung des Franciscus Monachus zu Beginn des 16. Jahrhunderts. Auf diese Reise führte Cook den vom Londoner Uhrmacher Larcum Kendall kopierten Chronometer (K1) der vierten Version (H4) des Erfinders John Harrison mit. Der erstmals 1735 geglückte Bau seiner Uhr hatte die von der Preiskommission geforderte Genauigkeit erfüllt (vgl. Kartenanhang, Abb. 63).

26. Beginn der internationalen Robben- und Walfänge

Am Ende des 18. Jh. türmte sich ein Riesenberg geographischer Kenntnisse vor den Gelehrten auf, die sich zu systematischen und klassifizierenden kartographischen Arbeiten herausgefordert sahen. Geschichte trägt sich immer nur als beständige Veränderung zu. So hatte das 19. Jh. auch den Ozean als politische Größe verändert. Der Kampf um die Weltmeere wurde durch den Kampf auf den Weltmeeren ersetzt. Mit dem Jahr 1800 ist die Erdoberfläche zu 82,5 % entdeckt, die Periode der Entschleierung im Ausklingen begriffen, denn jetzt beginnt die eigentliche Zeit der wissenschaftlichen Forschungsreisen. Die geistig-kulturellen Sphären des scheidenden 18. Jh. führten zur Zuwendung zur Erdennatur und zur Erdkunde. Die vielfältigen Forschungsreisen in Asien, Nordeuropa und Südamerika sowie die Weltumseglungen von Bougainville, Cook mit den beiden Forsters und anderen erweiterten das Wissen über die Erde in einem beachtlichen Umfang. Die Reisebeschreibung rückte in den Rang literarischer Qualität. Mit ihren Darstellungen haben die Weltreisenden zweifellos jenes „Zurück zur Natur" stimuliert, das Philosophie und Ökonomie, Pädagogik und Kunst stark beeinflußte.

Die Zeit der französischen Revolution und danach unterbrach zunächst die wissenschaftlichen Unternehmungen auch in den Magellanischen Ländern. Anlaß zu internationalen Interessenkonflikten im Südatlantik boten die reichen Vorkommen an Robben und Walen. Im Jahre 1789 umrundete der erste Pottwalfänger das Kap Hoorn und erschloß damit der Industrie neue Fanggebiete im Pazifik. An dem Walfang beteiligten sich seit dem Ende des 18. Jh. englische, französische, belgische und nordamerikanische Walfangjäger. Auch von deutscher Seite wurden gegen Ende der Grönland-Fahrten Versuche unternommen, sich an der sogenannten Südseefischerei zu beteiligen. Die weiten Entfernungen verhinderten eine stetige wirtschaftliche Entwicklung. Diesen Nachteil suchten die Fangflotten anderer Länder durch die Einrichtung von Operationsbasen im Südatlantik auszugleichen. Sogar die Schiffsbesatzungen der Flotten wurden vielfach aus Einwohnern der Region rekrutiert, wie etwa in Chile aus den Chiloten, den Einwohnern Chiloés, sowie Alakalufmestizen aus Punta Arenas. Die Suche nach Operationsstützpunkten für die Fangflotten führte zur Entdeckung bzw. Besetzung der der Antarktis vorgelagerten Inseln sowie der Antarktischen Halbinsel (Graham Land) selbst. Nacheinander wurden die Süd Shetland Inseln (1819), die Süd Orkney Inseln (1821) und die Antarktische Halbinsel (1832) von England in Besitz genommen und als Stützpunkte ausgebaut. Nordamerikanische und russische Fangflotten suchten vorwiegend den Falkland-Archipel und die Süd Shetland Inseln auf, während die Franzosen außer den Shetland Inseln auch Feuerland und vor allem die Magellanstraße zu Versorgungszwecken anliefen. Später, etwa seit der dritten Dekade des 19. Jh., suchten auch Norweger, Holländer und Südafrikaner die Küsten Feuerlands, Patagoniens und der Falklandinseln heim, um Robben zu schlagen und Wale zu fangen.

Durch die zunehmende Konzentration europäischer Seefahrer sowie der Robben- und Walfangflotten in den Wasserarmen von Feuerland zu Beginn des 19. Jh. erfuhr die Legende von der Stadt der Cäsaren eine Renaissance. In Santiago und Buenos Aires befürchtete man, daß sich fremde Nationen heimlich einen Stützpunkt in Feuerland oder im südlichen Patagonien suchen könnten. Diese Furcht veränderte die Dimension der Legende. Nun hielt man die europäischen Eindringlinge für Cäsaren. Eine mögliche Siedlung durch sie wurde zur fiktiven Stadt der Cäsaren (siehe Seite 41). Der Umfang der Robben- und Walfänge im Südatlantik läßt sich schwer errechnen. Eine Untersuchung des Amerikaners Alexander Starbuck (History of the American Whale Fishery, Waltham 1878) kommt zu dem Schluß einer deutlichen Verlagerung der Fanggründe von Patagonien und den Falklandinseln nach Feuerland um die Mitte des 19. Jh. und einige Jahre später auf die Antarktis und die ihr vorgelagerten Inseln.

27. Parker King und Fitz Roy – der Beagle-Kanal

Die Engländer begannen als erste Anfang des 19. Jh. ihre Forschungsreisen in den Südatlantik, nachdem ihre Wal- und Robbenfänger sowie Missionare sich für diesen Bereich interessierten. Die britische Admiralität beschloß im Jahre 1825, eine Expedition zur Vermessung der südlichen Küsten Südamerikas auszurüsten. Das Unternehmen währte von 1826 bis 1836 und zerfiel in zwei aufeinanderfolgende Reisen, deren erste unter dem Oberbefehl von Phillip Parker King, deren zweite unter Fitz Roy stand. Ihre Aufgaben bestanden darin, eine genaue Aufnahme der Gestade vom südlichen Eingang des Rio de la Plata, beim Cabo San Antonio, über Feuerland bis zur Insel Chiloé vorzunehmen. Trotz zahlreicher früherer Reisen war die Kenntnis jener Gebiete, insbesondere des Insel- und Kanalgewirrs in Patagonien und Feuerland unzureichend, ja, teilweise gab es auf den Karten noch weiße Flecke. Als den besten nautischen Bericht bezeichnete King den des Córdoba.

Beiden Seefahrern, ihren Männern, ihren Offizieren und Wissenschaftlern gebührt die Anerkennung, bahnbrechend die Kenntnis der Südspitze Südamerikas gefördert zu haben. Die Karten der Expedition blieben teilweise maßgebend bis in die jüngste Zeit hinein. King wurden zwei Schiffe, die „Adventure" und die Brigg „Beagle" unterstellt. Er gelangte im Dezember 1826 in die Magellanstraße und warf im Januar 1827 Anker vor Port Famine, das 1587 von Cavendish entdeckt wurde. Die Brigg sandte King zur Untersuchung der westlichen Teile der Straße aus, Thomas Graves (†1856) schickte er mit einem verdeckten Boot nach Südosten zur Erforschung des hypothetischen St. Sebastian Kanals. King selbst vermaß die Küste im Bereich von Port Famine. Bei hoher Luftklarheit zeichnete sich am südlichen Horizont Sarmíentos „Volcan Nevado" ab, dem die Engländer den Namen „Mount Sarmíento" gaben und den King mit „Campaña de Roldan" des Magellan gleichsetzte.

Im Februar 1827 drang King über Graves' fernsten Punkt weiter nach Südosten vor und entdeckte hier jene schmale Meeresstraße, die er „Admiralty Sound" taufte. Ein Hügel am Ende des Sundes, der zunächst auf eine Durchfahrt nach der Nassau Bai hatte hoffen lassen, erhielt den Namen „Mount Hope". An der südlichen Seite der Admiralty Sound, auf die sich seine Beobachtungen beschränkten, benannte er drei kleinere Buchten: Brook Harbour, Ainsworth Harbour, Parry Harbour. Mit dem Schoner „Adelaide" nahm er weitere Forschungen über den hypothetischen St. Sebastian Kanal auf. Es zeigte sich, daß dieser Kanal, der nach B. G. de Nodal ganz Feuerland westöstlich durchschneiden sollte, nicht existiert. Sein angenommener Westausgang stellte sich als eine tiefe Einbuchtung heraus, die „Useters Bay" benannt wurde.

Im April 1829 trennte sich King beim Cabo Virgenes, am Osteingang der Magellanstraße. Über Chiloé erreichte King im Januar 1830 Valparaiso, um wenig später die Aufnahmen in der Magellanstraße zu vervollständigen. Im August 1830 traf King in Rio de Janeiro ein, um von dort nach England zurückzukehren. 1831 erschien in London: „Some Observations upon the Geography of the Southern Extremity of South America, Tierra de Fuego, and the Strait of Magalhaens..." und 1839 „Narrative of the Surveying Voyages of this Majesty's Ships Adventure and Beagle between the Years 1826 and 1836..."

Fitz Roy hatte von King den Auftrag erhalten, in die Magellanstraße zu fahren und einen Teil der Südküste und den Jerome Kanal zu vermessen und Th. Graves zur Aufnahme des Magdalenen- und des Barbara Kanals auszusenden. Von Port Gallant aus unternahm Fitz Roy selbst nach dem Jerome Kanal eine Bootsfahrt, die zur Entdeckung der beiden großen, durch den schmalen Fitz Roy Kanal verbundenen Becken des Otway Water und Skyring Water führte. Im April 1830 entdeckte Fitz Roy den langgestreckten Beagle-Kanal und durchfuhr im Juni auf seiner Rückreise die Le Maire Straße. In den drei Wochen, in denen die Engländer den Beagle-Kanal erkundet haben, wurden über hundert Land- und Seekarten gezeichnet.

Schon im folgenden Jahr betraute die britische Admiralität Fitz Roy mit der Fortsetzung der Vermessungsarbeiten an den Küsten Südamerikas, die südlich des Rio de la Plata beginnen sollte. Mitte Dezember 1832 wurde Feuerland beim Kap San Sebastian erreicht. Nach Durchfahren der Le Maire Straße wandte man sich den Buchten und Kanälen des südlichen Teils der Insel zu. Aus dem Beagle-Kanal gelangte die Expedition westwärts in den von Fitz Roy so getauften Darwin Sund. Eine besondere Anerkennung erwarb sich Fitz Roy durch die Befahrung und Aufnahme des Rio Santa Cruz, von dem nur 30 Meilen des Unterlaufes im Jahre 1827 durch Kapitän Pringle Stokes bekannt geworden waren. Fitz Roy trat am 18. April 1843 mit drei Booten und 25 Mann seine denkwürdige, ca. 370 km lange Fahrt auf dem reißenden Fluß an. Durch die Teilnahme des Schöpfers der Abstammungslehre, Charles Darwin, wurde das Unternehmen für die naturwissenschaftliche Kenntnis Patagoniens besonders erfolgreich. Man war bis in die Nähe des Quellsees, der von F. P. Moreno Lago Argentino genannt wurde, gelangt, ohne ihn zu sehen. Der mit dem Lago Argentino in Verbindung stehende Viedma See war schon 1782 aufgefunden worden. 1837 erschienen „Extracts from the Diary of an attempt to ascend the River Santa Cruz, in Patagonia, with the boats of his Majesty's sloop Beagle".

Der Historiker José Perich Slater hat in seinem Buch „Die Ausrottung der patagonischen Eingeborenen" darauf hingewiesen, daß Darwin nach seiner ersten Begegnung mit den Indianern dieser Breiten sie als „das miserabelste Volk der Erde" bezeichnet und damit leider einen „gesellschaftspolitischen Darwinismus" in Gang setzte, der den Mord an unterlegenen Rassen für eine zwangsläufige

Entwicklung der Evolution hielt. Für Darwin sahen die „Feuerländer Teufeln ähnlich, welche in Stücken, wie der Freischütz auf die Bühne kommen". James Cook hat die Sprache der Feuerländer mit den Lauten verglichen, die ein Mensch beim Reinigen seiner Kehle macht – aber, bemerkt dazu Darwin, sicher hat kein Europäer jemals seine Kehle mit soviel Gutturaten und glucksenden Geräuschen gereinigt. Darwin schildert an weiteren Stellen seines Tagebuches andere Gruppen der Eingeborenen noch weit abschreckender und als die elendsten Geschöpfe, die er jemals gesehen hätte. „Erblickt man solche Menschen, so Darwin, so kann man sich kaum vorstellen, daß sie unsere Mitgeschöpfe und Bewohner einer und derselben Welt sind."

Der englische Missionar Reverend Thomas Bridges wußte es besser. Er hat sein ganzes Leben den Yamanes gewidmet. Obwohl Darwin die Sprache der Yamanes als so arm hinstellte, daß sie nicht einmal die Bezeichnung „Sprache" verdiene, hat Bridges mit seinem dreißigtausend Worte enthaltenden Wörterbuch Yámana-English der Welt bewiesen, daß sich die Yamanes ehemals eines reicheren Wortschatzes bedienten als der große Gelehrte Darwin selbst. Auch Otto Nordenskjöld, der sich 1895 zu Forschungen auf Feuerland aufhielt, hat den dortigen Indios eine hohe Intelligenz bescheinigt.

Was Darwin damals vielleicht noch mit einer gewissen Naivität in seinem Tagebuch notierte, mußte später für ein unheilvolles rassen- und evolutionstheoretisches Alchimistengebräu bigotter Fanatiker herhalten. Ihnen dient der umstrittene Begriff Darwinismus als Rechtfertigungsmuster für die Ausrottung minderwertig erachteten Lebens.

Fast ein halbes Jahrhundert hatte die Entdeckungsgeschichte von Süd Patagonien keine Fortschritte zu verzeichnen gehabt. Erst jetzt wurde sie wieder in Bewegung gesetzt. Kings und Fitz Roys Forschungsarbeiten im Süden Südamerikas berichtigten nahezu alles, was bisher in nebel- und fabelhafter Weise sowohl über die Bewohner von Patagonien und dem Feuerland als auch dem Klima dieser Länder durch frühere Reisende verbreitet worden war. Fitz Roy begnügte sich nicht mit dem Zeichnen von Seekarten. Er nahm von der Insel Navarino vier Yamanes mit nach England. Die drei, die überlebten, wurden dann zwei Jahre christlich erzogen, um ihren wilden Landsleuten das Licht des Evangeliums und einige Errungenschaften der Zivilisation übermitteln zu können.

Erst durch die britischen Aufnahmen traten die Konturen Südamerikas zwischen dem La Plata und Kap Hoorn und von hier bis Peru mit hinreichender Schärfe heraus. Dennoch gab es auch Rückschritte, insbesondere in Westpatagonien, wo z. B. der große Calen Fjord unter 48° s. Br., den schon der spanische Jesuit José Garcia in den sechziger Jahren des 18. Jh. auf seiner „Mapa construido Port el P. Joseph Garcia de la Compania de Jesus a 1768" angedeutet hatte. Der hinter der Farquhar Insel liegende Fjordkomplex blieb den Briten verborgen. Wenn die britische Admiralität Fitz Roy Erlaubnis gegeben hätte, die

„Adventure" zu behalten, wären vermutlich alle Lücken in den Seekarten der Westküste Patagoniens geschlossen und eine zusammenhängende Vermessung entlang der Küste bis zum Äquator 1836/37 durchgeführt worden.

Von den verschiedenen Inlandexkursionen des Charles Darwin (1809–82) in Südamerika waren die in Patagonien und Feuerland am bedeutsamsten. Der große englische Forscher legte in seinen an Bord der „Beagle" verfaßten Tagebüchern die scharfsinnigsten und wertvollsten Beobachtungen nieder. Er schilderte Feuerland als ein Bergland, welches zum Teil in das Meer versunken sei, so daß tiefe Buchten die Stelle einnehmen, wo sich früher Täler ausdehnten. Die Bäume würden auf den Bergen bis zu einer Höhe von 300 bis 450 m über dem Meeresspiegel wachsen. Auf diese Zone folge dann ein Streifen Land mit kleinen niedrigen Alpenpflanzen und diesem wieder die Linie des ewigen Schnees, welche in der Magellanstraße bis zur Höhe von etwa 1.000 Meter herabsteigt. Parallel zu dem Granitkamm, der das Rückgrat von Feuerland zu sein schien, erklärte Kapitän Fitz Roy: „Meine Herren, hiermit taufe ich diese Wasserfläche „Darwin Sund" und sie soll unter diesem Namen in unserer Vermessungskarte verzeichnet werden."

Für den Abschnitt der westpatagonischen Küste zwischen 44° und 46° s. Br. bedienten sich King und Roy hauptsächlich der Darstellung des spanischen Offiziers José de Moraleda, der im Auftrage des Vizekönigs von Peru Gil Lemos in den Jahren 1786/88 und 1792/96 diesen Bereich vermaß. Sein Hauptaugenmerk galt der Entdeckung einer neuen Meerenge zwischen Pazifik und Atlantik unter 45° 28' s. Br. So fuhr er in den Estero de Aisen, nicht weit vom St. Georgs Golf entfernt, ein, um aber alsbald wieder umzukehren in der Annahme, daß der Fluß bald enden müsse. In die Kordillere ist er nur an einer Stelle eingedrungen, auf einem Abstecher nach dem Todos los Santos, von dessen Lage und Figur er eine erste ordentliche Karte zeichnete. (Carta esférica, que contiene la costa occidental patagonica comprendida entre 41 y 46 grados de latitud meridional inclusion del pequeno archpielago de Chiloe, parte del grande de los Chonos Reconsieda y leventada de Real orden y comision del Excelentisimo Señor Baglio Frey Don Frisco Gil y Lemos Virey del Perú, por el Alferez de Fregata, Primer Piloto de la Real Armada, Don José de Moraleda en los anos 1792–1796.) Moraledas Tagebuch wurde erst 1895 durch Francisco Vidal Gormaz in spanischen Archiven zutage gefördert und 1887 in „Anuario Hidrográfico de la Marina de Chile, Tomo XII, veröffentlicht.

Der französische Paläontologe und Südamerikaforscher Alcide Dessalines d' Orbigny bereiste 1826–1834 für das Museum für Naturwissenschaften zu Paris einige südamerikanische Länder, darunter auch Argentinien mit Patagonien. Der zunehmende Bürgerkrieg machte es ihm unmöglich, Chile und Peru auf dem Lande zu erreichen. So entschloß er sich, vorerst Patagonien – „cette terre mystérieuse" – zu bereisen. Es verlangte ihn, die berühmten Riesen zu sehen, die Pigafetta beschrieben hatte. Was man vorher von Inner-Patagonien wußte, beruhte auf dem Bericht von Th. Falkner. Seitdem war mehr als ein halbes Jahrhundert verstrichen. Orbigny's Aufzeichnungen machten mit dem, was wenig später Charles Darwin aus den südlicher gelegenen Bereichen erschloß, die Grundlage aus für die neue Kenntnis dieses weiten, kühlen, leeren Landes. Orbigny erreichte die Bahia San Blas und die Bahia de las Rosas, die noch auf keiner Karte eingetragen war. Der französische Wissenschaftler maß mehr als 600 Vertreter der Tehuelche, der Puelche und der Aucas (Araukaner) und ermittelte als Durchschnittsgröße 1,68 cm. Dies war nach Wallis die erste authentische Widerlegung der alten Mystifikation.

Der französische Marineoffizier und Südseeforscher Jules Sébastian César Dumont d' Urville durchfuhr die Magellanstraße im Jahre 1837. Er beschrieb sie in seinem Werk „Voyage au póle sud dans l'Océanie" 1841–1854. Dumont d'Urville und ein paar Jahre später Kapitän Martial lieferten den wissenschaftlichen Beitrag Frankreichs zur Erforschung dieses Gebietes. Ihre Namen, mit denen der großen französischen Gelehrten, sind in den Kanälen und Halbinseln des Beagle-Kanals verzeichnet.

Drei Jahre nach Ablauf der zweiten Expedition wurde der Reisebericht des Fitz Roy veröffentlicht. Zu diesem Zeitpunkt lag der Bericht über die erste Expedition noch nicht vor. Erst neun Jahre nach Abschluß der ersten Reise erhielt Fitz Roy die Genehmigung, die Ergebnisse auch dieser Expedition in einen Bericht mit einzubeziehen. Die unübersichtliche zeitliche Reihenfolge und die womöglich absichtliche Ignoranz gegenüber den Leistungen des Parker King verhinderten den genauen Nachvollzug der Forschungsreisen. Vermutlich war die Verschleierung sowohl der Ziele als auch der Ergebnisse so beabsichtigt. Zahlreiche Nachträge zur Vervollständigung der Forschungstätigkeiten von King und Fitz Roy haben später eine ganze Reihe von englischen Seefahrern geliefert. Ihre Beobachtungen erschienen teilweise in dem englischen „Nautical Magazine".

Im Jahre 1843 fiel, wie Benjamin Subercaseaux in seiner erfrischenden Ironie in „Una loca geografiá" schrieb, der chilenischen Regierung plötzlich ein, daß sich ihr Gebiet bis zum Kap Hoorn erstreckte." Die Vorsehung mußte hierbei „die Hand im Spiel gehabt haben", denn ein paar Tage nach der Ankunft des chilenischen Schoners Ancud unter Kapitän Juan Williams an der Stelle des späteren Fort Bulnes, traf ein französisches Kriegsschiff, die „Phaéton" ein, das den Auftrag hatte, von dem Gebiet im Namen Frankreichs Besitz zu ergreifen. Die Gebäude und Palisaden des Fort Bulnes, dicht beim „Hungerhafen", waren ganz aus Holz gebaut. Nur dem Umstand, daß dieses Fort im Jahre 1849 abbrannte, verdankt Punta Arenas seine Entstehung. Die „Sandige Landzunge" in der Mitte der Magellanstraße war der Platz, den man für die neue Siedlung für geeignet hielt.

28. Die Deutschen kommen

Mehr als dreihundert Jahre lang spielten die Deutschen bei der Erschließung der Neuen Welt – zumindest wirtschaftlich – nur die Rolle von Statisten. „Während die Deutschen sich mit der Auflösung philosophischer Probleme quälen, machen uns die Engländer mit ihrem großen praktischen Verstande aus und gewinnen die Welt", beschrieb Goethe sarkastisch die Situation. Als gespaltene und von Kriegen heimgesuchte Nation fehlten Deutschland alle Voraussetzung, um gleichberechtigt neben den großen Seemächten in angemessenem Umfang an der Entwicklung der Länder der Neuen Welt zu partizipieren. Ihre Kriegsflotten sicherten den Seemächten in bewaffneten Auseinandersetzungen die Durchsetzung ihres Monopolanspruches auf ausschließliche Nutzung ihrer Kolonialreiche. Deutschland besaß kein großes Kolonialreich. „Seine Schiffe pflügten weder den Atlantischen und Indischen Ozean" (Golo Mann). Kurz, es verzichtete darauf, an der „Europäisierung der Welt" teilzunehmen und seine Sprache auf fremde Gebiete zu verpflanzen.

Die Beteiligung der Deutschen war daher im Zeitalter der Entdeckungen sehr gering. Außer Martin Behaim ist uns niemand überliefert, der sich im eigentlichen Entdeckungszeitalter, aus Deutschland kommend, einen Namen als Reisender gemacht hätte. Die Randlage der deutschen Küstenstädte und das Fehlen einer Zentralmacht, in der sich das Interesse an Raubzügen auf den fernen Kontinenten hätte konzentrieren können, verhinderten eine Teilnahme der Deutschen an der Aufteilung der Welt unter die europäischen Mächte. So blieb der Geographie und Kartographie eine praktische Bedeutung versagt, auch wenn Mercator seine bahnbrechende Weltkarte in der neuen Projektion in Duisburg geschaffen hatte. Die Steuerleute segelten von den deutschen Küsten eben nur nach Skandinavien, zum Walfang ins Nordmeer, nach England und auch nach Spanien und Portugal. Ihre Hauptfahrtgebiete waren demnach Nord- und Ostsee, der Kanal und die atlantischen Küsten der iberischen Halbinsel. All diese Küsten und Segelrouten waren seit Jahrhunderten vertraut und in den alten Segelanweisungen der nördlichen Meere, den Seebüchern, ausführlich beschrieben.

In Deutschland benutzte man das ganze 17. Jh. hindurch die marktbeherrschenden Atlanten aus den Niederlanden. Man kann vermuten, daß die deutschen Seefahrer die vorhandenen niederländischen Navigationslehr- und Handbücher benutzten. Auf diese enge Verbindung mit dem Nachbarn deutete auch die Tatsache hin, daß die erste hochdeutsche Navigationsanleitung schon 1589 in Amsterdam erschien.

Gegen Ende des 17. und 18. Jh. entwickelte sich dann eine Landkartenherstellung in Süddeutschland, insbesondere in Nürnberg und Augsburg. Sie führte im 18. Jh. wohl zu einer Blütezeit der deutschen Verlagskartographie, aber nicht zu eigenen Innovationen bei der Kartierung in Übersee. Die Produktion war gekennzeichnet durch ihre Herkunft vom Kunst- und Kupferstichgewerbe und die in Deutschland fehlenden vermessungstechnischen Grundlagen. Die künstlerisch qualitätsvollen und dekorativen Karten beherrschten den mitteleuropäischen Markt. Die Offizin Homann in Nürnberg, die von Johann Baptist Homann gegründet (1717–77) und seit 1730 als Homännische Erben geführt wurde, prägte die Kartenproduktion und bemühte sich um den wissenschaftlichen Aufbau der Kartographie. Eine für unser Thema wichtige Karte erschien 1733 im „Atlas geographicus maior", „Typus Geographicus Chili Paraquay Freti Magellanici", die wir schon im Zusammenhang mit Alonso de Ovalle erwähnt haben (s. S. 104; vgl. Kartenanhang, Abb. 65). In Augsburg konzentrierte sich das Kartenwesen auf den nach Homanns Vorbild gegründeten Verlag von Matthäus Seutter (1678–1756/57) und seinem Nachfolger Tobias Conrad Lotter (1717–1777).

Gegen Ende des 18. Jh. kamen neue Standorte der kartographischen Produktion auf. Neben Leipzig, Dresden, Frankfurt entwickelten sich Weimar und Berlin zum kartographischen Mittelpunkt. Der große Durchbruch in der deutschen überseeischen Kartographie setzte erst im 19. Jh. ein. Er hatte mit der Südamerikareise von Alexander von Humboldt begonnen, die einen mächtigen Auftrieb für das Interesse an der Erforschung anderer Erdteile bedeutete. Der entscheidende Faktor muß aber in der Entstehung eines zentralistischen Staates auf deutschem Boden gesehen werden, die in der Reichsgründung im Jahre 1871 ihren Abschluß fand. Deutschland wurde zur imperialistischen Macht und wollte auch einen Teil der noch wenigen zu verteilenden Reste der Welt beanspruchen. Die Geographie war damit aus dem Reich der Gedanken von Kosmographen herausgeholt und praktisch verwertbar geworden. Im 19. Jh. übernahm Deutschland eine führende Rolle in der Entwicklung der thematischen und Atlas-Kartographie auf wissenschaftlichen Grundlagen.

Die Wissenschaft erlebte in Deutschland eine solche Blüte, daß Wissenschaftler der ganzen Welt davon Kenntnis nahmen. So wird auch die Beschäftigung mit Mittel- und Südamerika durch die Erdkunde in Deutschland entscheidend angeregt. Der Beitrag deutscher Wissenschaftler im 19. Jh. war von großer übernationaler Bedeutung. Carl Ritter, 1820 auf den ersten Lehrstuhl für Geographie berufen, vollzieht die Abkehr von der herkömmlich ausgerichteten Erdbeschreibung. Zusammen mit Ritter und dem Kartographen Heinrich Berghaus betrieb Alexander von Humboldt die Gründung der Berliner Gesellschaft für Erdkunde im Jahre 1828, die auch Forschungsreisen unterstützte. Berlin hat wie keine andere Stadt in Deutschland im Laufe des 19. Jh. umfangreiche Ressourcen für die Lateinamerikaforschung angesammelt. Die Entfaltung der auf Lateinamerika bezogenen Forschungen in Berlin spiegelt das Wissenschafts- und Geschichtsverständnis des Historizismus und Positivismus wider. Ein anderer Brennpunkt des geographischen Fortschrittes war die Residenzstadt Gotha mit dem 1785 gegründeten Justus Perthes Verlag. Dieser Verlag war mit der kartographischen Schaffensperiode des Adolf Stieler von 1816 bis zu seinem Tode eng verbunden. Im Vordergrund stand die Herausgabe des „Hand Atlas über alle Theile der Erde nach dem neuesten Zustande über das Weltgebäude nebst einem geographischen Texte". Dieser bekannteste und bedeutendste deutsche Handatlas des 19. Jh. erlangte Weltruhm. Für seine Bearbeitungen wurden hervorragende Kartographen und auf den Kartentisch spezialisierte freischaffende Kupferstecher gewonnen. Während bei den ersten Ausgaben das von Stieler programmatisch formulierte Anliegen und Ziel zeitbedingt noch nicht erreicht wurde, begann mit dem Eintritt von August Petermann (1822–78) nach dessen neunjährigem Englandaufenthalt in den Perthes Verlag ein grundlegender Wandel.

Mit der von A. Petermann 1855 begründeten Zeitschrift, „Mittheilungen aus Justus Perthe's Geographischer Anstalt", begann ein Publikationsorgan zu erscheinen, das vorrangig Originalberichte von Forschungsreisenden veröffentlichte. Mit diesen Beiträgen flossen dem Verlag außer zahlreichen Routenkarten ständig neueste gedruckte Originalkarten und in zunehmendem Umfang auch topographische Kartenwerke zu. Alle diese Quellen wurden umfassend für die Neubearbeitungen von Stieler Karten genutzt. Etwa von der sechsten Auflage an sind die Karten im Stieler Handatlas die mit Abstand zuverlässigsten und perfektesten Atlaskarten gewesen. Petermann verstand es, für seine Verlagstätigkeiten aufgeschlossene Mitarbeiter zu finden.

Heinrich Berghaus' Ansinnen, der kalten Strömung, die aus dem Süden kommt und die Wasser der Antartktis mit sich führt, den Namen Humboldts beizulegen, schlug Alexander von Humboldt (1769–1858) mit der Bemerkung aus, daß die Strömung dreihundert Jahre vor ihm allen Fischerjungen von Chile bis Payta bekannt gewesen sei und er nur das Verdienst habe, die Temperatur des strömenden Wassers zuerst gemessen zu haben. Unbekümmert um diese Vorstellung hat sich jedoch die Bezeichnung „Humboldt Strom" zumindest in der deutschen und neben „Peru-Strom" in der lateinamerikanischen Geographie Geltung verschafft. Der Polarstrom verläuft zunächst in der Richtung Südwest-Nordost. Das Gebiet in der Nähe der Insel Mocha weist eine Strömung auf, die die Schiffe auf die Küste zutreibt. Hinter der Insel Mocha, etwa hundertachtzig Seemeilen vom Land entfernt, biegt die Strömung nach Norden ab und verläuft längs des Festlandes. Gegenüber von Valparaiso erreicht der Meeresstrom eine Breite von etwa hundertzwanzig Meilen.

Der deutsche Naturforscher und Amerikareisende Eduard Pöppig (1798 bis 1868) gehört zu den ersten wissenschaftlichen Erforschern Südamerikas aus Deutschland. 1826 fuhr er von Baltimore über Brasilien und Kap Hoorn nach Valparaiso und forschte seit 1827 in den Kordilleren des mittleren und südlichen Chile. Auf seiner Seereise zum Kap Hoorn hat er angesichts der Küste Patagoniens vorausgesagt, „daß jenes Land noch einen neuen, wenn auch vielleicht wenig interessanten Schauplatz für zukünftige Forscher abgeben dürfte". Eine solche Aussage war im Jahre 1827 unschwer zu formulieren, denn zu dieser Zeit war Patagonien schlechterdings unerforscht. Nach einem Korrespondentenbericht der Allgemeinen Zeitung vom 19. Oktober 1855 (in Petermanns Mittheilungen Nr. 2 veröffentlicht), wurde die chilenische Bevölkerung zu dieser Zeit auf 1.419.456, davon in der Kolonie Magallanes 153, Einwohner geschätzt. Pöppig, der dieselben Zahlen für 1832 bestätigte, wies aber auf die vielfach widersprechenden Angaben und Schwierigkeiten einer Erhebung hin. Seine Erlebnisse und Forschungen beschrieb Pöppig in trefflichen Reiseschilderungen, die das Vorbild Humboldts deutlich erkennen lassen (Reise in Chile und Peru und auf dem Amazonenstrom, zwei Bde. mit Atlas, 1835–1830).

Die politischen Unruhen der ersten Hälfte des 19. Jh. in Deutschland, die in den mißlungenen Revolutionen von 1848 endeten, die Weigerung, sich mit der durch die Modernisierung verbundene Abschaffung oder Änderung ihrer Tradition abfinden zu müssen sowie Abenteuerlust waren Motive für eine deutsche Auswanderung nach Südamerika.

Nach der Unabhängigkeit von Spanien begannen auch südamerikanische Länder, sich um europäische und somit auch deutsche Einwanderer zu bemühen. Der Argentiner Juan B. Alberdi drückte diese Idee mit seinem Ausspruch „Regieren heißt bevölkern" wohl am treffendsten aus. Auch in Chile setzten sich nun zwei prominente Persönlichkeiten, Vincente Pérez Rosales und Benjamin Vicuna Mackenna, für die Kolonisation ihres Landes ein. Obgleich der eigentliche Anstoß für die Einwanderung von Deutschen kam, war Chile für die Besiedlung reif und entwickelte kurz vor Mitte des 19. Jh. eine liberale Einwanderungspolitik. Argentinien machte nach 1852 ebenfalls ernste Anstrengungen, einen Teil des europäischen Auswandererstromes nach dem Rio de la Plata Gebiet abzulenken. Daß Südchile viele Jahre hindurch fast ausschließlich von Deutschen besiedelt wurde, ist vor allem Bernardo Eunum Philippi (1811–1852) zuzuschreiben. Er war der Sohn einer angesehenen Familie aus Berlin. Schon in den Dreißigern erforschte er Südchile, als er im Auftrage der preußischen Regierung Exemplare der dortigen Flora und Fauna sammelte, während er zur gleichen Zeit der deutschen Handelsmarine diente. Nach seiner Rückkehr nach Deutschland im Jahre 1840, begann er ernstlich die deutsche Einwanderung nach Chile zu befürworten. 1841 kehrte er nach Chile zurück, um den Süden gründlich zu erkunden. Einheimische hatten ihm erzählt, daß ein großer See von bösen Geistern geplagt würde und daß deshalb die Gegend von Llanquihue unbewohnt sei. Er fand in der Tat, daß die Gegend, obgleich sie einmal besiedelt gewesen war, nun fast völlig aus nahezu undurchdringbaren Wäldern bestand. Er zeichnete zur gleichen Zeit eine detaillierte Karte dieser Region. Danach sandte er ein Memorandum mit einem Plan für die Kolonisation an die chilenische Regierung. Im Jahre 1843 nahm Bernardo Eunum Philippi an einer Expedition teil, die die Magellanstraße für

Chile gewann. Für seine Verdienste erhielt er die Statthalterschaft und hohe militärische Auszeichnungen.

Als das Expeditionsschiff „Ancud" keine Vorräte mehr hatte, riskierte er sein Leben, um solche in einem kleinen Boot herbeizuschaffen. Bei einer anderen Gelegenheit schloß er mit dem Kapitän eines englischen Walfischbootes Freundschaft, was ihm ermöglichte, sehr notwendige nautische Karten für die chilenische Expedition zu kopieren. Am 21. September 1843 hißte der Kapitän der Ancud die chilenische Flagge. Sein besonderer Freund, General Bulnes, ernannte Philippi zum Herrn im Magellangebiet mit dem Auftrage, dort eine Siedlung zu begründen, um dann zum Vater der deutschen Einwanderung zu werden. Ihm verdanken wir die Karte „Valdivia und Chiloé, in der Republik Chile", erschienen 1849 in Stuttgart. Der See Todos los Santos wurde nach der Karte von José Moraleda „Carto esforica..." gezeichnet (vgl. Kartenanhang, Abb. 70). Anders war es zu dieser Zeit noch in Ost-Patagonien, also auf der argentinischen Seite. Patagonien war bis zum berühmten „Zug in die Wüste", die der Kriegsminister General Julio A. Roca im Jahre 1879 unternahm, nahezu unbewohnt. Roca war der erste, wissenschaftlich interessierte General des argentinischen Heeres. Er hatte nicht nur Kriegsgeschichte studiert, sondern sich auch mit den geographischen Verhältnissen vertraut gemacht. Der „Wissenschaftlichen Kommission", die ihn auf der Expedition in den Süden begleitete, gehörten auch die deutschen Zoologen Carlos Berg und Eduardo Holmberg, die Botaniker Pablo Lorentz und Gustavo Niederlein und der Geologe Adolfo Doering an.

B.E. Philippi war der erste Forscher, der 1842 von Chiloé bzw. Melipulli, dem heutigen Puerto Montt, ausgehend, den Llanquihue See wiederentdeckte. An seiner Südseite entstand noch zu seinen Lebzeiten eine deutsche Musterkolonie. Dem heutigen Touristen wird es kaum verständlich sein, zu hören, daß der See zwar schon früh bekanntgeworden war, im 17. Jh. jedoch in Vergessenheit geriet. Der Grund lag bei den Araukanern, die sich wieder jener Gegend bemächtigten. Es hatten sich allerlei Fabeln um das Gewässer gerankt, das man sich von ungeheuerlicher Ausdehnung und von Ebbe und Flut bewegt vorstellte. Auf der östlichen Seite, von „beschneiten Alpen" überragt, fand der deutsche Forscher den Vulkan Osorno und am westlichen Ufer entdeckte er den Ausfluß des Maullino. Die Erkundung des Llanquihuer Gebietes setzte 1848 Fr. W. Döll, der spätere Begleiter seines Bruders Rudolph Amandus erfolgreich fort. Im folgenden Jahr befuhr der chilenische Fregattenkapitän B. Muñoz Gamero den malerischen See.

Nachdem sich B. E. Philippi Ende der vierziger Jahre des letzten Jahrhunderts um die deutsche Kolonisierung nördlich von Puerto Montt verdient gemacht hatte, wurde er 1851 als Gouverneur nach Patagonien geschickt, um Punta Arenas (Sandy Point) in der Nähe von Bulnes mit achtzehn Landsleuten wieder aufzubauen. Eine Revolte verbannter Soldaten und Gefangener hatte nicht viel von den wenigen Blockhütten übriggelassen. Doch zwei Jahre später wurde Philippi von

Tehuelche-Indianern erschlagen. Während noch im 16. Jh. die Indianer z. B. im gesamten südchilenischen Seengebiet Siedlungsplätze besaßen, so gilt heute als gesicherte Erkenntnis, daß das Gebiet um den Llanquihue See bei Ankunft der (vorwiegend deutschen) Kolonisten fast menschenleer war. Die Spanier lernten auf ihren Eroberungszügen fast den gesamten Süden, vermutlich auch alle Seen, kennen und fanden die Region von den Indianern besiedelt vor. Nach heftigen Auseinandersetzungen mit den kriegerischen Eingeborenen ging aber das Wissen dieser Gebiete wieder verloren. Die Karten dieser Zeit können uns dabei kaum helfen.

29. Musters – Bahnbrecher der Patagonienforschung

Bis in die Mitte des 19. Jh. war damit praktisch das ganze Gebiet südlich des Bio Bio der weißen Herrschaft entzogen. Die Spanier hatten es nicht vermocht, den Riegel des Bio Bio zu sprengen. An dem heldenhaften Widerstand der Araukaner war Heer auf Heer zerbrochen, angefangen mit der schrecklichen Niederlage des Pedro de Valdivia bei Tucapel. Die Städte, die mit vielen Mühen gegründet worden waren, wurden fast immer wieder während der Aufstände niedergebrannt. Nur Soldatenkolonien konnten sich halten. Auch die Versuche, umfassend von der Küste her das Land zu erschließen, schlugen immer wieder fehl. Dazu war die Landschaft von der des chilenischen Nordens zu sehr verschieden.

Ungefähr zur gleichen Zeit, da die Araukaner östlich der Kordillere von dem argentinischen General Roca vernichtend geschlagen wurden, brach ihr Widerstand nach dreieinhalb Jahrhunderten. Noch sollte fast ein halbes Jahrhundert vergehen, bis zu jener Reise des englischen Seeoffiziers, George Chaworth Musters (1841–1873), der zu einem Bahnbrecher der Patagonienforschung wurde. Erst als die Pampas Indianer Argentiniens vernichtet worden waren, gelang es Musters, dort einzudringen und Patagonien zum ersten Mal zu durchqueren. Er zog durch das Land 1869/70 von der Magellanstraße bis zum Rio Negro. Mit dieser Pioniertat brachte er erstmals gesicherte Erkenntnisse über ein Land nach Europa, dessen Name man zuweilen als Synonym für das „Ultima Thule", das „Ende der Welt" gebrauchte, weil er so gar keine Aussagen machte über das, was sich dahinter verbarg. Musters hatte die richtige Grundeinstellung, nämlich, daß Kenntnisse über Patagonien nicht gegen, sondern nur mit den Indianern und von ihnen zu haben waren. So ergaben seine Wanderungen zwar nicht jene Exaktheit der Standortbeobachtungen und metereologischen Registratur, an der Reiseberichte in dieser Zeit allzuhäufig allein bewertet wurden. Aber sie brachten dafür in enger Zusammenarbeit mit seinen patagonischen Gesprächspartnern sehr viel Wissen auf dem Gebiet der „human geography" sowie wertvolle Angaben zur Natur und Topographie. Musters begann seinen 2.000 km langen Weg in Punta Arenas, stieß zur Ostküste vor und folgte dieser bis zur Mündung des Santa Cruz und des Rio Chico. Letzteren ging er fast bis zur Quelle aufwärts, durchquerte die Ausläufer der Anden und gelangte in Begleitung von Tehuelche-Indianer bis östlich des Nahuel Huapi-Sees. Von dort aus ging er wieder nach Osten vor und durchquerte das nördliche Patagonien bis hin zum Unterlauf des Rio Negro.

Musters Bericht erhellte erstmals den Naturcharakter Patagoniens in seiner nord-südlichen Abfolge und vermittelte den ersten tiefen Einblick in das Leben der Tehuelche. Dagegen konnte der topographische Gewinn bei dem Mangel an Instrumenten und bei dem Argwohn seiner Umgebung gegen alles Notieren nur gering ausfallen. Seine Expeditionen wurden sehr bald durch Forschungsreisen nach Feuerland ergänzt, die bis zur Jahrhundertwende ein einigermaßen klares Bild von den geographischen Verhältnissen dieser Insel ergaben. Über die Lebensgewohnheiten der einheimischen Bevölkerung war allerdings kaum noch Ergänzendes zu dem Bild zu ermitteln, das die Durchquerer der Magellanstraße seit dem großen Entdeckungszeitalter ständig erweitert und in Einzelheiten auch korrigiert hatten – die Feuerländer waren nämlich inzwischen so gut wie ausgerottet. 1871 publizierte Musters in London „At Home with the Patagonians", ein Jahr später veröffentlichte das „Bulletin de la Soaeté de Geographie", Paris seine „Carte de la Patagonie" (vgl. Kartenanhang, Abb. 66).

30. Mit der Dampfschiffahrt beginnt ein neues Zeitalter – Punta Arenas als „Boomtown"

Den „Zeh der Erde" – Feuerland – könnte man das Land der Widersprüche nennen, wenigstens hinsichtlich seines Klimas. Die Temperaturen in der Magellanstraße sind nicht so extrem wie man gewöhnlich annimmt. Die durchschnittliche Jahrestemperatur fällt nie unter 7° C. Dagegen sind die Winde allerdings heftig und lästig, aber sie blasen meist im Sommer. Daher ein zweiter Widerspruch: ein angenehmer Winter auf einem hohen südlichen Breitengrad. Punta Arenas hat eine der niedrigsten Sterberaten von allen Städten Chiles. Trotz der Kälte des Windes und der Feuchtigkeit erfreut sich die Bevölkerung einer beneidenswerten Gesundheit. Wie auf Island herrscht in Punta Arenas im Winter ständig Dunkelheit, im Sommer wird es nie Nacht.

Als mit der Erfindung der Dampfmaschine die Schiffe von Windrichtung und Meeresströmungen unabhängig wurden, begann auch für die Magellanstraße ein neues Zeitalter. Eines der ersten Dampfschiffe, welches 1851 die berühmt-berüchtigte Meeresstraße durchquerte, war die englische Steamsloop „Virago" unter dem Kommando des Kapitäns Housten-Stewart. Nun war die Umsegelung von Kap Hoorn aus wetterbedingten Gründen nicht mehr notwendig. In der Zeit von 1853 bis 1860 wurden von Hamburg die ersten regelmäßigen Segelpacket-fahrtlinien der Firmen J. C. Godeffroy & Sohn sowie D. F. Weber nach Valparaiso und Valdivia betrieben, während von Le Havre die staatlich subventionierte „Compagnie Maritime du Pacifique" ab 1855 einen regelmäßigen Dienst nach Chile eröffnete und zeitweise bis zu 90 Segelschiffsreisen pro Jahr durchgeführt haben soll. Die ersten Schiffe, die mit England einen regelmäßigen Liniendienst durchführten, waren 1868 die Dampfer „Chile" und „Peru" der englischen Pacific Steam Naviation.

Zahlreiche hanseatische Kaufmannshäuser gründeten Niederlassungen in Valparaiso. Literarisch porträtiert wurde der Typ des deutschen Kaufmanns in Thomas Manns „Buddenbrooks", deren mißratener Sohn Christian im Sommer 1851 nach Valparaiso gereist war und später zu Hause mit „besonderer Vorliebe von seinem Kontor in Valparaiso und von den unmäßigen Temperaturen dort" erzählte.

Im März 1869 wurde von Godeffroy ein erster Dampfer „Bio-Bio" von Hamburg nach Valparaiso expediert, der jedoch schon nach der ersten Reise in Chile verkauft wurde. Am 28. November 1872 kam es zur Gründung der „Deutschen Dampfschiffahrts-Gesellschaft Kosmos". Dem Aufsichtsrat gehörten namhafte Hamburger Außenhandelskaufleute an. Noch vor Gründung des Kosmos waren von dem Konsortium drei Dampfer von 1.300–1.500 tons Tragfähigkeit bei britischen Werften geordert worden, so daß der Dienst bereits am 5. Oktober 1872 mit dem Dampfer „Karnak" eröffnet werden konnte.

Mit insgesamt sechs Schiffen, die im Laufe eines Jahres zur Ablieferung gelangten, wurde ein monatlicher Liniendienst von Hamburg und Le Havre, später Antwerpen, über Montevideo und Buenos Aires durch die Magellanstraße nach Valparaiso, Arica und Callao eingerichtet. Die zehn Knoten laufenden Schiffe mit den altägyptischen Namen Denderah, Ibis, Karnak, Luxor, Memphis, Ramses und Sakkarah machten im Durchschnitt zwei Rundreisen pro Jahr. Es waren zu Anfang reine Frachtdampfer mit Kajüteneinrichtungen für eine kleine Zahl von Passagieren. Schiffsverluste blieben jedoch auch ihr nicht erspart. So strandete die „Ramses" im März 1892 27 sm vor Punta Arenas. Hauptkonkurrent war die Liverpooler Pacific Steam Navigation Compagny (PSNC), die seit 1840 einen von Chile und Großbritannien stark subventionierten Küstendienst zwischen Valparaiso und Panama unterhielt, um dann im Sommer 1868 den direkten Europa Dienst nach Valparaiso zu eröffnen. Bereits zwei Jahre später konnte der monatliche Dienst auf 14tägige Abfahrten verdichtet werden. Der Kosmos hatte ab 1875 Punta Arenas in den Fahrplan einbezogen und in den folgenden Jahren eine Reihe weiterer Häfen entlang der Westküste, so daß 1878 bis zu einundzwanzig Häfen auf einer Rundreise bedient wurden. Dennoch erwies sich dieser Liniendienst aufgrund der großen Distanzen als ein äußerst mühsames und dornenreiches Unternehmen.

1879 brach zwischen Chile und Peru der sogenannte „Salpeterkrieg" aus, der alsbald zu einer völligen Zerrüttung des peruanischen Außenhandels führte, so daß die Schiffe des Kosmos jahrelang diese Häfen nicht anlaufen konnten. In dem Bemühen der Geschäftsleitung, sich alternative Einahmequellen zu verschaffen, wurde 1880 mit der britischen Regierung ein Vertrag über die regelmäßige Bedienung von Port Stanley auf den Falklandinseln gegen eine entsprechende Postsubvention geschlossen und dadurch die erste Dampferverbindung mit den Falklandinseln überhaupt hergestellt. Zusätzlich wurde vom Kosmos in den Jahren 1882/84 ein kleinerer Küstendampfer in Port Stanley für den Verteilungsverkehr innerhalb der Inselgruppe stationiert.

Mit der Gründung der Hamburg-Pacific-Dampfschiffslinie am 13. April 1886 tauchte eine neue Konkurrenz auf. Der als Kirsten Linie, genannt nach dem Gründer Adolph Kisten, bekannte Dienst führte bereits 1887 vierzehn Rundreisen durch. In der Magellanstraße verlor diese Linie 1890 die „Vigtia" und 1892 die „Artesia". Ein zwölfjähriger Ausscheidungskampf zwischen Kosmos und Kirsten führte zum härtesten Konkurrenzkampf in der bisherigen Geschichte der deutschen Linienschiffahrt. Im Oktober 1891 hatte die Reederei Lamport & Holt, Liverpool, eine weitere Konkurrenz zur Westküste eröffnet. Im Jahre 1901 stellte die Hamburg-Amerika-Linie drei Schiffe in den Dienst, die nun zusammen mit achtundzwanzig Schiffen der Kosmos in einem Pool operierten. 1878 begann die Hamburger Reederei Laeisz mit der Salpeterfahrt nach Chile. Bei der Fahrt um das Kap Hoorn stellten die Laeisz-Segler zahlreiche Rekorde auf. Größtes Schiff in der Flotte war seit 1895 die Fünfmastbark „Potosi", die bis zu 5.000 t tragen konnte und mit 16 Knoten schneller war als mancher Frachter heute. Zum Höhepunkt wurde das einzige Fünfmastvollschiff der Geschichte, die „Preußen". 8.000 t Fracht konnten gestaut werden. 1903 meisterte sie die Distanz Lizard (England)-Iquique (Nordchile) in 58 Tagen. 1914 gehörten der größten privaten Reederei Hamburgs 18 Windjammer (P-Liner). Heute noch segelnder P-Liner ist die russische „Krusenstern", die ehemalige „Padua".

Ein Blick ins Nautical Magazine gibt Auskunft über die sich ständig vermehrenden Forschertätigkeiten der Engländer. Eine ihrer wichtigsten und umfassendsten Vermessungen der westlichen Seite der Magellanstraße wurden von Kapitän Richard Charles Mayne (1835–1892) von 1866 bis 1869 durchgeführt. In Petermanns Mittheilungen aus dem Jahre 1869 berichtete Kapitän Mayne von nicht weniger als achtunddreißig Dampfschiffen, die zwei Jahre vorher die Magellanstraße passierten.

Was der Schiffsausrüster José Nogueira, der „Pionier aller Pioniere" als Spur seiner Streifzüge hinterließ, kam einer Einladung an alle gleich, die unberührteste Region des Kontinents auszubeuten, bevor es „zu spät" war. Nogueira, der seine Firma „Explorationsgesellschaft" nannte und Seemann, Jäger, Händler, Reeder, Bergwerksbetreiber und Estanziero war, begründete seinen Reichtum mit dem Robbenfang. In wenigen Jahren hatten seine Männer die Tierbestände so dezimiert, daß Chile bereits 1893 Schutzzonen erlassen mußte. Wahrscheinlich wäre dieser „Pionier" längst vergessen, hätten nicht zwei Heiraten dafür gesorgt, daß der ganze untere Zipfel Südamerikas unter die Kontrolle eines einzigen Familienclans kam. Der Friedhof von Punta Arenas ist wie ein Geschichtsalmanach der Kolonisation der Magellanstraße. Die Inschriften tragen Namen aus aller Herren Länder. An der Größe und Lage der Grabstätten ist zu erkennen, wer es wie weit gebracht hat. José Menéndez' Gebeine ruhen im wohl prächtigsten, wenn auch nicht schönsten Mausoleum. Das ist jenes von Sara Braun, die als Kind mit ihren Eltern und ihrem Bruder Moritz 1874 von Litauen kommend, in Punta Arenas angekommen war. Die beiden Geschwister Braun und ihr Vater Elias gehörten neben dem aus Asturien stammenden Kaufmann José Menéndez und dem portugiesischen Wal- und Robbenfänger José Nogueíra zu den bedeutendsten Unternehmern dieser Region.

Es gab noch einen anderen „Pionier", Julius Popper. Die Fragen nach ihm werden in Punta Arenas meistens mit Achselzucken beantwortet. Popper wurde 1857 in Bukarest als Sohn des Direktors der jüdischen Schule und Zeitung geboren. Mit 17 Jahren verließ Julius das Elternhaus, um in Paris Ingenieurwissenschaften zu studieren. Dann bereiste er zahlreiche asiatische Länder und 1884

Lateinamerika, wo er ein Jahr später von Goldfunden an der patagonischen Küste hörte. So wird der junge Ingenieur von seinen Freunden in Buenos Aires, die er vor allem unter den Freimaurern gefunden hatte, als Vertreter einer Goldschürffirma nach Kap Virgenes (Santa Cruz) geschickt. Popper zieht aber bald nach Feuerland in die Bahía San Sebastián weiter, wo er seine größte Schürfstätte El Páramo errichtete. Julius Popper war als einziger finanziell und politisch in der Lage, die Goldausbeute erfolgreich durchzuführen. Die Herausgabe eigener Goldmünzen mit dem Namen Poppers und seiner 1886 gegründeten Gesellschaft „Compañia Anónima Lavadero de Oro de Sud" und der Druck eigener Briefmarken mit seinem Bildnis riefen die Befürchtungen hervor, Popper beabsichtige, sich zum Diktator von Feuerland zu machen. In unzähligen Artikeln und Lesungen im „Instituto Geográfico Argentino" wies er auf die Bodenschätze hin und veröffentlichte umfangreiches Kartenmaterial, das er auf seinen Erkundungsreisen erstellt hatte.

Mit Unterstützung des Gouverneurs Diego Dublé Almeidas konnte der englische Einwanderer Henry Reynard 1877 dreihundert Schafe von den Falklandinseln nach Magallanes bringen. Das Experiment gelang, und bereits 1878 konnte mit der Zucht und Verbreitung der Schafe begonnen werden. In Magallanes standen sich ebenso wie in Feuerland zwei Bevölkerungsgruppen gegenüber, die sich in Abhängigkeit vom Wirtschaftsfaktor Schafzucht entwickeln sollten: Die Autochthonen Feuerlands und die europäischen Einwanderer. Mit der Gründung von Punta Arenas im Jahre 1853 hatte Chile die Voraussetzung für die Entwicklung des späteren Zentrums der gesamten Region geschaffen. Parallel zur stetigen Besiedlung der Magellanstraße und dem Inland von Patagonien im Zuge der forcierten Schafzucht, dem Abbau von Bodenschätzen, wie Gold und Steinkohle sowie dem Aufbau von Sägemühlen, entstand ein Bedarf an Verkehrsverbindungen zwischen den neuen Siedlungen und der Stadt Punta Arenas, die zur konkurrenzlosen Metropole in der Region wurde. Die argentinische Regierung hatte dem nichts entgegenzusetzen. Die Ausrichtung auf Punta Arenas fand sogar in der Handelswährung ihren Niederschlag, die selbst im argentinischen Ushuaia chilenisch war. Alle Handels- und Verkehrswege führten so zwangsläufig über Punta Arenas. Die steigende Nachfrage nach Versorgungsgütern stimulierte einen schwunghaften Überseehandel, der die ohnehin starke Position von Punta Arenas förderte und zum Ausbau der einzigen Hafenstadt führte. Ab 1894 kontrollierten die chilenischen Reedereien, hauptsächlich Braun und Blanchard, die gesamte Küstenschiffahrt der Atlantikküste von Ushuaia bis Puerto Deseado.

Die südliche Grenze Feuerlands war Anfang dieses Jahrhunderts die Sociedad Explotadora de Tierra del Fuego. Diese Schaffarm mit 2 Millionen Hektar Land, auf denen um 1910 zwei Millionen Schafe grasten, gab es im Lande der Guanakos und Nandustraße erst seit 155 Jahren. Die Feuer, die dem Land seit Magellans Entdeckungsdurchfahrt 1520 seinen Namen gaben, sind ausgegangen. Statt dessen leuchten in der hier schon antarktisch anmutenden Nacht andere Lichter, die Feuerzeichen einer immer weiter vordringenden Zivilisation: Straßenlaternen, Verkehrsampeln, Lichtreklamen, die Lampen der Ölbohrtürme und die Fackeln der Gasfelder. Der ohnehin blutigen Geschichte des Feuerlandes wurde auch noch in diesem Jahrhundert ein Blatt zugefügt, das alles andere als ein Ruhmesblatt der Zivilisation ist. Mit dem Erlöschen der Feuer an Land und in den Booten, die ihnen das Überleben in einer für unsere Verhältnisse feindlichen Umwelt sicherten, sind auch die Ureinwohner vergangen, die mehr landverbundenen Ona und die Seeindianerstämme der Yamana und die Alakaluf. Ihnen ist es kaum anders ergangen als ihren Leidensgenossen im Norden, den Indios und Indianern Nord- und Südamerikas.

Mitte des 19. Jh. lebten 7.000 bis 9.000 Indianer auf Feuerland. Als sie in ihren ehemaligen Jagdgründen Schafe von den Weiden stahlen, begannen die Großgrundbesitzer einen erbarmungslosen Feldzug gegen sie. Innerhalb weniger Jahrzehnte waren die Stämme vernichtet: Von Kopfgeldjägern und auch von eingeschleppten Krankheiten, wie Masern, denen die äußerst abgehärteten Indianer keine Abwehrmechanismen entgegensetzen konnten. Um 1940 waren von den drei einheimischen Volksgruppen nicht mehr als 100 Menschen übriggeblieben. Heute gibt es überhaupt keine reinrassigen Indianer mehr auf Feuerland. Ethnische Säuberung nennen wir das heute.

31. Die Epoche der deutschen Wissenschaftler und Marine

Dem Rat seines jüngeren Bruders folgend, beschloß Rudolph Amandus Philippi (1808–1904) ebenfalls nach Chile auszuwandern. Ursprünglich hatte er sich klassischen Studien gewidmet. Im Juli 1851 schiffte er sich in Hamburg ein. Die 136tägige Überfahrt nutzte er, um sich bei seiner Ankunft bereits in Spanisch verständigen zu können. Mit der Tätigkeit in seiner neuen Wahlheimat begann dort ein neues Kapitel sowohl der Erforschungs- als auch der Kulturgeschichte. Philippi wurde zum eigentlichen Schöpfer des Nationalmuseums in Santiago. Neben der Zoologie und Botanik widmete er sich auch in besonderer Weise der Erdkunde, um Kenntnisse zu verbreiten und richtigzustellen.

Seine erste Reise führte 1852 von Valdivia südostwärts über das Städtchen Osorno mit dem gleichnamigen Vulkan, zu dem sein jüngerer Bruder und der französische Naturforscher Claude Gay (1800–1873, „Historia fisica y politica de Chile 1845–54", Paris) schon ein Jahrzehnt früher gelangt waren. Friedrich Wilhelm Döll hatte 1848 sogar weiter ostwärts sein Fuß in Gebiete gesetzt, die seit der Zeit des Franziskaners Francisco Menéndez kein Europäer mehr berührt hatte. R.A. Philippi wurde von eben diesem Döll, der sein Schüler in der Gewerbeschule in Kassel und Dr. Carl Ochsenius, der sein Kasseler Discipel war, begleitet. Ochsenius war der spätere Verfasser von „Chile, Land und Leute", Leipzig, Prag 1884.

Jenseits von Osorno dehnte sich noch ein undurchdringlicher Urwald aus, größtenteils Terra incognita, vom Tal des Rio Rahue durchschnitten, dem man folgte. Das Ergebnis der kleinen Expedition war eine erste geographisch-geologische Beschreibung des Vulkans und seiner Nachbarschaft durch Rudolph Amandus sowie eine von Döll (28. März 1852) gezeichnete Wegeskizze, die auch die Berg- und Seezone zwischen der Laguna Llanquihue und dem Tronador erfaßte. In Petermanns Mittheilungen (1860, S. 138) wird der Vulkan als der regelmäßigste Kegel dargestellt, den der Verfasser Philippi jemals gesehen hatte. Vom Vulkan aus konnte er „einen Gebirgszug, ein Kettengebirge, eine Cordillera, nicht erkennen" (Zeitschrift für Erdkunde, Berlin 1898, S. 397 f).

Damit war eine Beobachtung gemacht worden, aus der Philippi in Verbindung mit anderen späteren Untersuchungen Schlüsse auf die gesamte chilenische Gebirgslandschaft zog. Er hielt daran fest, daß die Bezeichnung „Cordillera" in der chilenischen Orthographie fehl am Platze sei. Philippi berief sich dabei auf eigene Einblicke in die Cordillera de la Costa, die Cordillera von Nahuelvuta, die Cordillera Pelada, deren Kettencharakter er klar in Abrede stellte. Die argentinisch-chilenische Grenzkommission hat Philippis Auffassung bald darauf gerechtfertigt. Nach umfangreichen Erkundungen in Nordchile beauftragte die

Landesregierung Philippi Ende 1857 mit der Inspektion der jungen deutschen Ansiedlungen im Territorium von Llanquihue.

Rudolph Amandus schlug sich von Puerto Montt, das unter seinen 610 Einwohnern bereits 235 Deutsche zählte, nach San José durch, das als „Schlüssel der Provinz gegen die Araukaner", der sogenannten Frontera galt. Ein Ergebnis dieser Reise war die „Originalkarte der Provinz Valdivia", die Petermann nach Philippis Vorlagen (P. M. 1860 Tafel 6) zeichnete. Das Flußnetz stammte teilweise von W. und E. Frick sowie von Ochsenius. Philippi stellte fest, daß der Gebirgsstock des Nevado de Chillán als ein einziger Vulkan anzusehen sei. Im Jahre 1867 widersprach er einer Äußerung Robert von Schlagintweits, daß man in den Anden keine Gletscher kenne. Schon Pöppig hatte nämlich 1828 die Gletscher des Vulkans Antuco entdeckt. 1889 führten Philippis Erkundungen bis zur acht Jahre bestehenden Stadt Temuco am Caulin-Fluß, bis wohin schon der Eisenbahnbau vorangetrieben war.

Als Philippi im Alter von 95 Jahren in Santiago starb, wurde ihm ein Staatsbegräbnis bereitet, an dem zwanzigtausend Personen teilnahmen. Carl Eduard Martin (1838–1875), der 1869 als Arzt für die Kolonisten in Llanquihue auswanderte, hatte die wissenschaftliche Atmosphäre seiner Zeit erfahren und sich an Schilderungen über Mittel- und Südamerika von Alexander von Humboldt, den er persönlich kannte, begeistert. Er kam als Nachfolger von Dr. Franz Fonck nach Puerto Montt. Martin hat uns verschiedene Karten von Südchile hinterlassen, die in „Petermanns Geographischen Mittheilungen" erschienen sind. In einem Ergänzungsheft dieser Mitteilungen erschien im Jahre 1860 auch eine Originalkarte im Maßstab 1:4 Millionen, die die Andenreisen des Schweizer Naturforschers und Südamerikareisenden, Johann Jakob von Tschudi (1818–1889) von 1858 darstellt. Die Reiseroute verläuft vom argentinischen Córdova (Córdoba) zum damals bolivianischen Cobija (heute in Chile) am Pazifik. Eine Übersichtskarte der Anden zwischen 22° und 31° s. Br. ermöglicht die Einordnung der Route in die topographische Gesamtsituation.

In einem anderen Ergänzungsheft aus dem Jahre 1875 erschien eine Originalkarte der Republik Argentinien und der angrenzenden Republiken Chile, Paraguay und Uruguay. Die Lithographie illustriert eine geographische Beschreibung der genannten Länder durch August Petermann und den deutschen Naturforscher und Südamerikareisenden Hermann Burmeister (1807–1892). Unter Leitung von Petermann stellte der Gothaer Kartograph Hermann Habenicht (1844–1917) diese spanisch beschriftete Karte im Maßstab 1:4 Millionen zusammen. Durch Gebirgsschraffen treten die Anden eindrucksvoll hervor. Zahlreiche Höhenzahlen ergänzen sie. Die südlichen Teile Patagoniens, die erst nach 1870 genauer erforscht wurden, sind nicht abgebildet.

Als Nachfolger A. Stelzners ging Ludwig Brackebusch (1849–1906) als Professor der Mineralogie und Geologie an die Universität Córdoba, wo er 17 Jahre lang wirkte. Auf mehreren von hier ausgehenden Reisen trug er Grundlegendes zur Kenntnis des argentinischen Kordillierengebietes bei. Für die internationale Weltausstellung von Paris (1889) schuf er die „Mapa de la Republica Argentina", die mit einer Goldmedaille ausgezeichnet wurde. In seinem Beitrag aus dem Jahre 1892 „Die Kordillerenpässe zwischen der Argentischen Republik vom 22° bis 35° s. Br." erschien eine Karte, in der auch seine Forschungen auf den die Quebrada de la Troya passierenden Tropenweg nach Copiapó verarbeitet wurden, die er 1883 begann und 1887 systematisch durchführte.

Das deutsche Seekartenwesen entwickelte bis zur Mitte des 19. Jh. keine Eigenständigkeit und umfaßte nur einzelne Karten der deutschen Küstenregion. Mit der Einrichtung des „Hydrographischen Bureau" 1861 in Berlin, dem „Hydrographischen Amt der Admiralität" im Jahre 1879 und der „Nautischen Abteilung des Reichsmarineministeriums 1893" begannen die systematischen Vermessungen zunächst von Nord- und Ostsee, und erst Ende des 19. Jh. wurde das Aufgabengebiet auf alle Meere ausgedehnt.

Nachdem die deutschen Seeoffiziere Starcke und Frh. v. Schleinitz Berichte über die Magellanstraße in den „Annalen der Hydrographie und maritimen Meteorologie" 1876 veröffentlichten, entsandte 1882 die junge deutsche Marine die „Albatroß", ein 1871 erbautes Dampfkanonenboot als Vermessungsschiff in die westpatagonischen Gewässer zwischen Trinidad und den Golf von Penas, um eine bequeme Binnenlandverbindung zwischen dem Golf zu finden. Die Vermessungen erstreckten sich auf das ganze Gebiet zwischen beiden Passagen und auf die Verzweigungen des Brazo del Norte, einer nördlichen Abzweigung des Picton Kanals. Auf einer Skizze, die sich im Bundesarchiv der Marine in Freiburg befindet, erscheinen zahlreiche deutsche Namen, die heute noch benutzt werden. Die Admiralitätskarte D 89 belegt, daß die „Albatroß" Neuland-Vermessungen durchgeführt hatte. Das Vermessungsschiff, eines der ersten Schiffe der jungen Marine des Deutschen Reiches überhaupt, hatte die Verpflichtung, für die neuentdeckten Plätze die Namen von Persönlichkeiten, die mit der deutschen Seefahrt irgend etwas zu tun hatten, zu benutzen. Die Admiralitätspläne von 1885 einschließlich Vermessungspläne der Häfen und Ankerplätze weisen über 170 deutsche Namen auf. Es versteht sich von selbst, daß das Vermessungsschiff selbst seinen Namen an auffallender Stelle anbrachte. Es gibt auch einen Plüdlemann Paß, genannt nach dem Kommandanten der Albatroß während der Messungen. Auch die weiteren Offiziere blieben nicht unvergessen. Wir finden auf den Seekarten die Namen Bachem Bucht, Bachem Insel und Bachem Huk, Baudissin Kanal, Baudissin Insel, Kalau Berg, Kalau Insel, Kalau Paß, Spengler Bucht. Aus den Berichten des Kommandanten geht hervor, daß die deutsche Schiffslinie Kosmos der Vermessungsexpedition große Dienste geleistet hat. Mit vier Schiffen dieser Linie waren Treffen zur Übernahme von Proviant, Kohle und Post vereinbart. Der germanischen Götter- und Sagenwelt entstammen die Namen Wotan, Walkyren, Alberich und Siegfried. Dem hohen Herrscherhaus wurde mit Kaiserhafen und Königshafen Genüge getan. Eine Insel trug den Namen Prinz Heinrich-Insel. Die wichtigste Passage erhielt den Namen Albatroß Kanal, der zum Nordteil des Messier Kanals führt. Die schmalste Stelle dieser Passage ist die Deutsche Enge (heute Angostura Alemana) genannt. Vom Hydrographischen Amt erschienen 1885 in Berlin insgesamt 25 Karten als Ergebnis der Vermessungen des MS Albatroß. Auf den Seekarten hat sich im Laufe der Zeit etliches geändert. Auf der Admiralitätskarte D 89 von 1902 findet sich die unverständliche Eintragung des Wortes „Undecimilla" beim Eingang zur Lady Förde, das Inselgewirr nördlich davon hat aber noch den Namen 11.000 Jungfrauen Insel. Auf den neuen Seekarten fehlen Undecimilla und 11.000. Aus den 11.000 kleinen Inseln sind die Grupo Jungfrauen bzw. die Jungfrauen Inseln geworden.

Hans Steffen (1865–1936) aus Fürstenwerder in der Uckermark war seit 1889 Professor für Geschichte und Geographie am Pädagogischen Institut in Santiago de Chile. Nach Antritt seiner Lehrtätigkeit war es sein Wunsch, daß Erdkunde und Geschichte als getrennte Fächer am Instituto Pedagógico gelehrt werden sollten. Auf diese Weise wollte er auch Schüler heranbilden, die sich an der Lösung der durch die Grenzstreitigkeiten zwischen Chile und Argentinen in Schwung gekommenen geographischen Fragen forschend beteiligt hätten. Leider gelang ihm das nicht. Ein erstes Angebot Steffens, sich an den Vorarbeiten zur Festlegung der Grenze mit Argentinien zu beteiligen, wurde abschlägig beschieden. Erst nachdem er im Jahre 1892 eine kleine Forschungsreise in das Hochgebirge von Llanquihue ausgeführt hatte, erhielt er, auf Verwendung Don Diego Barros Aranas, des Rektors der Universität und chilenischen Sachverständigen im Grenzausschuß, von der Regierung Aufträge und Geldmittel zur Durchführung einer Reihe größerer Reisen in die patagonischen Kordilleren.

Im Sommer 1893 durchforschte Hans Steffen mit dem Dänen Oscar Fischer das Hochgebirge im Umkreise des Todos los Santos Sees, wo heute ein bequemer Weg den westlichen Hang des Gebirges mit dem Nahuel Huapi See verbindet. 1893/94 unternahm Steffen eine Reise zur Erforschung des Palena Flusses mit O. Fischer. Zu gleicher Zeit drangen P. Stange, P. Krüger und P. Kramer über den Puyehue Paß und Nahuel Huapi nach Süden vor. Im oberen Palen Tal vereinigten sich beide Abteilungen. Im Sommer des Jahres 1895 durchforschte Steffen den Puelo Fluß. Im Längstal des Valle Nuevo stieß er bis zur Wasserscheide beider Meere am Paso Maitén vor.

Die Reisen des Sommers 1896 galten der Erforschung des Rio Manso, einem Nebenfluß des Puclo, diesmal bis in das Längstal des Corral de Foyel eindringend. Der Erforschung des Aisén Gebietes wurden die Sommermonate der Jahre 1896 und 1897 gewidmet; die der Jahre 1897/98 der Erkundung des bisher nur an seiner Mündung gesehenen Rio Cisnes, zusammen mit Robert Krautmacher und C. Sands. Die nächste Forschungsreise 1898/99 galt der Erschließung des chilenischen Fjordgebietes südlich von 46° s. Br. Nach Durchforschung des Bakerfjordes und des gleichnamigen Flusses und nach Durchquerung der Anden, vereinigten sich die Reisenden mit einer von R. Krautmacher geführten Abteilung, die über den Nahuel Huapi nach Süden vorgedrungen war, und beide setzten zusammen die Reise nach Süden fort zum Rio Santa Cruz und durch das Ultima Esperanza Gebiet nach Punta Arenas.

Eine 1896 von Steffen auf Veranlassung der deutschen Vertretung in Chile verfaßte Denkschrift über „Die chilenisch-argentinische Grenzfrage mit besonderer Berücksichtigung Patagoniens" rief von argentinischer Seite, trotzdem er sich bemüht hatte, aufgrund geschichtlicher Quellen und eigener Anschauung des Geländes rein sachlich vorzugehen, einen Sturm der Entrüstung hervor. Leider wurde durch diese Tätigkeit in späteren Jahren auch Steffens Verhältnis zu Fonck, der gleichfalls für Chiles Rechte in den Grenzstreit eingriff, getrübt. Daß Steffen die theoretischen Ansichten Foncks über den Bau der patagonischen Kordillere nicht annahm und auch nicht annehmen konnte, da sie der Wirklichkeit entgegengesetzt waren, führte zum Bruch oder gestaltete doch beider Verhältnis mit der Zeit recht kühl.

Nachdem Steffen durch seine erdkundliche Forschertätigkeit viel dazu beigetragen hatte, das Dunkel des patagonischen Gebirges zu durchdringen, wurde er als technischer Berater dem in London tagenden chilenischen Schiedsgerichtsausschuß beigeordnet. Seine Haupttätigkeit bestand in Englands Hauptstadt in der Mitarbeit an der dem Schiedsgericht zu unterbreitenden chilenischen Denkschrift. „Statement presented on behalf of Chile in reply to the Argentine Report etc." (6 Bde., 1901). Von den vier Textbänden dieser chilenischen Denkschrift, die auch in spanischer Sprache herausgegeben wurde, hat Steffen die Kapitel über die geschichtlichen Grundlagen des Grenzstreites während der Zeit der Zugehörigkeit der amerikanischen Länder zu Spanien und die Darstellung des strittigen Geländes zwischen 41° und 52° s. Br. allein verfaßt, aber auch zu den anderen durch Sammlung von Belegen usw. beigetragen, wie auch an dem Zustandekommen des dem Werke beigegebenen Kartenatlasses teilgenommen.

In der ersten Hälfte des Jahres 1902 nahm Steffen auf chilenischer Seite an einer gründlichen Bereisung des strittigen Gebietes unter dem englischen Obersten Holdich teil, worauf er nochmals auf kurze Zeit nach London zurückkehrte.

Bis zum Jahre 1913 verblieb Steffen in Chile als Professor der Geschichte und Erdkunde am Instituto Pedagógico, wodurch eine fruchtbare Tätigkeit entstanden ist. In dieser Zeit verfaßte er auch als Beitrag zu der 1910 erschienenen „Deutschen Arbeit in Chile" eine erschöpfende Abhandlung über den „Anteil der Deutschen an der geographischen und geologischen Erforschung der Republik Chile während des ersten Jahrhunderts ihres Bestehens". Im Jahre 1913, vor Ausbruch des Weltkrieges, kehrte Hans Steffen, hauptsächlich aus Gesundheitsrücksichten in die alte Heimat zurück. Die spezielle Kartensammlung Steffens aus Patagonien um die Jahrhundertwende, die sich im Institut für Länderkunde in Leipzig befindet, hat heute Seltenheitswert. Im „Stieler Handatlas" aus Gotha vermitteln die Südamerikakarten aus der Mitte des 19. Jh. schon einen guten Überblick über Küstenverlauf, Gewässernetz, Siedlungen und Verkehrswege. Die detaillierte Darstellung der Küstenregion hebt sich vom Binnenland deutlich ab. Das dokumentiert den damals noch recht unterschiedlichen Erschließungsgrad und Kenntnisstand über beide Regionen.

Jules Verne setzte dem Handatlas und der deutschen Chile-Kartographie im Jahre 1888 ein literarisches Denkmal mit seinem Roman „Zwei Jahre Ferien". Fünfzehn Schüler eines Internates in Auckland werden schlafend auf einer Yacht im Pazifik herausgetrieben, geraten in einen Orkan und stranden nach drei Wochen an einer, wie sich später herausstellte, unbekannten Insel. Sie hatten mehrfach erfolglos versucht, aufgrund der Karten in Stielers Handatlas, der sich auf der Yacht befand, herauszubekommen, wo sie gestrandet sein könnten. Es war angeblich die Insel Hannover vor Chiles Küste. Bei allen offenen Fragen bleibt uns zumindest ein schöner Roman, in dem ein kartographie-historisch überaus bedeutsamer Atlas auch eine bisher unentdeckt gebliebene belletristische Würdigung erfahren hatte. Tatsächlich hat die Insel Hannover wenig Ähnlichkeit mit der in der Textbeschreibung wiedergegebenen Karte. Vor allem fällt auf, daß die wahre Insel erheblich näher zu anderen Inseln liegt, als in der Geschichte dargestellt.

Für die Planung großer Teile der Trasse der Carretera Austral in den achtziger Jahren dieses Jahrhunderts standen alte kartographische Aufzeichnungen des deutsch-chilenischen Asien Forschers Augusto Rosse zur Verfügung. Zwei der 223 Brücken der neuen Straße tragen den Namen dieses unermüdlichen Wissenschaftlers, als dessen Beruf im Reisepaß „Kolonisator" angegeben ist. Vor Rosse hatten schon neben Hans Steffen die Deutschen Adolf Abé und Paul Krüger im Auftrage der chilenischen Marine geographische, ethnologische und wirtschaftliche Daten dieses südlichen Teiles von Südpatagonien gesammelt, nachdem Chile und Argentinien sich 1899 über den Grenzverlauf geeinigt hatten.

Das große Verdienst, die vierhundertjährige Geschichte der Magellanstraße erstmalig in deutscher Sprache veröffentlicht zu haben, gebührt den in Bremen geborenen Geographen und Epigonen von Carl Ritter, Johann Georg Kohl (1808 bis 1878). Admiral Morison hat ihn als Mitglied der kleinen, aber illustren Gruppe von Americanisten des 19. Jh. bezeichnet. Im Jahre 1877 erschien von ihm „Geschichte der Entdeckungsreisen und Schiffahrten zur Magellan's Strasse und zu den ihr benachbarten Ländern und Meeren".

Zu Beginn unseres Jahrhunderts konnte sich Deutsch in seiner weltweiten Bedeutung als Wissenschaftssprache durchaus mit dem Englischen messen und erst recht mit dem Französischen, auch im Bereich der Geographie und Kartographie. Wissenschaftler ganz unterschiedlicher Fachrichtungen aus zahlreichen Ländern lernten damals Deutsch, weil in dieser Sprache die für sie wichtigsten

Veröffentlichungen erschienen, aber auch, um selbst auf deutsch zu veröffentlichen und damit von den führenden Köpfen ihrer Disziplinen gelesen zu werden. Rund ein Drittel aller wissenschaftlichen Veröffentlichungen waren deutschsprachig. Erst in der Zeit nach dem Ersten Weltkrieg ist nach und nach eine Verschiebung zugunsten des Englischen eingetreten, das heute bekanntlich im Bereich der Wissenschaft weltweit als Lingua franca dominiert.

Die wachsende Bedeutung der Naturwissenschaften und die Auswanderung von 60 Millionen Europäern nach Übersee im 19. Jh. hatte auch eine Schattenseite. Erstmals sollten großen Teile der Bevölkerung Gelegenheit gegeben werden, durch Völkerschauen, mit für sie sehr Fremden mehr oder weniger direkt in Kontakt zu treten, um sich ein Bild von „dem Anderen" zu machen. Feuerländer galten dabei als besonders beliebte Objekte. Leider waren Form und Inhalt dieser ersten Kontakte für die „Gäste" derart negativ und herabwürdigend, daß bei den Zuschauern nur ein Gefühl der Überlegenheit entstehen konnte. Darüber hinaus sollte Deutschland Kolonialmacht werden, und bei der Bevölkerung mußte hierfür ein positives Klima geschaffen werden.

Mit lauten Sprechchören protestierten Tausende von Zoobesuchern im November 1881 in Berlin, als sich eine Feuerländer-Gruppe nach der letzten Vorstellung einer Völkerschau in ihre Behausung zurückzog. Man wollte die Leute weiter vorgeführt sehen. Dieser Temperamentsausbruch der 40.000 Schaulustigen lag nicht nur an den 50 Tonnen verkauften Bieres, vielmehr bot die Feuerländer Schau dem Publikum Gelegenheit, gefahrlos „echten Kannibalen" gegenüberzustehen, deren „Fütterungszeiten" ebenfalls den Tageszeitungen zu entnehmen waren. Die Stereotypen über die patagonischen und feuerländischen Ethnien wiesen teilweise sehr unterschiedliche Charakteristika auf. Die „Patagonier" galten meist als heroische Typen, die „Feuerländer" als verkommene Typen der Menschheit. Die Feuerländer der Gruppe wurde von Agenten der Tierhandlung Hagenbek eingefangen und entführt. Die Zurschaugestellten gingen dieser Tätigkeit mitunter nur widerwillig nach, so daß die Betreuer auch zur Hundepeitsche griffen oder den Widerspenstigen „einen zwischen beide Augen" gaben.

Bei diplomatischen Schwierigkeiten wegen der Art der „Anwerbung" wurden auch Politiker und die Berliner Wissenschaftseminenz Rudolf Virchow eingeschaltet. Nach einem gescheiterten Entführungsversuch in Patagonien setzte zum Beispiel der Reichskanzler Otto von Bismarck den chilenischen Außenminister mit Hinweis auf den „wissenschaftlichen Wert der Ausfuhr südamerikanischer Rassentypen" erfolgreich unter Druck.

32. Die Wissenschaftler Argentiniens und Chiles

Wie zuvor die Europäer und zuletzt die Engländer genauere Vermessungen in Patagonien und an der Magellanstraße vornahmen, so jetzt auch Wissenschaftler aus den betroffenen Ländern, wie F. P. Moreno, R. Lista, J. T. Rogers und C. M. Moyano.

Im Jahre 1879 kam es auf Initiative von Estanislao S. Zeballos zur Gründung des Instituo Geográfico Argentina. Das Institut beschränkte sich nicht allein auf die Herausgabe des „Boletin del Instituto Geográfico Argentino", um über staatliche Expeditionen zu berichten, sondern organisierte auch selbst Erkundungsreisen in den äußersten Süden oder forderte sie zumindest. Der argentinische Naturforscher, Geologe und Landvermesser Francisco Moreno bereiste seit 1873 wiederholt und mit gutem wissenschaftlichen Erfolg Ost-Patagonien, insbesondere den seegeschmückten Rand der Kordillere. Geographisch machte Moreno von sich reden durch einen Vorstoß zum vielarmigen Nahuel Huapi, der schon vom italienischen Jesuitenpater Mascardi 1690 von Valdivia aus entdeckt wurde und an dessen Ufern er eine Missionsstation gründete, die bis 1723 währte. Moreno war aber der erste, der den See von der atlantischen Seite erreichte. Der Name des Sees, den Moreno mit dem Genfer See verglich, beruht, wie so vieles in der „Argentinischen Schweiz", auf einem Irrtum. Nahuel Huapi heißt „Tigerinsel", obwohl in diesen kalten Breiten noch nie eine Großkatze gesehen wurde. Auch San Carlos de Bariloche, die touristische Hauptstadt Patagoniens an seinem Ufer, hat nichts mit einem Heiligen zu tun, sondern verdankt ihren Namen einem Schotten, der, offenbar des Spanischen nicht mächtig, Carlos Wiederhold, den ersten weißen Siedler in dieser Region, statt mit „Senor" mit San anredete. Dies gefiel dem stets korrekt gekleideten Pionier so gut, daß er seine Gemischtwarenhandlung „La Alemana" in „San Carlos" umtaufte. Seitdem nannten die fernen Autoritäten in Buenos Aires den damals nur von nomadisierenden Indios, Missionaren und Händlern besuchten Punkt auf der noch sehr weißen Landkarte ebenso. Inzwischen ist aus San Carlos de Bariloche ein Ort mit einhunderttausend Einwohnern und mehr Autos als in jeder vergleichbaren argentischen Stadt geworden – voll von erträumten Projekten und projektierten Träumen.

Als Moreno in der Januarhitze des Jahres 1876 aus dem Nahuel Huapi-See trank, konnte er noch das „kristallklare Wasser mit seinen patriotischen Farben" (Hellblau und Weiß) loben. Der junge Doktor, noch keine fünfundzwanzig Jahre alt, war in das „Niemandsland" als führender Kopf der Kommission gekommen, die die Grenze zwischen Chile und Argentinien festlegen sollte. Er machte seine Arbeit so gut, daß er sich nicht nur die Achtung des als Schiedsrichter fungierenden Vertreters des englischen Königshauses erwarb, sondern auch sein Präsident ihn mit einer Landschenkung belohnte, von der er fünfundsiebzig Quadratkilometer Urwald zum Reservat bestimmte. Aus diesem Kerngebiet, inzwischen auf die hundertfache Fläche erweitert, entstand der Nationalpark Nahuel Huapi, einer der größten Naturschätze des Kontinents. Mittendrin, auf der Insel Centinela, ruht der Stifter in einem Mausoleum. Als man ihn zu Grabe trug, bedeckten die Ponchos dreier Kaziken den Sarg des Toten: Seinen Poncho zu verschenken galt unter den Tehuelche-Indianern als der höchste Achtungsbeweis.

„Vier Augen" hatten die Indianer den Mann mit der hohen Stirn und dem forschenden Blick genannt, was man, leicht abstrahierend, mit „Visionär" übersetzen könnte. Als ahnte er den Druck durch spätere Invasionen, schrieb er 1903 dem argentischen Präsidenten: „Ich übermittle Ihnen hiermit mein Begehr, den Charakter dieser Landschaft zu erhalten." Und: „Nicht mehr möge gebaut werden, als es dem kultivierten Besucher zur Annehmlichkeit gereicht." San Carlos, das zukünftige Bariloche, bestand damals aus weniger als hundert Holzhäusern. Es lebten hier „ungezählte" Menschen und fünfundneunzigtausend Schafe, die in der Pampa grasten, an deren Übergang zum Wald zehn Jahre später laut einer Expertise die Siedlungsgrenze sein sollte. Die Zukunft des Gebietes liege in dem zu schützenden Baumbestand, war der Rat des mit der „Regionalplanung" beauftragten Agronomen Bailey Willis, der auch den Anstoß zur Erweiterung des Nationalparks auf seinen heutigen Umfang gab. Doch der Geist der Konquista lebte weiter, Exequiel Bustillo, Präsident der Nationalparkverwaltung, gebar in den dreißiger Jahren die Idee, „das majestätische, gleichwohl brachliegende Szenarium am Lago Nahuel Huapi" in eine „planetarische Zelebrität" und „das Dorf Bariloche in ein kraftvolles Touristenzentrum" zu verwandeln.

Auf einer weiteren Expedition befuhr Moreno mit Marineleutnant Carlos M. Moyano, den durch Charles Darwin bekannter gewordenen Rio Santa Cruz bis zu dessen Quellsee, dem von ihm so benannten Lago Argentino, in den er Mitte Feburar 1877 einlief. Moreno und seine Begleiter lieferten u. a. 328 Breiten- und drei Längenbestimmungen. 1879 erschien in Buenos Aires „Viaje à la Patagonia Austral, emprendido bajo los Auspicios del Gobierno nacional, 1876–1877" und 1897 in La Plata „Reconocimiento de la Region Andina de la Repúplica Argentina", Bd. I". Begleitet von C.M. Moyano und unterstützt von der Sociedad cientifico argentina sowie der argentinischen Regierung reiste 1877/78 der argentinische Forscher Ramón Lista (†1897) von Punta Arenas nordwärts nach Santa Cruz und weiter bis in das Quellgebiet des Rio Chiso. Der Hauptquellfluß erhielt später Listas Namen. Er bewies, daß der Fluß in keinem Zusammenhang mit dem Viedma-See steht.

Im Jahre 1854 durchzog Lista Ostpatagonien vom Rio Negro über den in der Steppe versiegenden Valcheta nach dem unteren Chubut. Zu Schiff begab er sich weiter nach dem Rio Deseado, dessen Lauf er bis ca. 69° 30' s. Br. festlegte. Ende 1886 durchquerte er Feuerland von der Bahia San Sebastián nach Bahia Buen

Suceso an der Le Maire Straße. Für die sich binnenwärts zeigende Gebirgskette schlug er den Namen ihres Endeckers B. de Nodal vor. Er wollte damit „einen historisch-geographischen Fehler wieder gutmachen". Sein Werk „Viaje al Pais de los Tehuelches Exploraciones en la Patagonia austral" erschien 1879 in Buenos Aires. Der argentinische Marineleutnant Carlos M. Moyano, der Moreno und Lista zunächst auf ihren Reisen begleitete, führte 1880 eine Meridional-Durchquerung Mittelpatagoniens durch, streckenweise auf den Spuren von G. C. Musters. Moyano kartierte eine größere Strecke des Rio Deseado, bis zu den Seen Colhué und Musters, wohin von der Kolonie Chubut aus schon die Forschung gelangt war. (Carta general de la Patagonia, por el Capt. Carlos M. Moyano, Buenos Aires 1880. Informe sobre un viage a traves de la Patagonia, Buenos Aires 1881) Die Chilenen standen den Argentiniern nicht nach. Sie vermaßen nicht nur die Westseite Patagoniens, sondern auch Magellanes'. Zuerst wurden in den fünfziger Jahren des 19. Jh. Expeditionen von Ancud auf der Insel Chiloé oder vom Bai von Reloncavi bis zu den Quellen des Rio Negro und zum Nahuel Huapi See gestartet. Vicente Gomez's Versuch im Jahre 1855 scheiterte. Dies gelang erst ein Jahr später Dr. Franz Fonk, ohne allerdings die Möglichkeit einer Verkehrsverbindung zwischen dem Pazifik und dem Atlantik festgestellt zu haben. Sechs Jahre später versuchte Guillermo E. Cox von zunächst Puerto Montt, später dann von Valdivia aus zum Ranco Paß, von dem in Petermanns Mitteilungen (Jg. 1857) und im Journal of the Royal Geographical Society (1864) berichtet wurde. Durch Cox ist auch die Laguna de Lacar bekannt geworden. Er bestätigte, daß dieser See im Osten der Hauptkette der Kordillere liegt und er durch den Pirehueico – und Rinihue See zum Valdivia Fluß entwässert. Damit hatte sich Wilhelm Fricks Angabe, daß Lago Laer zugleich auch mit dem Rio Negro in Verbindung stehe, als nicht zutreffend erwiesen. (Viaje en las Rejiones septentrionales de la Patagonia, 1862/63, Santiago, 1863)

Die Chilenen maßen Südpatagonien eine zunehmende Bedeutung bei, indem sie die Provinz von Llanquihué mit der Hauptstadt Puerto Montt begründeten. Fast zwei Jahre mußten die vorwiegend deutschen Kolonisten in den unbequemen Kasematten und primitiven Holzgebäuden verbringen, bis die Männer eine Straße zum Seeufer gebaut hatten. Nach der Fertigstellung wurde die Hafensiedlung offiziell eingeweiht und im Februar 1853 Puerto Montt benannt.

Der Direktor des nationalen Observatoriums in Santiago, Carlos Modesta, begann 1856 mit Untersuchungen über die geographische Lage der Westküste Südamerikas einschließlich Patagoniens. Er kam zu dem Schluß, daß der historische Irrtum aus dem 16. Jh., den Drake zu berichtigen versuchte, immer noch bestand: die Westküste war zu weit westlich angenommen. Die Naturzerstörungen, die sich allerdings über die ganze Länge Chiles erstrecken und schon mit den leichtsinnigen Bränden der ersten Siedlungen begannen, wären vollkommen, hätte man in diesem Jahrhundert nicht wenigstens einige Reservate wie in Patagonien geschaffen. So wird zum Beispiel im Nationalpark von Torres del Paine, nördlich von Punta Arenas gelegen und mehr als dreitausend Kilometer von der Wüste entfernt, den 30.000 Besuchern im Jahr ein Stück sich selbst überlassene Wildnis gezeigt, 242.000 Hektar, auf denen kein Mensch Bäume pflanzt oder Wälder kultiviert. Hier darf noch der Puma unbehelligt von Jägern leben, und der Kondor zieht seine Kreise hoch über eisblauen Gletschern, die sich in einem Fluß oder Seengeflecht spiegeln. Im Hinblick auf eine weitere Kolonisierung beauftragte die chilenische Regierung im Jahre 1854 einen in arktischen Gewässern vertrauten dänischen Wissenschaftler, I. C. Schyte, nun Magellanes aufzunehmen („El Territorio de Magellanes i su Colonizazion").

Seit Ende des 18. Jh. war die Küste des Festlandes südöstlich von Puerto Montt bekannt. Mitte des 19. Jh. hatten Francisco Vidal und Manuel Tellez den Pueloßuß in die Andenketten hinein verfolgt. Deutsche Wissenschaftler hatten auf der östlichen argentinischen Seite das ganze Gebiet, welches die Ströme Palena und Puelo durchläuft, umkreist.

Der Forscher Guillermo E. Cox ging 1862 von Puerto Montt aus über die Laguna de Todos los Santos und den Pérez Rosales Paß nach dem Nahuel Huapi, befuhr den Rio Limay, den südlichen großen Quellßuß des Rio Negro, geriet dann allerdings in Gefangenschaft der Perhuenchen. Schon 1856 hatte Cox die Existenz einer Fahrstraße über die Anden behauptet, was in Petermanns Mittheilungen Nr. 3 zu folgendem Kommentar aus Chile führte: „Die mit so viel Pomp in den chilenischen Blättern ausposaunte Expedition des Herrn D. Guillermo (COXCE), welcher sich auf dem Nahuel Huapi-See einschiffen und den Negro bis zu seiner Mündung beim Ort Carmen am Atlantischen Meer befahren wollte, hat das alte Parturiunt montes auf eine glänzende Weise bewährt. Gedachter Herr ist umgekehrt, ohne den Nahuel Huapi-See nur gesehen zu haben und es hat diese Expedition 4.500 Piaster gekostet, während die Kosten der Expedition des Dr. Fonk, welcher den See wirklich erreicht hat und an dessen Bericht nun schon länger als ein Jahr gedruckt wird, 270 Piaster gekostet hat."Bis 1890 haben schätzungsweise insgesamt 20.000 Chilenen das Gebirge überschritten. Sie stellten in Neuquen und noch weiter südlich des Nahuel Huapi-Sees die Mehrheit der Bevölkerung. Aber selbst im Jahre 1914 dürfte die Bevölkerung ganz Patagoniens, also der Territorien von Rio Negro, Neuquen, Chubut, Santa Cruz und Feuerland nur 81.000 Menschen betragen haben. Für das Studium der chilenischen, historischen Kartographie wurde das Werk des José Toribo Medina „Ensayo acerea de una mapoteca Chilena" unentbehrlich (s. S. 100). Es erschien 1889 und sein Werk „Cartografia Hispana Colonial de Chile" im Jahre 1924. Auf dem 9. Kongreß der Internationalen Geographischen Union 1908 in Genf wurde der Antrag für die Verbreitung von nationalen Faksimile-Ausgaben gestellt. So erschien 1942 in Madrid von Julio F. Guillen y Tato „Monumenta Chartographica Indiana, Regiones del Plata y Magellanica" in zwei Bänden.

33. Die endgültige Entschleierung von Feuerland

Den endgültigen kartographischen Durchbruch zur Darstellung von Feuerland schaffte der Italiener Giacomo Bove (1852–1887). Seine Expedition verließ Buenos Aires im Dezember 1881 auf der Korvette „Cabo de Hornos" über Santo Cruz und die Staaten Insel, deren Nordküste untersucht wurde, um im April 1882 in Punta Arenas einzutreffen. Von dort verteilten sich die Mitglieder auf verschiedene kleinere Schiffe. Auf dem Schoner „San José" begab sich Bove zum Beagle-Kanal. Nach Verlassen der protestantischen Mission in Ushuaia kam es zum Schiffbruch in der Slogget-Bai. Über Punta Arenas kehrte Bove nach Buenos Aires zurück, um von Februar bis April 1884 erneut Feuerland zu erforschen und dabei die Insel von Ushuaia nach dem Admiralty Sound zu durchqueren.

Ushuaia, heute argentinisch, ist für die Argentinier die südlichste Stadt am Ende der Welt, 3.200 km von Buenos Aires entfernt. Der Beagle-Kanal ist Ushuaias Lebensader, der Zugang zu den Meeren. Man setzt sich dort auf die Spuren Darwins und fährt hinaus in die 150 km lange, von Inseln gesäumte Wasserstraße. Heute ähnelt die Stadt mit den roten, grünen und blauen Dächern ihrer Fertighäuser, Wohncontainer und windschiefen Häuser einer frisch aus dem Boden gestampften Pionierstadt in Alaska oder in Sibirien. Als Tor zu einer der letzten Wildnisse der Erde rüstet die Stadt sich für eine stetig steigende Besucherzahl. Das letzte Straßenschild an der letzten Brücke trägt die Aufschrift „20 T Maximo Peso". Ein paar Meter weiter gibt es keine Straße, keine Brücke und keine Schilder mehr: man ist endgültig am Ziel, am Ende der Panamericana, am Ende der Welt. Den beiden Feuerland Expeditionen verdanken wir u. a. eine Aufnahme der Buchten Umberto und Roca auf der Staaten Insel, die erhebliche Abweichungen gegenüber der englischen Admiralitätskarte zeigte. Auch in den Kanälen des Feuerlandes hatte Bovi's Kartenbild wesentliche Berichtigungen und Ergänzungen erfahren. Der Hydrograph G. Roncagli hatte im Mai 1882 seinen Weg von Punta Arenas entlang der Küste nach Santa Cruz aufgenommen. Erwähnenswert ist auch eine ethnographische Karte des Feuerlandes in „Rapports annuels" (1896, S. 730).

Bartolomeo Bossi (1817–1890), ebenfalls ein Italiener, befuhr um 1881 die Kanäle des Feuerlandes und besuchte die Staaten Insel. Seine recht grobe Kartenskizze verzeichnete einige Buchten und Inselchen auf der Westseite des Feuerlandes, die sich auf den englischen Admiralitätskarten noch nicht befanden. Im Jahre 1886 durchquerte auch Ramón Lista Feuerland von der Bahia San Sebastián nach der Bahia Buen Suceso an der Le Maire Straße. 1890–91 fuhr er den Santo Cruz Fluß nach dem Lago Argentino hinauf und gelangte auf dem zuvor noch nicht untersuchten Rio Leona in den Viedma See, dessen gleichfalls noch wissenschaftlich unberührtes Süd- und Südwestufer er erforschte. (La Tierra del Fuego y sus Habitantes. In: Boletin del Instituto Geografico Argentino, Buenos Aires 1880) (vgl. Kartenanhang, Abb. 67). Otto Nordenskjöld (1869–1928), ein Neffe von A. E. Nordenskjölds, setzte die geographische und naturwissenschaftliche, insbesondere geologische Erforschung Patagoniens und Feuerlands fort und brachte sie auch am Ausgang des 19. Jh. zu einem gewissen Abschluß. Er reiste 1895–1897, begleitet von dem Botaniker P. Dusén und dem Zoologen A. Ohlin. Petermanns Mitteilungen 43. Bd. veröffentlichten 1897 Nordenskölds „Karte des Feuerlandes".

In den zwanziger Jahren dieses Jahrhunderts war es der legendäre Feuerland-Flieger und Forscher Gunther Plüschow, 1886 in München geboren, der zusammen mit seinem Begleiter Ernst Dreblow mehr zur Erforschung Feuerlands beigetragen hat als andere in jahrelangen mühsamen Vermessungsfahrten zu Wasser. Unter unglaublichen Gefahren und Strapazen haben sie in zwei Expeditionen den noch immer weitgehend unbekannten südlichsten Teil Amerikas durch Luftbilder für eine erste Kartierung erfaßt. Als die beiden Pioniere der Luftfahrt am 28. Januar 1931 mit ihrem Schwimmdoppeldecker „Silberkondor" über dem Lago Argentino tödlich abstürzten, stand ihre Heimat noch im Banne des ersten abendfüllenden Kulturfilms „Silberkondor über Feuerland". Er wurde von Plüschow während der ersten Expedition 1927–1929 gedreht. Der noch bewußt als Stummfilm konzipierte Streifen trat vom „UFA Palast" am Zoo in Berlin, an dessen Uraufführung Reichspräsident von Hindenburg mit dem gesamten Kabinett teilnahm, seinen „Siegeszug" durch Europa, Nord- und Südamerika an. Nicht minder hatten viele bereits Plüschows gleichnamiges Buch gelesen, das sehr bald nicht nur in Deutschland zum Bestseller wurde.

Plüschow und sein Begleiter waren mit den noch primitiven Navigationshilfen der damaligen Zeit mitten im Winter aus dem Nordseehafen Büsum mit einem 16 m langen Fischkutter namens „Feuerland" bis ins Tierra del Fuego gesegelt und erschienen am 21. Oktober 1928, fast auf den Tag genau 408 Jahre später an derselben Stelle, von der aus Magellan erstmals die Fahrt durch die unwirtliche Region angetreten hatte. Ihr kleines Schiff – die „Holzpantine des Ozeans" – diente als schwimmendes Basislager und Quartier. Der zweisitzige Doppeldecker mit Schwimmern war ein simples, serienmäßig gebautes Schul- und Ausbildungsflugzeug vom Typ Heinkel He 24 – das sich stoffbespannt – den Frozzelnamen „Leukoplastbomber" gefallen lassen mußte. Umso erstaunlicher war das, was die beiden Flieger mit ihrer Zeiß-Luftbildkamera sowie einer amerikanischen Marke einfingen. Die meisten Motive hat noch nie zuvor ein Menschenauge erblickt. Plüschows Expeditionen (die zweite fand 1930/31 statt) gingen in die Geschichte der Luftfahrt wie der Geographie und Geodäsie ein.

Die Kartierungen wurden auf Veranlassung des Staatlichen Geographischen Instituts von Argentinien betrieben. Der von Plüschow und Dreblow erstmals angeflogene und kartographisch erfaßte Lago Argentino gehört zu den großen Naturwundern Südamerikas. In einer Breite von vier Kilometern schiebt sich der gewaltige Moreno Gletscher in den See, der heute zusammen mit der umliegenden Landschaft zum Nationalpark gehört. Als im antarktischen Sommer des Januar 1972 am Rico Brazo, einem Seitenarm des Lago Argentino, ein Denkmal für die beiden deutschen Flieger eingeweiht wurde, war die Luftfahrt-Prominenz Argentiniens ebenso zur Stelle wie der Botschafter der Bundesrepublik Deutschland, die Repräsentanten Geographischer Gesellschaften sowie der Deutschen Vereinigungen Argentiniens. 1988 wurde in der Bundesrepublik Deutschland eine Fernsehsendung über Gunther Plüschow ausgestrahlt. Sie gipfelte in der berechtigten Frage, warum dieser bedeutende Flieger und Forscher in Deutschland so dem Vergessen preisgegeben wurde.

Das „Museo Territorial" in Ushuaia bewahrt mit einer ganzen Abteilung und das „Instituto de la Patagonia" in Punta Arenas mit den Überresten des „Silberkondors" das Andenken an die Erforschung Feuerlands und Patagoniens aus der Luft durch die beiden Deutschen auf. Am 2. Juli 1985 beschloß der Berliner Senat, das Grab von Gunther Plüschow auf dem Friedhof beim Thuner Platz in Berlin-Lichterfelde zur 410. Ehrengrabstätte Berlins zu erklären.

34. Die politische Neuordnung. Die Abtrennung Cuyos an Argentinien. Die Unabhängigkeit Argentiniens und Chiles

Im Jahre 1776 hatten sich die nordamerikanischen Bürger der Neu-England-staaten vom Mutterland losgesagt. Das schien für den spanischen König Karl III. eine günstige Gelegenheit, alte Rechnungen mit Portugal wegen Colonia de Sacramento zu begleichen. Im Vertrag von 1750 hatte sich Portugal verpflichtet, Sacramento an Spanien auszuliefern. Das war hinausgezögert worden, als die Indianer der Jesuitenmissionen sich der Übergabe widersetzten. Wenn auch Pedro de Cevallos Sacramento im ersten Ansturm einnahm, mußten, als Konsequenz des Siebenjährigen Krieges, die eroberten Gebiete gemäß des 1763 geschlossenen Friedens von Paris, den Portugiesen zurückgegeben werden.

Im Juli 1776 erhielt Cevallos den Befehl, den Kampf mit einer Streitmacht aufzunehmen, die als die größte bezeichnet werden kann, die je von Spanien nach Amerika gegangen war. Zugleich wurde Cevallo zum Oberbefehlshaber vom La Plata Strom mit den Titeln eines Vizekönigs, Gouverneurs, Generalkapitäns und Vorsitzenden der Königlichen Audiencia ernannt. Der militärische Erfolg blieb nicht aus. Nachdem sich die Besatzung von Colonia de Sacramento ergab, versuchte der spanische Befehlshaber, sich nicht mehr zurückhalten zu lassen. Der Abschluß des Vertrages von San Ildefonso 1777 unterbrach aber den großen Siegeszug Cevallos, bevor er wirkliche Früchte getragen hatte. Damals wollte Spanien seine ganze Kraft freimachen, um für den Entscheidungskampf gegen England gut gerüstet zu sein.

Durch ein königliches Dekret hatte das Vizekönigreich Chile im Jahre 1776 die Provinz Cuyo an das Vizekönigreich La Plata abgetreten, umfaßte jedoch 1810 wenigstens auf dem Papier immer noch den Süden des Kontinents, während sich Argentinien nur etwa bis zu einer Linie knapp südlich der heutigen Provinz Mendoza und San Luis und von dort bis zum Atlantik erstreckte. Noch heute ist unter argentinischen und chilenischen Autoren strittig, welcher Teil des Südens seinerzeit genau zu welchem Kolonialbezirk gehörte. Fest steht immerhin, daß jedenfalls schon die ersten chilenischen Verfassungsdokumente, angefangen beim Egana-Entwurf von 1811, kontinuierlich das chilenische Staatsgebiet wie folgt begrenzten: Im Norden bis zur Atacama-Wüste, im Osten bis zu den Anden, im Süden bis zum Kap Hoorn und im Westen bis zum Pazifik. Tatsächlich jedoch übte Chile keine Herrschaft in dem riesigen, vorwiegend von Indianerstämmen bewohnten Gebiet aus, sondern konzentrierte seine Anstrengungen auf das Gebiet westlich der Anden. Cevallos blieb nicht lange Vizekönig von Buenos Aires. Aber der Titel des Vizekönigs von Buenos Aires, der ihm in der Zeit größter militärischer Machtentfaltung übertragen worden war, blieb seinem Nachfolger Juan José de Vertiz y Salcedo und damit der Stadt erhalten. Die Bedeutung dieser Tatsache wird erst im Zusammenhang mit der Umgestaltung der Wirtschaft und Verwaltung verständlich, denn nur so konnte die Provinz Cuyo im Westen am Rande der Kordillere dauernd aus der Verbindung mit Chile gelöst und an das kommende Argentinen angeschlossen werden, ein für die südamerikanische Geschichte bedeutungsvolles Ereignis. Spanien wollte der so lange vernachlässigten Stadt Buenos Aires ein Hinterland geben, um sie im Kampfe gegen die Portugiesen in Brasilien zu stärken.

Lange bevor sich Engländer, Franzosen und Holländer Stützpunkte in der Karibik sicherten und diese zu Zentren des internationalen Schmuggels ausbauten, hatte sich der 1580 gegründete Ort Buenos Aires in der La Plata Region zu einem blühenden Schmuggelzentrum entwickelt. 1618 wurde der Export von Spanien auf zwei Schiffe pro Jahr mit 100 Tonnen beschränkt. Außerdem wurde der direkte Handel mit Brasilien unterbunden. Fortan war eine Transferierung von Einfuhren nach Peru möglich, allerdings nur gegen eine zusätzliche Abgabe von 50 Prozent. Dafür wurde 1623 ein Zollhaus in Córdoba eingerichtet, das 1695 an die Grenze zwischen Tucumán und Peru in Jujui verlagert wurde. Erst 1778 wurde Buenos Aires Freihafen für den Handel mit verschiedenen Teilen des spanischen Weltreiches. Hatte Buenos Aires noch um die Mitte des 18. Jh. nur zehn- bis elftausend Einwohner, so ergab die Zählung unter dem Vizekönig Vertiz 24.754 Einwohner in den Stadtmauern und 12.925 in der Umgebung.

Die Rätsel und die Sehnsucht Argentiniens waren die Gauchos. In dem Land, dessen riesige Ausdehnung kaum vermessen und auch für die Bewohner kaum vorstellbar war, drängte man sich seit Jahrhunderten in wenigen Städten zusammen. Die Gauchos waren neben den Indianern die Bewohner der anscheinend herrenlosen Steppen, die nomadisierend mit ihren Pferden umherstreiften und von wilden Rindern lebten. Aus dem Jahr 1744 ist eine Statistik erhalten, die angibt, daß nur 28.000 qkm von der Regierung verwaltet wurden, sich hingegen mehr als eine Million im Besitz der Indianer befanden. Das La Plata Gebiet war im 18. Jh. im Grunde eine endlose Straße, die von Buenos Aires nordwestlich nach Peru hinauf und in einem westlichen Zweig über die Anden hinüber nach Chile führte, eine Straße durch die Wüste. Im Süden dehnte sich – unbezwingbar – die weite Ebene der Pampa. Am Ausgangspunkt lag der Atlantikhafen, an den beiden anderen Enden der Straße, also an den Abhängen der Kordillere hatten sich Oasenstädte entwickelt. Im Norden Tucuman, Salta und Jujuy, im Süden Mendoza. Das war Argentinien. Der Prozeß der Abtrennung Cuyos von Chile im Jahre 1776 verlief ebensowenig schlagartig wie seine Angliederung. Er hatte zweifellos schon vor 1776 begonnen und war mit diesem Jahre noch längst nicht beendet, auch wenn die bisherige peruanische Provinz Chile 1778 zu einem eigenen

Generalkapitanat erhoben wurde. So scheinen in den ersten Jahrzehnten der beginnenden Unabhängigkeit der Republik Chile die Bande mit dem besiedelten Cuyo trotz dessen bereits bestehender Zugehörigkeit zu Buenos Aires noch nicht ganz gelöst worden zu sein. Mehr oder weniger jedoch ging die Entwicklung dahin, daß der siedlungs- und wirtschaftsleere Andenbereich von beiden politischen Sammelräumen aus, also von Buenos Aires und von Santiago her, als erwünschte Grenzzone verstanden wurde. Die dem Hochgebirge eigenen Grenzfaktoren setzten sich schließlich derart durch, daß es zur Sonderbildung zweier Staaten und zweier Völker mit unterschiedlicher Kultur- und Wirtschaftsentfaltung kam.

Der an die Dornbuschsteppe gebundene Sattelstaat des ehemaligen spanischen Kolonialgebietes des „Reyno de Chile" hatte nunmehr endgültig in dem neuen, selbständigen Nationalstaate Chile einem von der Oberflächengestalt bestimmten Gebirgsflankenstaate Platz gemacht.

Das politsche Machtpotential des atlantischen Raumes hat zur Ausgestaltung der trennenden Kraft des Andenkettengebirges geführt und einen jahrhundertelang existierenden Kordilleren-Sattelstaat wieder auseinandergerissen und die vorwiegend pflanzengeographischen Gegebenheiten, die im Sattelstaat eine wichtige Rolle spielten, ausgeschaltet. Am 9. Juli 1816 erklärte der Kongreß von Tucumán formell die Unabhängigkeit der Vereinigten Provinzen des Rio de la Plata. Es folgten aber Bürgerkriege, die erst 1880 ein Ende fanden und es endgültig zum Bundesstaat mit Buenos Aires als Hauptstadt kam. In Chile kennzeichneten zunächst Streitigkeiten zwischen Santiago und Concepción den Beginn der Unabhängigkeit ab 1808, die dann erst am 1. Januar 1818 formell ausgerufen wurde.

35. Die Grenzkonflikte beschäftigen die Kartographen

In der Zeit von 1871 bis 1914 landeten fast sechs Millionen, hauptsächlich europäische Emigranten, am Rio de la Plata. Sie bevölkerten Argentinien wie ein Bienenschwarm mit Kulturen, Sprachen, Traditionen und Lebensvorstellungen. Nachdem in Buenos Aires Stimmen laut geworden waren, die ganz Patagonien für Argentinien forderten und sich die Chilenen 1866 zusammen mit Peru und Ecuador in einen Krieg mit Spanien verwickelt hatten, boten sie Argentinien die gewünschte Ausdehnung nach Süden gegen ein Bündnis an, das Buenos Aires aber ablehnte.

Da die Chilenen beschlossen hatten, sich ganz auf die Eroberung und Ausbeutung der bolivianischen Guano- und Phosphatvorkommen zu konzentrieren, reagierten sie nicht, als General Roca 1873 den Feldzug gegen die Indianer im 436.000 qkm großen Gebiet zwischen dem Rio Diamante und dem Rio Negro bis nördlich der Bucht von San Matias unternahm und deren Landstück annektierte. Ungeachtet seiner damaligen militärischen Überlegenheit unterzeichnete Chile am 23. Juli 1881 einen Vertrag, in dem es weitere 727.266 qkm ohne jede Gegenleistung an Argentinien abtrat. Damit fielen fast ganz Patagonien, ein Teil der Insel Feuerland, die Staaten Insel und alle kleinen Inseln östlich von Feuerland an Argentinien. Der chilenische Teil von Feuerland wurde verwaltungstechnisch den im 19. Jh. durch die Unterwerfung der Araukaner neu hinzugewonnenen Gebieten im Süden des Landes angegliedert und zunächst als Territorium Magallanes organisiert, das das gesamte chilenische Gebiet südlich von 47° s. Br. einschloß. Der Grenzvertrag von 1881, auf den ersten Blick recht detailliert, läßt in etlichen seiner Bestimmungen doch den Erfolgsdruck erkennen, unter dem die Verhandlungen standen. So einigte man sich zwar in der Patagonien- und in der Magellan-Frage einschließlich der Teilung des Feuerlandes. In zahlreichen anderen Fragen der Grenzziehung dagegen begnügte man sich mit allgemeinen geographischen Angaben ohne eine ähnliche Fixierung. Damit war bereits der Keim zu neuen Streitfragen, insbesondere in der sogenannten Beagle-Affaire gelegt. Durch die Schaffung des Territoriums Aysén verlor Magallanes 1928 seinen nördlichen Teil. 1929 wurde Magallanes zur chilenischen Provinz, deren Grenzen sich nominell seit 1974 auch auf den von Chile beanspruchten Sektor Antarktikas erstreckten. Zu dieser neuen Provinz „Magallanes y Antárctica Chilena" gehören heute die Unterbezirke Magallanes Ultima Esperanza, Tierra del Fuego und Antarctica Chilena. Ein zwischen Argentinien und Chile im Jahre 1856 abgeschlossener Freundschaftsvertrag beseitigte zwar ausdrücklich die Grenzziehung von 1810, ohne diese jedoch im Detail festzulegen. Argentinien erhielt durch den östlichen Teil des ehemaligen Reyno de Chile bekanntlich eine Wüste, die sich nach Osten

zwischen die fruchtbare Pampa und die Oasenzone an den Gebirgshängen ein-
schiebt und die den Westen Argentiniens vom Osten fast ebenso wirksam trennt,
wie das ein hohes Gebirge getan hätte. Die Wüste setzt sich dann nach Süden fort
und erfüllt das argentinische Patagonien. Die fast durchweg vom Westen wehenden Winde lagern ihre Feuchtigkeit auf der chilenischen Seite ab und streichen
dann trocken über die fast vegetationslose argentinische Hochfläche. Die Folge
sehen wir in der niedrigen Besiedlungsdichte. Die beiden größeren Flüsse Rio
Colorado und Rio Negro im Norden Patagoniens können nur in einem sehr
begrenzten Ausmaße in dieser niederschlagslosen Landschaft den traurigen Anblick der Öde mildern. Dafür enthält der Boden Patagoniens Erdöl, vor allem
am San Jorge Golf in der Umgebung des Hafens Comodoro Rivadivia sowie auf
Feuerland.

Im Rio de la Plata-Raum verlief die Indianergrenze seit 1781 beinahe unver-
ändert südlich von Buenos Aires und erstreckte sich von Mendoza bis zur Bahia
Samborombon und schloß weite Teile der Pampa, Gesamt-Patagonien und Feuerland vom erschlossenen Teil Argentiniens aus. Obwohl die effektive „Eingliederung der Desiertos" (so nennt man die Eroberung der von nomadisierenden Autochthonen besiedelten Gebiete) im Verlauf der argentinischen Geschichte verschiedene Male versucht wurde, gelang es es keinem, die Indianergrenze bis etwa
1877 nach Süden zu drücken. Die Argentinier unterwarfen zwischen 1879 und
1883 die in ihren neuen Gebieten lebenden Indianer und angeblich auch rund
30.000 chilenische Siedler. Chile hatte bereits 1873 die Magellanstraße für die
internationale Schiffahrt geöffnet und erklärte sich nunmehr auch bereit, diese zu
„neutralisieren" und dort keine Befestigungen anzulegen. Schon 1883 forderten
die Argentiner von Chile weitere 779 qkm, um auf der Insel Feuerland die Grenze
mehr nach Westen zu verlegen. Ihr Ziel war es, die Bucht von San Sebastián völlig
unter ihre Kontrolle zu bringen. Chile erfüllte erneut diese Forderung, worauf
Buenos Aires sofort die unklare Grenzziehung entlang der Anden zur Diskussion
stellte. Selbst wenn man die 1879 stillschweigend aufgegebenen 436.300 qkm als
juristisch nicht einwandfreien chilenischen Besitz betrachtet, wird man nicht
umhin können, festzustellen, daß die Chilenen für ihre Gebiete östlich der Anden
eine sehr pragmatische Politik betrieben und sich nicht durch verschiedene blu-
tige Zwischenfälle provozieren ließen. Ursprünglich kamen alle Regierungen der
neuen lateinamerikanischen Staaten zunächst überein, die alten Grenzen im Prin-
zip beizubehalten. Schnell wurde aber der Mangel an geographischen Kenntnissen erkannt, der zu einer unzureichenden Festlegung der Grenzen führte. Das
veranlaßte die jungen Staaten zur Herstellung eigener Karten.

Die „Mapa de la Republica Argentina", die 1875 in Buenos Aires erschien,
wurde von A. v. Seelstrang und A. Tourmente nach modernen kartographischen
Methoden erstellt. Sie bildete einen Vorläufer der offiziellen Kartographie, die
erst später entstand. 1892 folgte „Mapa y Atlas de la Republica Argentina

construido y publicado por el Instituto Geografico Argentino, bajo les auspicios del Exmo Gobierno Nacíonal" mit der „Mapa de la Republica Argentina" von A.v. Seelstrang. Für die chilenische Regierung schuf 1884 der Ingenieur A. Bertrand die „Mapa de Chile, construido por encargo del gobierno de Chile para uso de los datos mas recientes" mit den neuen Grenzen von 1881 zwischen Chile und Argentinien im Bereich Patagonien und Feuerland.

Bis zum Abkommen zwischen Argentinien und Chile im Januar 1890, das die Grenzen von Sachverständigen festlegen sollte, hatte der zweideutige Ausdruck des Vertrages von 1881, daß „die höchsten Spitzen der Kordillere, die die Wasserscheide bilden, die Grenze bezeichnen sollten", die einzige Rechtsgrundlage gebildet. Es hatte sich aber inzwischen herausgestellt, daß die Wasserscheide ziemlich weit östlich vom Gebirgskamm zu suchen war, da die Quellen der in den Pazifik fließenden Flüsse im patagonischen Hochland lagen. Die Entscheidung über die Wahl der Berggipfel oder der Wasserscheide als Grenze wurden zu Machtproben, weil dadurch der eine oder andere Staat kleine Landgewinne bzw. -verluste in Kauf nehmen mußte, die zu einer Prestigefrage wurden.

Eine Grenzziehung über die Gipfel der Anden-Kordillere hätte Argentinien im Süden des Festlandes Zugänge zum Pazifik eröffnet. Es wäre eine Lösung gewesen, die Chile in Vorwegnahme des später von Argentinien reklamierten „Ozean"-Prinzips, aber auch wegen der damit verbundenen Trennung seines Territoriums, unter gar keinen Umständen zu akzeptieren bereit war. Umgekehrt wollte auch Argentinien die im Hinblick auf zahlreiche weit östlich entspringende Pazifkzuflüsse wiederum vorteilhaftere Wasserscheiden nicht hinnehmen. Chile bekam keinen Anteil an dem König der Anden. Der Aconcagua liegt auf argentinischem Gebiet. Dafür kann Chile sich rühmen, innerhalb seiner Grenzen so gewaltige Höhenunterschiede zu besitzen, wie sie sonst nirgends in Südamerika vorkommen, wenn man die Distanz zwischen den höchsten Kordillerengipfeln und dem tiefsten Punkt am Meeresgrund unmittelbar an der chilenischen Küste berücksichtigt.

Im Kartenbild gleicht Chile einem Säbel an der Westflanke Südamerikas, einem Säbel, der am Wendekreis des Steinbocks, am 18. Breitengrad beginnt, um mit seiner, gegen den Südpol gerichteten Spitze in der Höhe des 54. Breitengrades zu enden. Seine geringe Breitenausdehnung ergibt eine kontinentale Bodenfläche von der Gesamtgröße Frankreichs, Portugals und Belgiens. Aber der chilenische Landbesitz in der Antarktis, der sich flächenartig zwischen dem 53. und 90. Längengrad darstellt, fügt mehr als 1.200.00 qkm der Flächengröße Chiles hinzu, fast das Doppelte seiner Oberfläche auf dem Kontinent. Die heutige Gestalt Chiles wird auch gern mit einer Dame verglichen: Sie ist äußerst schlank, reicht von Oslo bis Mekka, hat eine unerhörte Taille, und wir alle sind ihren Reizen erlegen. Mit ihrer kartographischen Koketterie erweckt sie den Eindruck, als sei sie ein langes Band, das Argentinien vor den Spritzern des kalten Pazifiks schützt.

Der Natur unserer Dame gefällt es, voller Gegensätze und dramatischer Effekte zu sein und gelegentlich im Untergrund Purzelbäume zu schlagen. Es erwachte in beiden Ländern die Erinnerung an die alten Streitigkeiten um die Magellanstraße. In den vierziger Jahren, als Buenos Aires vom Welthandel abgesperrt wurde, hatte der chilenische Präsident Bulnes in der Meeresstraße das Fort Bulnes errichten lassen, aus dem sich mit der Zeit die Stadt Punta Arenas, heute Magallanes, entwickelte. Als dann Buenos Aires seinen Tyrannen General Rocas gestürzt hatte, drohte Krieg, der durch das Abkommen von 1881 nur mit Mühe beigelegt wurde. Eine groteske Situation: Die Meeresstraße weit im Süden ist durch weite Wüsten und ein kaum bewohntes Inselgebiet von den Zentren der beiden Staaten getrennt, die nun ihretwegen Krieg führen wollten. Dabei war Magallanes wirtschaftlich stärker nach dem Weltmeer, also Europa gerichtet als nach dem chilenischen Kernlande des Längstales. Da war Patagonien um vieles attraktiver. Der wirtschaftliche Aufbau Patagoniens wurde bekanntlich bestimmt durch die Niederschlagsverhältnisse, die auf beide Staaten ungleich verteilt sind. Sie erlaubte den Chilenen leichter und schneller, sich in den Wäldern am Gebirgsrande niederzulassen, als den Argentiniern sich über die wasserlosen Flächen des Ostens an die günstigeren Gebiete des Westens heranzuarbeiten. Ein Konflikt der aufeinanderstoßenden Gegner war vorprogrammiert, weil es um die Vormachtstellung ging. Die erstarkten Argentiner verlangten eine Auslegung des Vertrages von 1881 in ihrem Sinne. Die Präsidenten beider Staaten unterschrieben im April 1896 einen Vertrag, der die strittige Grenzfrage dem Schiedsspruch der greisen Königin von England unterwarf.

1896 leitete Francisco Moreno als Sachverständiger Argentiniens eine gut ausgestattete Expedition zur Klärung des argentinisch-chilenischen Grenzstreites. Zur Seite standen ihm ein ansehnlicher Stab von Topographen und Ingenieuren, fast ausnahmslos Deutsche, darunter der Geologe R. Hauthal und der Naturforscher Jul. Koslowsky. Von chilenischer Seite waren seit 1892 ähnliche Operationen im Gange, ebenfalls unter deutscher Beteiligung durch Dr. Hans Steffen, Prof. Dr. P. Krüger und P. Stange. Der topographische Gewinn der beiden Kommsissionen konnte sich sehen lassen. Selten in der Geschichte der Forschungsreisen hat der Streit um Staatsgrenzen so schnell gute Früchte für die Wissenschaft reifen lassen, wie in diesem Fall. Ein Museum in der Provinzhauptstadt Coyhaique hält die Erinnerung an den maßgeblichen Beitrag der deutschen Pioniere zur Erforschung und Erschließung der Urwald- und Seenlandschaften Aisens, seiner Flüsse, Gletscher und Fjorde wach.

Bereits im September 1900 kam es zu erneuten Spannungen zwischen beiden Ländern wegen der Grenzkonflikte zwischen Chile und Bolivien. Noch einmal siegte die Vernunft. Der britische Vertreter Holdich setzte sich durch, er reiste in das strittige Gebiet und legte die Grenze fest. Als er nach achtmonatigen Verhandlungen nach England zurückkehrte, war eine Linie vermessen, die zwischen den

Gipfeln und der Wasserscheide verlief. Sie wurde vom englischen König Edward VII. durch den Spruch vom 20. November 1902 zur endgültigen Grenze zwischen Argentinien und Chile erhoben. Alle künftigen Streitigkeiten sollten dem König von England unterbreitet werden, nicht mehr Gewalt und Krieg, sondern das Recht sollte zwischen den südamerikanischen Staaten entscheiden. Nach der Eingliederung von Feuerland in den argentinischen Staat als Territorium im Jahre 1884 gelangte die Entwicklung dieser Region in die Kompetenz der „Oficina de Tierras y Colonias". Da ein Defizit an brauchbarem Kartenmaterial bestand, konnten die genauen Grenzverläufe nur an Ort und Stelle geklärt werden. Die Vermessungsarbeiten wurden durch politische Spannungen und die klimatischen Bedingungen erschwert. Ja, sie waren praktisch nur in den Sommermonaten durchführbar.

Nachdem Chile durch einen amerikanischen Schiedsspruch 1899 weitere 60.000 qkm an Argentinien abtreten mußte, die es 1879 von Bolivien erobert hatte, und weitere 39.915 qkm längs der Anden aufgrund des Schiedsspruches vom englischen König Edward VII. im Jahre 1902, erhielt Argentinien nach chilenischer Auffassung im Verlauf von nur 25 Jahren 1.264.260 qkm chilenischen Boden. Es kam darüber zu keinem Krieg, obgleich Chile gleichzeitig von Peru und Bolivien nur 176.767 qkm eroberte. Immerhin führte die Spannung zwischen den beiden Staaten zu einem spektakulären Wettrüsten, das beide Länder an den Rand des Ruins brachte. Deshalb trafen sich die beiden Staatspräsidenten Roca und Errazuriz 1899 an der Magellanstraße und legten die Grundlage für drei 1902 unterzeichnete Verträge, welche vorerst eine Entspannung herbeiführten.

Ansprüche auf Patagonien kamen auch von unerwarteter dritter Seite, die die chilenische Regierung zur Befürchtung trieb, die Franzosen könnten sich mit den Araukanern gegen sie verbünden und das Land womöglich vom Süden aus angreifen. Es war ein Rechtsanwalt aus dem französischen Departement Dordogne, Orllie Antoine Tounens, der an den chilenischen Staatspräsidenten Pedro Mott ein ungewöhnliches Kommunique schickte, das am 17. November 1860 bei ihm eintraf. Darin wurde er über die Errichtung eines Königreiches von Araucania und seine Inthronisation als König unterrichtet. Bei Voltaire stieß er auf den spanischen Dichter Alonso de Ercilla y Zuniga, der zwischen 1555 und 1558 in „La Aroucaná" die Araukaner als heldenhafte, gewitzte Krieger pries. Mit Freimaurerfreunden gelang es dem selbsternannten König von Valparaiso aus, Kontakt zu einzelnen araukanischen Kaziken aufzunehmen, die ihm 1860 eine Reise nach Araucania ermöglichten. Tatsächlich gelang es ihm, von den Kaziken zum König gewählt zu werden. Aber seine Versuche, auch von der chilenischen Regierung als Monarch anerkannt zu werden, wurden in aller Härte ignoriert. Tounens machte vier vergebliche Versuche, um den Anspruch zu verwirklichen. 1862 wurde er verhaftet und wegen Landfriedensbruchs angeklagt. Gebrochen und mittelos kehrte er 1877 in sein Heimatland zurück, wo er ein Jahr später in

Tortosrae starb. Schon Thomas Cavendish hatte 1590 darüber nachgedacht, die Araukaner, die erklärte Feinde der Spanier waren, als Truppe gegen Chile einzusetzen. Sein Beispiel hat auch bei den Franzosen Schule gemacht. Verschiedene Vorschläge von französischer Seite, so auch von Admiral de Petit Thouars wurden jedoch niemals verwirklicht. Aus Tounens im Jahre 1863 in Paris veröffentlichten Memoiren geht nicht hervor, ob sich seine Vorstellungen auf die Vorschläge seiner Landsleute bezogen. Die Haltung der französishen Regierung war ablehnend. Auch nach Tounens Verhaftung war die Regierung nicht bereit, ihm beizustehen. Die Unternehmungen Tounens stellten die argentinische und chilenische Regierung jedoch unter Zeitdruck, um zu einer raschen und endgültigen Klärung der Machtverhältnisse im Süden des Kontinents zu kommen.

Der „Orden der stählernen Krone", den Tounens auf seiner zweiten Expedition in Araukanien gegründet hatte, blieb bestehen. Ein Bekannter Tounens, Gustave-Achille Laviarde, nannte sich Achille I. Bis zum heutigen Tag existiert das Königshaus von Araukanien und Patagonien im Exil in Frankreich. Ein selbsternannter Prinz Philippe von Araukanien hielt 1961 vor der UNO eine Rede über die Rechte der Araukaner.

Als im 18. Jh. die Eröffnung des Handels durch die Magellanstraße unter Karl III. die alten Handelsverbindungen über Dairen/Panama entwertete, hatte sich eine Umwälzung angebahnt, die dann vor allem durch die Dampfschiffahrt gefördert wurde. Peru mußte in seiner Bedeutung zurücktreten, Chile und Argentinien waren die Gewinner. Callao verlor seine Vormachtstellung an Valparaiso.

Das Gesicht der südamerikanischen Welt sollte sich im August 1914 mit der Eröffnung des Panama Kanals plötzlich geopolitisch und wirtschaftlich ändern. Die einstige Südpassage durch die Magellanstraße oder um Kap Hoorn wurde über Nacht zur Bedeutungslosigkeit verurteilt. Der Kanal ersparte dem Schiffsverkehr einen Umweg von vielen tausend Seemeilen und bringt unübersehbare strategische Vorteile. Zuvor war alles anders. Für den Goldrausch in Kalifornien war noch im 19. Jh. das fern gelegene Valparaiso die Nachschubbasis für Lebensmittel. Der Weg um das Kap Hoorn oder durch die Magellanstraße wird jährlich noch von rund 1.000 Schiffen benutzt, im Vergleich zu über 14.000, die das südafrikanische Kap der Guten Hoffnung umfahren. Sollte jedoch der Panama Kanal aus irgendwelchen Gründen ausfallen, so dürfte sich die Zahl vervierfachen und 50 Mio. BRT erreichen, davon die Hälfte Tanker. Die Eröffnung des Kanals rückte das Interesse für den Südatlantik an die Peripherie. Erst die Falkland-Krise im Jahre 1982 zog die internationale Aufmerksamkeit wieder auf diese Region.

Der Versuch, das 4.300 km lange und zwischen 180 und 90 km breite Land von Arica im Norden und Punta Arenas im Süden mit einer durchgehenden Straße zu verbinden, fiel buchstäblich ins Wasser. Daher endet heute noch die chilenische Zivilisation für die meisten Besucher in der Hafenstadt Puerto Montt. Alles, was dahinter liegt, ist, der Natur sei's gedankt, Abenteurern vorbehalten. Nur im gebrochenen Verkehr mit Hilfe von Fähren gelangt man nach Puerto Natales und von dort zum Naturpark Torres del Paine und Punta Arenas. Es ist ein Weg von 2.290 km voller großartiger Wunder der Natur, der es jeden einzelnen, holprigen und staubigen Straßenkilometer wert ist, gefahren zu werden, um noch Abenteuer pur zu erleben.

36. Der Streit um den Beagle-Kanal

Der Besitz von Inseln oder die Herrschaft über Meerengen gehört zu den wichtigsten Faktoren der Geopolitik. Daran hat sich wenig geändert seit den Zeiten, da die Griechen Troja zerstörten, um den Hellespont zu beherrschen. So kommt es immer wieder vor, daß um einiger, oft auch kahler und unscheinbarer Eilande willen, Regierungen, die im Grund Wichtigeres zu tun hätten, Kriege führen. Wenn es keine Kriege und internationalen Streitigkeiten gäbe, würden viele geographische Kenntnisse trotz aller Bemühungen von geographischen Autoren, auf den Nullpunkt sinken. Grenzstreitigkeiten haben dafür gesorgt, daß der nach Robert Fitz Roy's Fregatte genannte „Beagle-Kanal" durch die Medien mit Beginn unserer Jahrhundertmitte in aller Munde war.

Und da die südlichste Ostwest-Passage des amerikanischen Kontinents, die etwa dreihundert km südlich der Magellanstraße und rund 170 km nördlich, fast parallel zum 55. südlichen Breitengrad verläuft, zum Politikum geworden war, wurde auch über ihre Länge heftig gestritten. Die natürliche Wasserstraße zwischen 66° und 70° w. L., die den Südatlantik mit dem Südpazifik verbindet, ist je nach gewünschter Bezugsposition 192 bis 240 km lang.

Die größeren Inseln des Feuerland-Archipels erstrecken sich in einem Dreieck nach Süden bis zum Ende Chiles und des amerikanischen Doppelkontinents. Doch vor dem Finale wird es von einem Einschnitt unterbrochen, der genau wie die Magellanstraße zwei Ozeane verbindet. Die natürliche Wasserstraße ist an ihrem westlichen Ende mit der Magellanstraße durch zwei große Kanäle, den Barbara- und Magdalenen-Kanal, die an derselben Stelle in sie einmünden, verbunden. Große Inseln liegen südlich des Beagle-Kanals. Einige haben so kapriziöse Formen, daß man auf der Karte ihren Ufern mit der Fingerspitze nachfahren muß, um zu erfahren, ob sie Inseln oder Halbinseln sind. Nur die große Navarino-Insel mit ihren Nachbarn Picton, Lennox und Nueva sind deutlich als Inseln abgehoben.

Da die Grenzlinie zwischen Argentinien und Chile sich nicht mehr an den hohen Berggipfeln der Andenkette als Richttürme orientieren konnte, wurde sie mehr und weniger willkürlich gezogen. Die Grenzlinie durchschneidet die große Insel Feuerland von Norden nach Süden und verläuft bis zum Beagle-Kanal. Im bilateralen Vertrag heißt es, daß die „Inseln südlich dieses Kanals Chile gehören". Nach der von der Expedition Fitz Roy's angefertigten Karte liegt die Ostmündung des Beagle-Kanals zwischen Kap San Pio und der Waller-Spitze auf der Insel Nueva.

Die von Fitz Roy „Beagle-Kanal" genannte Meeresstraße bekam zweifellos einen einzigen Namen, weil er einer einzigen Handlung entsprach. Die lag darin, die Benutzung eines schon existierenden und namenlosen Kanals, der eine direkte

Verbindung zwischen zwei Ozeanen darstellt, zu dokumentieren. Es ist diese Verbindung, die den Namen „Beagle-Kanal" erhielt. Davon mußten auch die Vertragspartner ausgegangen sein. Ohne Erfüllung dieser Aufgabe wäre der Kanal bedeutungslos wie zahllose andere Kanäle Feuerlands, die mehr oder weniger nutzlos und darum auch namenlos sind.

In den fünfziger Jahren dieses Jahrhunderts begannen sich argentinisch-chilenische Zwischenfälle in der Beagle-Region zu häufen. Die beginnende Reform des internationalen Seerechts, die kräftig sprudelnden neuen Ölquellen in Patagonien und Feuerland und der Abschluß von Verhandlungen über den Antarktis Vertrag, gaben der Beagle-Frage eine neue Dimension. Sie veranlaßte beide Parteien, eine endgültige Klärung ins Auge zu fassen, nachdem die früheren Anläufe ohne Erfolg blieben. Der Streit der beiden Länder ging vordergründig neben der Grenzdemarkation im inneren Kanallauf – vor allem um die territoriale Souveränität über die drei Inseln Picton, Lennox und Nueva am Atlantikausgang des Kanals. Daß es um den Besitz dieser entlegenen, insgesamt nur 457 qkm großen Eilande mit damals nicht mehr als acht chilenischen Schafzüchtern, fast zum Kriege gekommen wäre, mutet für den Außenstehenden zunächst an wie ein exotischer Anachronismus.

Die aktuelle wirtschaftliche Dimension des Streites um den Beagle-Kanal wird bestimmt von dem Beitrag, den die Region zur ökonomischen Entwicklung der beiden Länder leisten kann. Die drei Inseln gehören als geographischer Bestandteil des Feuerland Archipels zu einer energiepolitisch äußerst zukunftsträchtigen Region „Patagonien" bzw. „Magallanes".

Der Energiereichtum beruht vor allem auf umfangreichen Erdöl- und Erdgasvorkommen, deren Förderung sich argentinischerseits bislang auf Ost-Patagonien und Ost-Feuerland (Isla Grande) sowie auf den atlantischen Festlandsolckel nördlich von der Staaten Insel erstreckt. Chile konzentriert sich derzeit auf die Reserven der Magellanstraße und richtet sein Augenmerk zunehmend auch auf den pazifischen Festlandsockel. Völkerrechtlich sah ein Protokoll von 1893 ausdrücklich vor, daß Chile keinen Anspruch auf Zugang zum Atlantik und Argentinien keinen solchen zum Pazifik habe. Der Vertrag von 1881 bestimmte außerdem, daß die Inseln südlich des Beagle-Kanals bis zum Kap Hoorn und jene westlich von Feuerland zu Chile gehörten: doch ließ dieser unklar formulierte Vertrag offen, wo die „Grenze" zwischen dem Atlantik und dem Pazifik verlaufen soll.

Chile sah zunächst Anlaß für eine Beschwerde über argentinische Übergriffe auf den Bridges-, Eclaireurs-, Isla-Grande- und Snipe Inseln im Beagle-Kanal. Im Mai 1958 zerstörten die Argentinier chilenische Seezeichen, und die Chilenen entfernten daraufhin von den Argentiniern aufgestellte Baken. Die Spannung konnte auch durch ein Treffen der beiden Staatspräsidenten Frondizi und Alessandri nicht beigelegt werden. Die Argentinier bauten Ushuia zu einem großen Stützpunkt aus und beide Staaten errichteten neue Basen in der Antarktis.

Die Argentinier formulierten nun mehrere neue Thesen, die beweisen sollten, daß der in gerader Linie von Ost nach West verlaufende Beagle-Kanal in Wirklichkeit nicht 240, sondern nur 192 Kilometer lang sei und sich lediglich bis zur Snipe Insel erstreckte und daß die Grenze hier scharf nach Süden abbiege. Dadurch gehörten Picton, Lennox und Nueva sowie einige kleinere Inseln eigentlich zu Argentinien, während die Scheide zwischen den beiden Ozeanen, wie bereits 1938 in Oslo von Buenos Aires vorgeschlagen, längs dem Meridian der Insel Diego Ramirez verlaufen sollte. Indirekt kommt dies einem argentinischen Anspruch auch auf die Inseln Navarino und die Hermite samt Kap Hoorn gleich. Da diese Inseln wirtschaftlich von geringem Wert sind, stehen geostrategische Überlegungen hinter den argentinischen Forderungen, die wohl bezwecken sollten, sämtliche Zufahrten nach Ushuaia unter eigene Kontrolle zu bringen.

Die Chilenen widersetzten sich jeder Änderung des Grenzverlaufs und waren der Auffassung, die Scheide zwischen den beiden Ozeanen verlaufe auf einer Linie, die sich als Fortsetzung der Anden unter Wasser definieren läßt und sich östlich in einer Schleife über die Burdwood-Bank, Süd-Georgien, die Süd-Sandwich- und Süd-Orkaden-Inseln bis zu den Süd-Shetlands und dem chilenisch verwalteten O'Higgins-Land in der Antarktis erstreckt. Diese Auffassung konnte zwar wissenschaftlich interessant sein, hatte jedoch geringes politisches Gewicht und erschien deshalb unrealistisch.

1962 stand ein Navigationsabkommen zur Diskussion, das argentinischen Kriegsschiffen das Recht hätte geben sollen, die chilenischen Zufahrten zur Magellanstraße nach Voranmeldung, in „Notfällen" jedoch auch ohne eine solche, zu befahren. Es wurde vom chilenischen Parlament abgelehnt, da ja die Argentinier den ihnen gehörenden Teil Feuerlands stets von Osten her anlaufen könnten.

Am 11. Dezember 1967 erhielt der argentinische Botschafter in Santiago eine ausführliche chilenische Note, die erstmals seit 1915 wieder die englische Krone als Schiedsrichter nach dem Vertrag von 1902 ins Spiel brachte. Erst nach zähen Verhandlungen, an denen sich auf Betreiben Chiles auch Großbritannien beteiligte, gab Argentinien seinen Widerstand gegen die Schiedsrichterrolle Großbritanniens auf, die durch die schwebende Falkland-Krise erschwert wurde.

Der Preis dieses Einlenkens war allerdings die Kündigung des alten Schiedsvertrages von 1902 und der Abschluß einer neuen Vereinbarung, derzufolge bilaterale Streitigkeiten künftig dem Internationalen Gerichtshof in Den Haag unterbreitet werden sollen. 1971 stimmten die Staatspräsidenten Lanusse und Allende in Salta diesem Lösungsspruch zu und einigten sich über einen unterdessen anwendbaren modus vivendi.

Als dann aber am 18. Februar 1977 der britische Schiedsspruch zugunsten von Chile ausfiel, weigerte sich Argentinien ganz einfach, diesen zu akzeptieren, worauf die Spannung weiter zunahm. Ein Treffen zwischen den Staatspräsidenten Videla und Pinochet am 19. Januar 1978 in Mendoza sowie den Außenministern wie auch die Verhandlungen einer gemischten Kommission und selbst die Beschwörung von Präsident Carter und Papst Johannes Paul II. brachten keine Lösung. Historischen Vorbildern folgend, schalteten sich die beiden Präsidenten stärker in das Geschehen ein. Die Gegensätze konnten aber erneut nicht überbrückt werden. Als mögliche neue Vermittler wurden König Juan Carlos I. von Spanien, UN Generalsekretär Waldheim und Papst Johannes Paul II. genannt.

Während man im Ausland noch über den Zeitpunkt für den Ausbruch eines „Weihnachtskrieges" spekulierte, hatten Chile und Argentinien in Geheimkontakten mit dem Vatikan bereits am 21. Dezember 1978 akzeptiert, einen päpstlichen Emissär zu Sondierungsgesprächen zu empfangen.

Auf neutralem Boden, am 9. Januar 1979 in Montevideo, wurden zwei Dokumente von den beiden betroffenen Außenministern und Kardinal Samoré unterzeichnet, in dem von Chile und Argentinien ein Vermittlungsersuchen an den Heiligen Stuhl offiziell gebilligt wurde. Die ihm übertragene Vermittlerrolle nahm Papst Johannes Paul II. an, um dann eine Dreierkommisssion zu beauftragen, einer endgültigen, einvernehmlichen Lösung den Weg zu ebnen.

Aber erst 1984 konnte der Grenzstreit endgültig durch ein vom Papst angeregtes Abkommen, das Chiles Souveränität über die drei Inseln am östlichen Ausgang des Beagle-Kanals bestätigte, beigelegt werden. Land- und Seekarten erwiesen sich bei dem Zustandekommen des Schiedsspruches als Chiles beste Verbündete. Bei der Auslegung des Grenzvertrages von 1881 beschäftigten sich die Gerichte mit über 400 Karten, die ihnen die Parteien unterbreitet hatten. Für die außervertraglichen Karten haben die Richter weniger auf den von Argentinien besonders hervorgehobenen Unterschied zwischen offiziellen und nicht offiziellen Karten abgestellt, sondern auf die Zeitfolge und jeweilige Herkunft. Dabei wurde denjenigen Karten ein Vorrang eingeräumt, die aus Zeiten datieren, in denen die fraglichen Grenzen noch unstrittig waren. Daher kamen Karten, die ursprünglich mit denen der späteren Gegenpartei übereinstimmten, eine besondere Bedeutung zu. Das war bei einer ganzen Reihe früherer argentinischer Karten der Fall. Die chilenische Regierung veröffentlichte 1979 in Genf eine zweisprachige Dokumentation mit 33 Karten von 1876–1967 unter dem Titel: „Relaciones chileno-argentinas; la contraversia del Canal Beagle, Chileno – Argentine relations" the Beagle-Channel controversy. Una Selección cartografica (hier auch eine Südamerikakarte aus dem Stieler Handatlas von 1889). Die Richter bewerteten insbesondere die drei folgenden Karten mit besonderer Aufmerksamkeit:

1.) British Admirality Chart No 786 von 1881: Obgleich die Quellen aus Argentinien stammten, zeigt die Seekarte die Picton-Lennox-Nueva-Gruppe deutlich als chilenisches Territorium. Noch im selben Jahr hatte die britische Admiralität über das Außenministerium auch von chilenischer Seite das Exemplar einer Karte erhalten, die den Grenzverlauf wiedergab und die in Rede stehende Gruppe ebenfalls als chilenisches Territorium zeigte.

2.) „Irigoyen"-Karte: Diese argentinische Karte wurde nach dem argentinischen Außenminister genannt, der sie dem britischen Botschafter in Buenos Aires privat überlassen hatte. Sie zeigt mit unterschiedlicher Färbung die den beiden Staaten zustehenden Gebiete. Unkoloriert sind jene Gebiete, wie die Inselgruppe, die unstrittig unter chilenische Souveränität fallen.

3.) „Latzina"-Karte: Als Bestätigung seiner Entscheidung faßte das Gericht auch die sogenannte „Latzina"-Karte von 1882 auf. Sie wurde unter der Ägide des inzwischen zum argentinischen Innenminster ernannten Senor Irigoyen von Dr. Latzina herausgegeben. Dieses geschah im Zusammenhang mit einer offiziellen Monographie über Argentinien als Einwanderungsland. Auch diese Karte zeigt die Picton-Nueva-Lennox-Gruppe als chilenisches Gebiet. Obwohl diese Grenzdarstellung von den argentinischen Behörden ab ca. 1889 nicht mehr favorisiert wurde und die Inselgruppe dann folglich als argentinisch dargestellt wurde, hatte das Gericht die Änderung nicht berücksichtigt. Es vertrat den Standpunkt, daß die Karte zwar nicht als solche beweiskräftig sei, aber durchaus die amtliche argentinische Haltung zum Grenzverlauf in der unmittelbar auf den Vertragsabschluß folgenden Zeit reflektiere.

Im Grenzstreit um den Beagle-Kanal sprach besonders der Zeitfaktor gegen Argentinien: nur eine der argentinischen Karten aus der Periode unmittelbar nach Vertragsabschluß bis etwa 1887/88 wies die Inselgruppe als argentinisch aus. Es handelt sich um die 1888 von M. Pelliza, Unterstaatssekretär im argentinischen Außenministerium, publizierte Karte. Sie zeigte eine Grenzlinie, die Picton in einen nordwestlichen chilenischen und einen südöstlichen argentinischen Teil spaltete und sodann zwischen Navarino und Lennox nach Süden verlief; im Ergebnis also eine Hälfte von Picton sowie Lennox und Nueva für Argentinien reklamierend. Argentiniens Anspruch auf eine Souveränität über die gesamte Inselgruppe fand sich erstmals ein Jahr später in seinem offiziellen Katalog zur Pariser Weltausstellung von 1889. Eine dritte Version präsentierte Argentinien schließlich im Kordilleren-Streitverfahren von 1898/1902: Die erstmals von Julius Popper propagierte Teilung der Inselgruppe südlich von Picton und Nuevo (Pasao Picton-Paso Richmond) mit der Folge, daß wenigstens Lennox zu Chile gehörte. Die große Mehrheit von Karten aus Drittländern – und natürlich – alle chilenischen Karten, stellten dagegen Picton-Lennox-Nueva durch Grenzlinien, Färbung oder Beschriftung als chilenisches Territorium dar.

Der Vertrag gibt jetzt Argentinien Hoheitsrechte über das Meer bis zum weit westlich der Insel gezogenen Längengrad des Kap Hoorn. Chile verpflichtete sich, östlich vom Ausgang der Magellanstraße in Zukunft keine Souveränitätsansprüche mehr zu stellen. Der Längengrad vom Kap Hoorn zur Antarktis teilt die Drakestraße auf; jener wird nach dem Kompromiß den Atlantischen vom Pazifischen Ozean scheiden. Chile und Argentinien können jeweils westlich bzw. östlich 200 Seemeilen beanspruchen.

Es ist zu erwarten, daß das jetzige Grenzabkommen, nicht wie frühere, ein zeitiges „Verfallsdatum" schon bei seinem Abschluß in sich trägt.

Ein letzter Streitpunkt ist der „Campo de Hielo Sur", eine Gletscherfläche auf der Höhe des fünfzigsten Breitengrades. Die frostige Unwirtlichkeit Patagoniens im Schatten der hier bis zu mehr als dreitausend Meter hohen Andengipfel erhitzte die Gemüter mancher Chilenen spätestens seit 1995. In jenem Jahr stand die Ratifizierung eines Vertrages an, der zwischen den damaligen Präsidenten Chiles, Aylwin, und Argentiniens Menem, im Jahre 1991 geschlossen wurde. Es geht um eine bisher umstrittene Fläche von insgesamt 2.200 qkm, die so aufgeteilt werden soll, daß auf Chile 1.000 und auf Argentinien 1.200 qkm entfallen. Wie schon in der letzlich vom Papst entschiedenen Auseinandersetzung um die drei Inseln am Beagle-Kanal, wird möglicherweise auch der „Camp de Hielo" nun erst durch Schiedsspruch von dritter Seite seine nationale Zuordnung erfahren.

Die Aufgeregtheit bei der Regelung von Ansprüchen auf von Eis und Schnee bedeckte und wirtschaftlich absolut unbedeutende Landstriche erklärt ein Blick auf die Karte. Nichts fürchtet Chile bekanntlich mehr, als den Drang des ungeliebten Nachbarn an den Pazifik. Denn nur etwa acht Kilometer trennen an einigen Punkten, so bei Puerto Natales oder im Naturpark von Torres del Paine, Argentinien von dem, was auf chilenischen Karten nicht ohne politischen Hintergrund gern „mar chileno" genannt wird. Wenn sich, so das Szenario von chilenischen Politikern, in etwa einem halben Jahrhundert die Gletscher des Campo de Hielo als Folge der allgemeinen Erwärmung zurückziehen würden, könnte Argentinien auf das Chilenische Meer blicken. Zur Beruhigung der Chilenen sei gesagt, daß sich dort auch ein Granitberg von 2.300 m Höhe erhebt, der nach einem Abschmelzen der Gletscher die Aussicht auf das „Chilenische Meer" verhindert.

37. Die Antarktis – Der Südpol

Die Antarktis ist mit 14 Millionen qkm fast doppelt so groß wie Europa. Von allen Kontinenten ist sie – zitiert nach Angaben im Naturkundemuseum in Gotha – der kälteste (tiefste gemessene Temperatur –90° C), der windigste (extrem starke Sturmböen an den meisten Tagen des Jahres), der trockenste (relative Luftfeuchtigkeit nahe 0 % mit 100 mm Jahresniederschlag, vergleichbar einer Wüste), der unzugänglichste (unter einer 2 km dicken Eiskappe verborgen), der hellste (blendende Helligkeit im kurzen antarktischen Sommer), der dunkelste (acht Monate während Finsternis), der sauberste (keimarme Luft), der sensibelste (schon geringste Veränderungen des Lebensraumes verursachen irreversible Störungen des Gleichgewichtes).

Francesco Rosellis Weltkarte von 1508 ist vermutlich die erste gedruckte Karte, die die Bezeichnung „Antarcticus" im Gegensatz zu „Artic" verzeichnet. Der Florentiner Kosmograph, Verleger und Buchmaler (1447/48– nach 1513) meinte damit aber „terra australis". Eine der ersten selbständigen Karten des Südpols war die von Henricus Hondius aus dem Jahre 1639. Sie wurde in verschiedenen Ausgaben veröffentlicht, ein weit verbreiteter Kartentyp, der das Bild der Antarktis im 17. Jh. bestimmte und bekannt machte (vgl. Kartenanhang, Abb. 74).

Mit James Cooks zweiter Weltreise (1772/75) und der von Fabian Gottfried von Bellinghausen (1819/21), die das Ende der Südlandsuche einleiteten, begann auch die Südpolarforschung. Mit der „A Chart of the Southern Hemispere, Shewing the Tracks of some of the most distinguished Navigators" (in Cooks „A Voyage towards the South Pole and round the World", Bd 1, London 1777) wurde der Raum abgesteckt, in dem sich allenfalls ein Südpolargebiet befinden konnte. In einigen bisherigen polständigen Südpolarkarten wurde auf die Einzeichnung des hypothetischen Südlandes bereits ganz verzichtet, so bei G. Delisle's „Hemisphere Meridional pour voir plus distinctement les Terres Australes" aus dem Jahre 1714.

Am nächsten an Antarctica reicht Südamerika mit Kap Hoorn heran, das durch die mehr als 500 km breite Drakestraße von den Inselgruppen der Südshetlands und Südorkneys getrennt ist. Die Fläche dieses Kontinents ohne Schelfeis bedeckt 13.177 Millionen qkm und ist bei einer mittleren Höhe von 1.600 m der höchste Kontinent der Erde. Damit ist die Antarktis doppelt so groß wie Australien und größer als Europa bis zum Ural. Rechnen wir den 600 bis 1.000 km breiten Packeisgürtel hinzu, so verdoppelt sich die Fläche. Die südpolare Eismasse ist dann größer als Afrika.

Cooks berühmtes „nec plus ultra", das besagen sollte, es sei aussichtslos, weiter nach Süden vorstoßen zu wollen, schreckte zunächst von weiteren Entdeckungsfahrten ab. Nachdem das Trugbild eines reichen Südlandes verflogen war, schwanden auch die Hoffnungen auf Reichtum und Gewinn. Nur Walfänger und Robbenschläger, die durch Cooks Bericht auf den Wal- und Robbenreichtum des Südens aufmerksam gemacht worden waren, drangen immer weiter nach Süden vor, da sich die Tierbestände in den Gewässern um Südgeorgien schnell lichteten. Dabei entdeckte der Engländer William Smith 1819 die Süd-Shetland Inseln mit den umgebenden robbenreichen Gewässern nördlich der Antarktischen Halbinsel. In den gleichen Gewässern war 1820 auch der amerikanische Robben-schläger Nathaniel Brown Palmer, nach dem die Antarktische Halbinsel auch Palmerhalbinsel genannt wird. Im gleichen Jahr kartierte der britische For-schungsreisende Edward Bransfield das „Trinityland", die heutige Trinity-Insel vor der Nordwestküste der Antarktischen Halbinsel. Von der nahegelegenen Hughes Bay erfolgte die erste bekannte Landung auf der Halbinsel, als der amerikanische Robbenschläger John Davis am 7. Februar 1821 einige Mitglieder seiner Besatzung an die Küste entsandte.

Dank der Initiative des Walfangunternehmers Enderby entwickelten sich jetzt größere Aktivitäten in der Südpolarforschung. In dessen Diensten standen u. a. der englische Walfänger James Weddell, der 1820/24 die Süd-Shetland und die Süd-Orkney Inseln aufnahm und in den von Karl Frickler nach ihm benannten Meer bis 74° 15' s. Br. vorstieß und dann erstmals den südlichen Breitenrekord von Cook übertraf. (Karten in Weddells „A Voyage towards the South Pole", London, 1825) In dieser Zeit der sich verstärkenden Robbenschlägerfahrten von 1819–1821 umsegelte die vom Zaren Alexander I. entsandte Expedition unter Fabian Gott-fried von Bellinghausen und Michail Petrowitsch Lasarew den gesamten antark-tischen Kontinent. Sie hatten das nach ihrem Auftraggeber benannte Land und die Peter I. Insel gefunden. (Karta Juznago Polusarija, St. Petersburg, 1821).

Die Entdeckung erhielt den Namen Alexander I. Land, und zwar „Land und nicht Insel, weil wir schneefreie Spitzen auch noch weiter im Hintergrund wahr-nahmen, so daß die Annahme wohl nicht fehlgeht" argumentierte von Bellinghausen, „daß hier ein großes Stück Land, zum überwiegenden Teil mit Eis und Schnee bedeckt, sich nach Süden hinzieht, wahrscheinlich noch weiter, als unser Blick reicht." Obwohl diese Annahme sich erst 1941 als irrig erwies und wir heute wissen, daß die von Bellinghausen entdeckte Alexander I. Insel durch einen schmalen Meeresarm vom Festland getrennt ist, dokumentiert die Bestimmtheit der Überlegungen des Entdeckerkapitäns doch, mit welchen Vorstellungen er sich an die Interpretation des Geschauten machte; wir stehen hier endgültig an der Nahtstelle zwischen den alten Vorstellungen vom Südkontinent und dem Beginn der Entschleierung der tatsächlichen Verteilung von Land, Wasser und Eis in der Antarktis.

Was Cook nur vermutet hatte, konnte jetzt als gesichert erscheinen, daß sich rund um den Südpol ein gewaltiges Festland erstreckte. John Biscoe entdeckte 1831 mit dem Enderbyland das erste ostantarktische Festland und vollendete bis

1832 die dritte Umseglung der Antarktis. Er benannte das bereits 1820 von Palmer gesichtete Graham Land (Part of the Southern Hemisphere, shewing recent discoveries" im „Journal of the Royal Geographical Society", 1833)

Angeregt durch die Erfolge der Walfänger und durch das von Karl Friedrich Gauß und Alexander von Humboldt geweckte Interesse an erdmagnetischen Beobachtungen in hohen Breiten, erreichte die Südpolarforschung mit drei großen, von Frankreich, den USA und England entsandten wissenschaftlichen Expeditionen ihren ersten Höhepunkt.

Der Franzose Jules-Sébastien-César Dumont d'Urville (1790–1842) forschte 1837/40 sowohl in amerikanischen als auch im australischen Quadranten, wo er Adélie-Land entdeckte (Karten von C.A. Vincendon – Dumoulin in „Voyage au Pole sud et dans l'Océanie Atlas Pittoresque". 2 Bde., Paris 1846). Die „U.S. Exploring Expedition" unter dem Amerikaner Charles W. Wilkes (1798–1877) verfolgte 1838/42 die antarktische Eisbarriere vor dem nach ihrem Leiter benannten Küstenstrich über mehr als 2.000 km („Chart of the Antarctic Continent, Shewing the Icy Barrier attachet to it..." in: „United States Exploring Expedition. Atlas of Charts from the Surveys of the Expedition", Philadelphia 1850)

Charles Wilkes, amerikanischer Seeoffizier und Südpolarforscher, stieß 1840 gleichzeitig mit James Clark, Ross und Dumont d'Urville, auf der Suche nach dem magnetischen Pol der Südhalbkugel in das Südpolargebiet vor. Er entdeckte am 16. Januar 1840 im südlichen Ozean die Küste des später nach ihm benannten Wilkeslandes, der er in westlicher Richtung auf eine Entfernung von etwa 2.000 km folgte. Er wies damit als erster die Existenz des antarktischen Festlandes nach. Im Jahre zuvor hielt er sich in der Nassau Bay im Süden Feuerlands auf und teilte nützliche Informationen darüber in „Narrative of the United States exploring Expedition during the years 1838–1842" (Vol. I, S.119–161) mit.

Der Engländer James Clark Ross (1800–1862) entdeckte bis 78° 10' s. Br. vorwiegend das nach ihm benannte offene Meer und anschließende Schelfeis, die spätere „Pforte zum Südpol", sowie (Süd-)Victoria-Land. (Karten „Victoria Land" und „South Polar Chart..." in Ross' „Voyage of Discovery and Research in the Southern and Antarctic Regions", 2 Bde., London 1847). Ziel dieser Forschungsreisen war vor allem, über die Bestimmung des Magnetpols der Südhalbkugel Näheres zu erfahren. Karl Friedrich Gauß berechnete als dessen theoretischen Ort eine Gegend von etwa 66° s. Br. und 146° w. L. Gemeinsam mit Alexander von Humboldt regte Gauß an, auch diesen Magnetpol aufzusuchen und so die Exaktheit seiner Berechnungen zu überprüfen. Meßstationen waren schließlich vom Februar 1902 über die ganze Erde verteilt, darunter auch eine der Argentinier auf Staaten Island. Gleichzeitig wurde die Existenz eines ostantarktischen Festlandrandes geklärt. Nach diesen Erfolgen ruhte die eigentliche Südpolarforschung für ein halbes Jahrhundert, abgesehen von kleineren Unternehmungen, wie jene vom deutschen Walfängerkapitän Eduard Dallmann (1830 bis 1896) im Bereich des Graham Landes 1873/74, der 1873 Teile der Westküste der Palmerinsel kartierte. Er fuhr von Hamburg kommend, mit seinem Schiff „Grönland" als erstem Dampfschiff in die arktischen Gewässer. Übersichtskarten dienten dem Zweck, neues Interesse für die Polarforschung zu wecken, das erst, nachdem die „Challenger"Expedition unter dem englischen Seeoffizier George Stronge Nares (1831–1915) einen Monat lang meereskundliche Forschungen durchführte und die Annahme eines antarktischen Festlandes aufs neue bestätigt hatte, begann.

Die Ergebnisse von Dallmann verwertete A. Petermann in der Neuauflage, Gotha 1875 mit seiner 1863 zuerst erschienenen „Süd Polar-Karte" 1:40 Millionen für Stielers Handatlas, als selbständige Karte des Südpolargebietes, was damals eine Neuigkeit für die Atlanten bedeutete (vgl. Kartenanhang, Abb. 80). An den Namen Dallmann erinnert heute die neueste deutsche Station auf King George Island, eine Einrichtung, die in Zusammenarbeit mit dem Instituto Antarctico Argentino innerhalb der argentinischen Station Jubany betrieben wird. Nur den sprichwörtlichen Steinwurf vom neuen Labor entfernt, befindet sich ein 1987 errichteter Gedenkstein, der an die Fahrt Kapitän Eduard Dallmanns erinnert. Erwähnt sei Georg v. Neumayers Karte in der Zeitschrift der Gesellschaft für Erdkunde (Berlin, 1872) und John George Bartholomew's Beitrag in „Scottish Geographical Magazine" (1886) und „Geographical Journal" (1894), als Beilagen zu agitatorischen Aufsätzen von John Murray (1841–1914). Besonders zeichnete sich der Norweger C.A.Larsen aus, der 1893/94 bis Louis-Philippe Land auf der nördlichen Antarktischen Halbinsel vorstieß und in den nach Süden anschließenden Gebieten die König-Oskar-Küste und die Foynküste entdeckte. Am 23. Januar 1895 betrat ein Teil der Besatzung eines von Leonard Christensen (1894/95) geführten norwegischen Walfangschiffes erstmalig den antarktischen Kontinent, an dem von Ross entdeckten Kap Adare des Victorialandes, allen voran der norwegische Naturforscher Eggeberg Borchgrevink (1864–1934), der nochmals 1899 als Leiter einer britischen Expedition hierher zurückkehrte. Der Norweger bewies, daß es möglich war, das Forschungsfeld aus den Küstengewässern auf das Festland zu verlegen, (Karten im „Geographical Journal" (1900) und im Reisebericht „First on the Antarctic Continent" (London 1901) und auf sieben Admiralitätskarten (London 1901). Die topographischen Ergebnisse der Fahrten verzeichneten bereits Vinzenz von Haardt (1843–1914) auf seiner großen „Südpolarkarte" (Wien 1896).

Um die Jahrhundertwende begann ein neuer Abschnitt der wissenschaftlichen Forschungsreisen. Hierzu gehört die Expedition der „Belgica" unter dem belgischen Forscher Adrien de Gerlache (1866–1934), die am 1. Dezember 1894 Punta Arenas erreichte und am 14. Januar 1898 von Staaten Island Kurs auf Süden nahm. Sie entdeckte im gleichen Jahr den der Antarktischen Halbinsel im Nordwesten vorgelagerten Palmerarchipel und drang südwärts in die Bellingshausensee vor, wo sie im Eis zur ersten Überwinterung gezwungen wurde. (Karten von Georges Lecointe in „Expédition Antarctique Belge. Résultats du Voyage du S.Y. Belgica...Rapports Scientif... Travaux hydrographiques et instructions nautiques. Cartes", Antwerpen 1903). „Die Existenz eines sogenannten antarktischen Kontinents muß mit Recht bezweifelt werden, da die geringe Ausdehnung der bisher berührten Gestade durchaus nicht auf ein geschlossenes Land, sondern eher auf einzelne Inseln schließen läßt..." hieß es vor der letzten Jahrhundertwende noch im Brockhaus Conversations Lexikon. Eine noch 1910 in Berlin veröffentlichte Karte zeigt eine „West-" und eine „Ostantarktika", getrennt durch einen weißen Streifen mit dem Vermerk: „Land oder See?" Und bis weit in die dreißiger Jahre dieses Jahrhunderts hinein enthalten Antarktis-Karten weiße Flecken – es sind weder Eisfelder noch Gletscher, sondern „unerschlossene Gebiete". Unter größten Anstrengungen und Opfern haben inzwischen zahlreiche Expeditionen einige „Geheimnisse" um das allersüdlichste Erdgebiet gelöst. Die Grundinformationen liegen vor, jetzt geht es an die Erforschung des „sechsten Kontinents". Diese Bezeichnung verwendete erstmals der deutsche Forschungsreisende Wilhelm Filchner (1877–1957) in seinem 1922 veröffentlichten Buch „Zum sechsten Kontinent" über die zweite deutsche Südpolar-Expedition 1911/12.

Einen großen Fortschritt erzielte die Südpolarforschung zu Beginn des 20. Jh. durch eine erste, wenn auch lose internationale Zusammenarbeit, die durch die internationalen Geographenkongresse in London (1895) und Berlin (1899) vorbereitet worden war. In London ergriff auch Georg von Neumayer das Wort. Er war Begründer und langjähriger verdienstvoller Leiter der Deutschen Seewarte in Hamburg. Neumayer hatte bereits in den Jahren zuvor immer wieder darauf hingewiesen, daß nur die Ergänzung des weltweit gesammelten Beobachtungsmaterials durch kontinuierlich in der Antarktis gesammelte Angaben auf meteorologischem sowie erdmagnetischem Gebiet einen weiteren Fortschritt dieser Wissenschaften ermöglichen würde.

1901 bis 1905 begaben sich fünf große Expeditionen in das Südpolargebiet, um in verschiedenen, vorher festgelegten Arbeitsgebieten gleichlaufende erdmagnetische, wetterkundliche und andere Beobachtungen durchzuführen. Die englische „Discovery"-Expedition unter Robert Falcon Scott forschte in der Ross-See und im Victorialand und drang 1902 auf Schlitten bis 82° 17' s. Br. vor. Scott und seine Gefährten kamen auf dem Rückweg um. Man muß den Reisebericht Amundsens und die bei den Toten der englischen Expedition aufgefundenen Tagebücher Scotts lesen, um überhaupt die ungeheure Diskrepanz zwischen dem Forscherglück des einen und dem heroischen wissenschaftlichen Opfergang des anderen erfassen zu können. Der letzte mit Bleistift gekritzelte Brief Scotts ist eines der ergreifendsten Zeugnisse der Entdeckungsgeschichte. (Karten in „The Voyage of the Discovery", 2 Bde. London, New York 1905, sechs verschiedenmaßstäbige „Charts of the Antarctic Ocean von G.F.N. Mulock, 1908 von der „Royal Geographical Society" herausgegeben). Die deutsche „Gauß"-Expedition unter Erich von Drygalski (1901–1903), die Erste Deutsche Südpolar Expedition überhaupt, entdeckte 1902 in Ostantarktika das Gebiet um den Gaußberg, das Kaiser-Wilhelm-II.-Land genannt wurde. (Routenkarte in Reisebericht „Zum Kontinent des eisigen Südens", Berlin 1904.)

In Westantarktika stellte 1901/03 die schwedische Expedition unter Otto Nordenskjöld an der Küste der nördlichen Antarktischen Halbinsel Landzusammenhänge zwischen Louis-Philippe-Land und der König-Oskar-II.-Küste fest und machte wertvolle gletscher- und versteinerungskundliche Beobachtungen. (Übersichtskarten 1:1 Million und Routenkarte in „Antarctic. Zwei Jahre in Schnee und Eis", Bd. 2, Berlin 1904)

Die schottische „Scotia" Expedition unter William Speirs Buce (1903 bis 1905) widmete sich vor allem meereskundlichen Forschungen in der Weddellsee und erkundete den Verlauf der Coatsküste. (Routenkarte in „Voyage of the ‚Scotia'",Edinburgh 1905 und im Bericht über die wissenschaftlichen Ergebnisse, Edinburgh 1907)

Der Franzose Jean-Baptiste Charcot, der die Forschungsfahrt mit der „Francais" leitete, mußte sich 1903/04 darauf beschränken, die Zugänge zur Gerlache-(Belgica-)-Straße vor der Nordwestküste der Antarktischen Halbinsel eingehender zu untersuchen. Weit größere Erfolge hatte er auf seiner zweiten Antarktisexpedition mit der „Purquoi Pas?" (1908/10), während der er die Westküste der Antarktischen Halbinsel auf einer Ausdehnung von ca. 1.000 km sorgfältig vermessen und kartiert hat. Als Ergebnis dieser letzteren Reise erschien der erste umfassende Atlas eines Teiles des Südpolargebietes (Deuxiéme Expédition Antarctique Francaise „Sciences Physiques" Documents Scientifiques, Cartes, Paris 1912).

Die großen europäischen Expeditionen erbrachten, wenn sie sich auch noch auf die Randgebiete des Kontinentes beschränken mußten, wertvolle wissenschaftliche Ergebnisse. Sie hatten aus dem verschwommenen Bild des antarktischen Kontinents, wie es sich sechzig Jahre zuvor nach Abschluß der Ross-Expedition bot, ein greifbares, in vielen Gegenden kartographisch schon sehr genau dargestelltes Abbild des sechsten Erdteils gemacht. Es war die Voraussetzung dafür, in das Innere der Antarktis bis an den Südpol vorzudringen, den Roald Amundsen am 15. Dezember 1911 als erster erreichte. Der internationale Rahmen für die Erforschung des weißen Kontinents wurde 1959 von den zwölf Nationen Argentinien, Australien, Belgien, Chile, Frankreich, Großbritannien, Japan, Neuseeland, Norwegen, Sowjetunion, Südafrika und USA unterzeichnet und trat am 23. Juni 1961 in Kraft. Seitdem trat u. a. im März 1981 die Bundesrepublik Deutschland als weiteres stimmberechtigtes Vollmitglied bei.

Die letzten Bemühungen um das Urheberrecht an den Weltbildern wurden auf dem arktischen und antarktischen Terrain ausgetragen. Angeregt durch die „Internationale Geophysikalische Kooperation von 1959" wurden in kürzester Zeit auf fast allen Gebieten der Geowissenschaften Ergebnisse erzielt, die sonst nur in längeren Zeiträumen möglich gewesen wären. Auf dem Gebiet der Entschleierung unserer Erde gelangte man in Antarktika zu größeren Erkenntnissen, als man in der gesamten vorhergehenden Zeit der Entdeckung und Erschließung dieses fernsten und einsamsten Erdteils hatte sammeln können.

Die Erde hat heute ihre größten Geheimnisse preisgegeben, wir kennen ihre Oberfläche fast in allen Einzelheiten. Selbst vom abgelegensten und unzugänglichsten Erdteil liegt seit 1966 in dem großen sowjetischen „Atlas der Antarktis" ein umfassendes Kartenwerk vor, das viele Teilgebiete sogar in so großen Maßstäben, wie 1: 500 000 und 1: 200 000 wiedergibt.

Im September 1994 fuhr erstmals das deutsche Forschungsschiff „Victor Hensen" in die Magellanstraße und vor Kap Hoorn, um dort Untersuchungen zur Ozeanographie und Biologie durchzuführen. Dabei sollten Ökosysteme in einer der stürmischten Regionen der Erde erfaßt werden.

Es sollte nicht vergessen werden, wie sehr der antarktische „Sturm-Generator" einen großen Teil der Südhalbkugel bis hin zum Kap Hoorn und dem Süden Neuseelands in Aufruhr bringt. Die Winde drehen auf West und wühlen die Südmeere auf. Wer also mit dem Schiff zum Südpolar-Gebiet fahren will, ob von Feuerland durch die Drakestraße zur Antarktis Halbinsel oder von Australien und Neuseeland zum Rossmeer, muß durch ein Inferno, das zugleich das Paradies der Albatrosse ist. Vor der Küste Antarktikas glättet das Treibeis dann wieder die Wogen. Durch die Klima-Änderung könnten große Teile der Ostantarktischen Eisdecke ihre Stabilität einbüßen und in den Ozean rutschen. Unmittelbare Folgen wäre ein Anstieg des Meeresspiegels um mehrere Meter. Der Eisschild über der Antarktis ist seit mehr als 17 Millionen Jahren stabil. Aber: Nie mehr seit dem Pliozän genannten Erdzeitalter waren die Temperaturen in den polaren Gebieten der Erde so hoch, wie sie es wahrscheinlich in naher Zukunft sein werden. Damals dehnten sich die Wälder bis an die Küsten der arktischen und antarktischen Ozeane aus, Bäume wuchsen in der Nähe des Südpols. Zahlreiche Wissenschaftler sind der Ansicht, daß sich der Vorgang wiederholen könnte. Wenn das Eis einmal schmolz, könnte es dies wieder tun. Das Eis formte sich nach dem Pliozän neu.

Ein unbestrittener Vorteil der Namensgebung der Küsten-, Landes- und Meeresteile in der Antarktika nach den Entdeckern und Forschern erleichtert das Nachvollziehen der Entdeckungs- und Erkundungsgeschichte. Ihr Weg verlief nicht immer gradlinig. Es hat Umwege und viele, allerdings auch fruchtbare, Irrtümer dabei gegeben, Sackgassen und die Notwendigkeit der Umkehr – nicht nur im Leben der einzelnen Reisenden.

38. Epilog

„Nur Gott weiß, ob nicht Zorn über diese Einsamkeit die Wasser von Kap Hoorn zum Schrecken der Seefahrer macht oder schamhaft hinter den schweren Regenvorhängen verborgene Traurigkeit das Stöhnen des Windes dieses am Ende der Welt unaufhörlich klagenden Nebelhorns, nicht zur Ruhe kommen läßt" (Benjamin Subersaseaux).

Der „Zeh der Erde" ist zugleich ihre südlichste Wetterecke, wo an 300 Tagen im Jahr Sturm und Nebel herrschen und die Westdrift Segelschiffe pro Tag 60 Meilen nach Osten zurücktreibt. In der Segelschiffzeit stand sein Symbol „Kap Hoorn" für kochende See, eisige Kälte, ewige Finsternis, für einen Wind, der an 90 von 100 Tagen von vorne kommt, und für unzählige Tragödien. Neben den hunderten von Schiffswracks und mehr als zehntausend Seeleuten glitzern in Tiefen bis 9.000 m Gold und Silber der Azteken und Inkas in gesunkenen Galeeren. Noch im Jahre 1938 sank das Hamburger Segelschiff „Admiral Karpfanger" mit 60 Seeleuten. Erst sechs Monate später wurde auf einer Insel des Feuerlandes ein Türschild mit der Aufschrift „Kapitän und Offiziere" gefunden. Es stammte von dem Hamburger Segelschiff. Die letzten, die das Kap Hoorn mit Handelssegelschiffen regelmäßig umfuhren, waren die Schweden und Finnen von den Aaland Inseln. Der Reeder Gustav Erikson fuhr mit Getreide aus Australien „um Kap Hoorn herum" nach Europa, und nahm aus Chile Salpeter oder Kohle mit. Das war in den Jahren 1932 bis 1938. Die deutsche „Passat" benötigte 1934 von Australien nach England 106 Tage. Kap Hoorn ist Vergangenheit, seit die Dampfschiffahrt und der Funk der Segelschiffahrt ein Ende bereitet haben.

Dort, wo sich der Welt größter Schiffsfriedhof befindet, erinnert seit 1992 ein sieben Meter hoher Stahlrombus, in dem die Silhouette eines schwebenden Albatros erscheint, an „die vergessenen Seelen der toten Matrosen, die um Kap Hoorn herumgesegelt sind" – wie es am Fuße des Denkmals in einem in Stein gemeißelten Gedicht heißt. Selbst viele Kilometer entfernt von den mehr als dreihundert Meter hohen Klippen ist die Skulptur, die von den chilenischen Cap Horniers durchgeführt und durch Spenden finanziert wurde, noch zu erkennen. Doch der legendäre Seeweg um die Landzunge, dort wo die beiden Ozeane aufeinandertreffen, wird heute kaum noch befahren. So sind die drei Chilenen, die das ganze Jahr über in der kleinen Wetterwarte auf den Klippen leben, die meiste Zeit die einzigen Betrachter des Kunstwerkes. Weltweit soll es noch rund 1.200 Cap Horniers geben, die in dreizehn nationalen Sektionen in der 1936 im französischen St. Malo gegründeten „Association Amicale Internationale des Capitaines au Long Cours Cap Horniers" organisiert sind. 1995 lag das Durchschnittsalter der noch lebenden Bezwinger des „Kap der Stürme" oder des „Kap der Flüche" bei 82 Jahren. Die letzten von ihnen hatten 1939 unter Segeln das Kap Hoorn umrundet.

Nach der Entdeckungs- und Eroberungsepoche geht heute die touristische Erschließung der Antarktis in Siebenmeilenstiefeln voran. Nicht anders als in der Geschichte ihrer Entdeckungen zählten die Polargebiete auch in der Geschichte des Tourismus am längsten zu den weißen Flecken auf der Landkarte. Mit dem Einsatz des Drei-Schornstein-Dampfers „Cap Polonio" der Hamburg-Süd-amerikanischen Dampfschiffahrts-Gesellschaft im Jahre 1922, begann die See-touristik in den fjordähnlichen Kanälen Feuerlands. Damit wurden Passagieren aus den nördlich gelegenen Gebieten Argentiniens während der heißen Sommer-monate eine angenehme Kühle verschafft. Der Reisende von heute hat jedoch anstelle von ansteckenden Krankheiten, wie die Cholera, allenfalls den Jetlag zu fürchten und das Risiko an Bord der „Cruiseliner" ist nur noch auf den Verlust des Idealgewichtes durch die reichhaltige und köstliche Bordküche reduziert.

„Das Unaufhörliche besucht den Pol, streut Erde auf Scotts Grab, bald werden die Feuerländer dort Rosen ziehen." Gottfried Benn dichtete dies frei nach Höl-derlin. Er hatte vermutlich noch nicht vorausgesehen, das Unaufhörliche könnten Touristenströme sein. Bunte Prospekte auf Hochglanzpapier preisen heute Antarktisreisen für jedermann an, und das Geschäft mit dem Extremtourismus blüht. Es bedroht nicht mehr die Passagiere, sondern ein letztes Paradies der Natur mit See-Elefanten, Pinguinen, Walen und Albatrossen. Mehr als 8.000 Besucher werden zur Zeit jährlich in den letzten Hort der Einsamkeit geschippert.

Schwimmende Luxushotels auf den historischen Routen der Erdumsegler, entlang unzähliger Schiffswracks aus der tragischen Epoche der Konquistadoren und Entdeckerzeit, manchmal unterbrochen von einem Open-Air-Bufett und Whale Watching. Die Reisenden gleichen Hochalpinisten in einer geheizten Gon-delbahn. Mit glitzernden Gischtstreifen zeichnen Traumschiffe Spuren von dem, was heute als Abenteuer in die Wasserwüsten am Ende der Welt bezeichnet wird. Auf einer Schiffsreise zu Chiles südlichsten Territorien kann der Fahrgast Super-lative sammeln: in Valdivia die südlichste Universität, in Puerto Montt das Ende der Eisenbahnstrecke und aller Landverbindungen, dann vorbei am Gletscher San Rafael, einer Naturkulisse in ununterbrochener Bewegung, zu einer der südlich-sten Städte der Welt. Auf King George Island, der nur wenige Wochen im Polar-sommer eisfreien Halbinsel, erfährt man von dem südlichsten Wegweiser der Welt etwas über die gewaltigen räumlichen Dimensionen: 1.233 km bis Punta Arenas, 3.406 km bis Santiago und immer noch 3.095 km zum Südpol. Selbst die nur schwer zugänglichen Regionen der Hochantarktis sind mittlerweile begehrte und mit dem Flair der Exklusivität versehene Ziele.

In Gebiete, die bislang eine Domäne von speziell ausgerüsteten und für diesen Zweck gebauten Forschungs- und Versorgungsschiffen waren, dringen nun pol-taugliche Passagiereisbrecher ein, die zahlende Gäste an Bord haben. Sie fahren hauptsächlich unter russischer Flagge. Selbst das Herzstück deutscher Antarktis-forschung, die vom Alfred-Wegener-Institut betriebene Georg-von-Neumayer-

Station, wurde von den Passagieren mit bordeigenen Hubschraubern im Jahre 1994 zum ersten Mal angeflogen.

In der Winterzeit legt sich eine eiskalte Halskrause um die Antarktis, die eine Annäherung um diese Zeit auch mit Schiffen, die mit der höchsten Eisklasse ausgerüstet und PS Kraftprotze sind, nicht gestattet. Dann gehört der sechste Kontinent wieder ganz dem eigenen Eis, dessen unterkühlten Atem lediglich die etwa tausend Wissenschaftler verspüren, die den Winter auf ca. fünfzig ganzjährig betriebenen Forschungsstationen verbringen. Nur über moderne Kommunikationsanlagen sind sie dann mit der Außenwelt verbunden, so, als sei dort die Welt doch mit Brettern vernagelt.

Immer noch bestimmt das Eis die Fahrt. Diese schon während der frühesten Polarfahrt gewonnene Erkenntnis gilt auch noch heute, am Ende des zwanzigsten Jahrhunderts.

Quellenverzeichnis

ALBA, VICTOR: Vatican Diplomacy in Latin America. In: Latin American Foreign Policies. Baltimore – London, 1975, S. 101–116

ALEMAN, PETER: Auf gebrechlichen Schiffen segelten sie um Kap Hoorn. Argentinisches Tageblatt, Buenos Aires, 30.08.1986

ALLEMANN, FRITZ RENÉ: Im Westen der Regenwald, im Osten Kartoffelkäfer (Insel Chiloé). FAZ, 06.04.1989

ANDRADI, ESTHER: Patagonia, Alemanes en los confines del mundo. In: Ecos 5/93

ANSEL, BERNARDO D.: European Adventurer in Tierra del Fuego: Julio Popper. In: Hispania-American Historical Review, Vol. 50, Durham, 1970, S. 89–110

ANTONIO, NICOLAS: Biblioteca Hispana Nova...ab Anno MD ad MDCLXXXXIV, Madrid 1783–88, S. 544

ATLAS Cartografica del Reino de Chiloe, Siglos XVII–XIX, Santiago, 1981

BARROS ARANA, D.: La fundación de una colonia chilena en el Estrecho de Magallanes en 1843. Revista de Chile, +. CVIII, 1901

BARROS, MARIO: Historia Diplomatica de Chile 1541–1938. Barcelona, 1970

BARROS, JOSÉ MIGUEL: Cartografia colonial chilena. Diplomacia No. 3, Juli–August, 1974

BARROS, JOSÉ MIGUEL: Atlas Chilean Counter Memorial in the matter of the Beagle Channel Arbitration. Maps, Planes, Sketches and Charts, accompanying the Counter Memorial of the Government of Chile, 1984

BARTHELMEß, KLAUS: Die sogenannten „Südseefischereien", 18.–20. Jahrhundert. In: Von Walen und Menschen, Hamburg

BECK, HANNO: Große Reisende, Entdecker und Erforscher der Erde. München, 1971

BEHM, ERNST: Reise im südwestlichen Patagoni-en von J.T. Rogers und E.Ibar 1877 nebst den Tagebüchern von A. de Viedma 1782 und J.H. Gardiner 1867. In: Petermanns Mittheilungen, Bd. 26, Gotha 1880, S. 47–64

BEHRMANN, WALTER: Die Entschleierung der Erde. Frankfurter Geographische Hefte 16/3. Frankfurt, 1948

BELZA, JUAN E.: Apuntes sobre el Origen de los Toponimos de la Tierra del Fuego Argentina.

BERNLEITHNER, ERNST: Österreichs Beitrag zur Kartographie Lateinamerikas. In: Zeit-schrift für Lateinamerika, 1976–1977, Wien

BOLETINO del Instituto Geográfico Argentino. Bd. 2, Buenos Aires, 1880

BOORSTIN, DANIEL S.: Die Entdecker. Das Abenteuer des Menschen, sich und seine Welt zu erkennen. Basel, 1986

BRAUN MENÉNDEZ, ARMANDO: Fuerte Bulnes. Historia de la ocupación del Estrecho de Magallanes par el gobierno de Chile en 1843. Buenos Aires, 1943

BRAUN MENÉNDEZ, ARMANDO: Pequena Historia Patagónica. Buenos Aires, 1945/3

BRAUN MENÉNDEZ, ARMANDO: El reino de Araucania y Patagonia. Buenos Aires/Santiago, 1973/6, S. 10

BRIDGES, THOMAS: La Tierra del Fuego y sus habitantes. In: Boletin del Instituto Geográfico Argentino, Bd. 15, Buenos Aires, 1893, S. 221–141

BRITISH LIBRARY: Sir Francis Drake – An Exhibition to Commemorate Francis Drake's Voyage around the World 1577–1580. London, 1977

BRY, THEODOR DE: Amerika oder die Neue Welt. 2 Bde., Leipzig – Weimar, 1977–78

BURNEY, JAMES: A chronological history of the discoveries inthe South Sea. 2 Vol., London, 1803–1817

CARRASCO, AMANCIO LAUDIN: Vida y viajes de Pedro Sarmiento de Gamboa. Madrid, 1945

CARTOGRAFIA Hispana Colonial de Chile. Santiago, 1952

CAST, J.F.: Valdivia und Chiloé für deutsche Auswanderer. Stuttgart, 1849

CHATWIN, BRUCE: In Patagonien. Reinbek, 1984

Clancy, Robert, Richardson, Alan: So came they South, Silverwater, N.S.W. 1988

Clissold, Stephen: The life of Don Pedro Sarmiento de Gamboa London, 1954

Condor, Emilio, Held (Hrsg): Doktor Foncks Buch über eine Reise des Frai F. Menéndez Santiago, 12.07.1986

Cook, James: A voyage towards the south pole and round the world. In: H.M.S. the „Resolution" and „Adventure" in the years 1772–1775 London, 1977

Cortesáo, Armando: History of Portugese Cartography. 2 Bde. Coimbra, 1969/71

Coujoudmjian Bergamali, Ricardo: Manuel José de Orejuela y la abortada expedición en busca de los Césares y extranjeros, 1780–1783. In: Historia, Bd. 10. Santiago, 1971/72. S. 57–176

Cunill Grau, Pedro: Fuentes Cartograficas en la Genesis de los Tipos de Poblamiento Chileno Siglos XVI als S VIII. In: 1st Symposium Cartografico Nacional. Santiago, 1972

Dalrymple, Alexander: A historical collection of the several voyages and discoveries in the South Pacific Ocean. Amsterdam – New York, 1967

Darwin, Charles: Journal and Remarks (1832–1836). In: Robert Fitz Roy (Ed), Narrative of the sourveying voyages of H.M.S. „Adventure" and „Beagle" between the years 1826 and 1836. London, 1839

Destombes, Marcel: The Chart of Magellan. In: IMAGO MUNDI Nr. XII. S. 65–88. Amsterdam, 1970

Diario illustrado: El Rey de la Araucania y de la Patagonia. Buenos Aires, 04.07.1920

Die Neue Welt: Österreich und die Erforschung Amerikas. Wien, 1992

Donoso, Ricardo: El mapa de Chile del P. Alonso de Ovalle In: Boletin de la Academia de la Historia. Vol. XXXIII 1962. S. 647–664

Drake, Francis: The world encommpassed by Sir Francis Drake. London, 1628

Dreyer-Eimbcke, Oswald: Alonso de Ovalle und die Anfänge der Kartographie Chiles. In: Speculum Orbis 2. Jg. Heft 2. Bad Neustadt a. d. Saale, 1986

Dreyer-Eimbcke, Oswald: Primer Mapa Impreso del Estrecho de Magellanes. In: Anales del Instituto de la Patagonia. Vol. 12, 1981

Dreyer-Eimbcke, Oswald: Mythisches, Irrtümliches und Merkwürdiges im Kartenbild Lateinamerikas während der Entdeckungszeit. In: Mythen der Neuen Welt. Berlin, 1982. S. 121–125

Dreyer-Eimbcke, Oswald: Kolumbus – Entdeckungen und Irrtümer in der deutschen Kartographie. Frankfurt, 1991

Drolshagen, Reinhard Christian: Pinguino und andere Merkwürdigkeiten. In: FAZ 02.07.1987

Drolshagen, Reinhard Christian: Julius Popper, Forscher und Diktator auf Feuerland. In: FAZ 11.05.1989

Edwards, C.: Mapping by questionnaire: An early Spanish attempt to determine New World geographical positions. In: IMAGO MUNDI XIII. Reprint. Amsterdam, 1969

Eißenberger, Gabriele: Eskimos starben an Pocken. Erinnerungen an Völkerschauen im Berliner Zoo und anderswo. In: Berliner Zeitung, 8.7.1994

Emmersleben, Otto: Entschleierte Erde. Leipzig, Jena, Berlin, 1988

Encina, Francisco, A.: Resumen de la Historia de Chile. 3 Bde. Santiago, 1956

Enterlineg, I.: The Southern Continent and the false Strait of Magellan. In: IMAGO MUNDI Nr. XXVI D. 48–58. Amsterdam, 1972

Espinoza, E.: Geografia descriptiva de la Republica de Chile. Santiago, 1903

Falkner, Thomas: A description of Patagonia and the adjoining parts of South America. London, 1774

Finan, John, J.: Argentina In: Latin American Foreign Policies. An Analysis. Baltimore – London, 1975

Fitte, Ernesto, J.: Los límites con Chile. Buenos Aires, 1978

Fitz Roy, Robert: Narrative of the surveying Vojages de la Mer du Sud, London, 1712+1714. Paris, 1716

Forster, C.: Reise um die Welt. Berlin, 1784

Frey, Peter: Am südlichsten Ende der Welt. Die Post. Teheran, 23.10.1978

Gallez, Pablo J.: El Descubrimiento de la Bahía Nassau (Aguas Fueguinas, 1624). Boletino del Centro Naval. Buenos Aires Nr. 698

Gallez, Pablo J.: Protocartografía Fueguina y Sudamericana Bahia Blanca

Gallez, Pablo J.: Cristobal de Haro y el Descubrimiento del Estrecho Magellanico en 1514

Gallez, Pablo J.: En busca de la Cola del Dragón: „Terra del Fuego en la cartografia Premagallánica". In: Karukinká Nr. 9. Buenos Aires, 1974

Gallez, Pablo J.: Le Pays des Alacaloufs (Terre de Feu) sur les planisphéres de 1489 a 1548. In: Investigaciones y Ensayos 17. Buenos Aires, 1974

Gallez, Pablo J.: Fue descubierta la Tierra del Fuego en 1499? In: Karukinká Nr. 18. Buenos Aires, Oktober 1976

Gallez, Pablo J.: La mas antiqua descripción de los Yámana. In: Karukinká, Bd. 15. Buenos Aires, 1976

Geographische Zentralbibliothek und Archiv für Geographie/Leipzig. Ausstellungskatalog. Ein Panorama naturwissenschaftlicher Studien aus Lateinamerika im 19. Jahrhundert in Münster. Münster 18–20–11, 1992

Gewecke, Franke: Wie die neue Welt in die alte kam. Stuttgart, 1986

Guillén, J.F.: Barreiro-Meiro, R.: A XVI chart of the coasts of Chile and Peru. In: IMAGO MUNDI Nr. XXIII S. 96–98. Amsterdam, 1969

Greve, E.: Don Guillermo Frick y Eltze, 1813–1905. Santiago, 1940

Guevara, T.: Historia de la Cívílización de la Araucania. Santiago, 1902

Guillen y Tato, Julio: Monumenta Chartographica Indiana. Madrid, 1942

Haase, Yorck, Alexander, Harold Jantz: Die Neue Welt in den Schätzen einer alten europäischen Bibliothek. In: Ausstellungskatalog der Herzog-August-Bibliothek Nr. 17. Wolfenbüttel, 1976

Hakluyt, Richard (Ed): The principal Navigations Voyages and discoveries of the English Nation. 8 Vol, London 1589. Faks, Cambridge, 1965

Hamann, G.: Der Atlantik und die Terra incognita im Süden Südliche Hemishere, 1968

Hamburger Abendblatt: Denkmal zur Erinnerung an die Cap Horniers eingeweiht Nr. 303, 1992

Hamburger Festschrift zur Erinnerung an die Entdeckung Amerikas. Hrsg v. Wiss Ausschuß des Komitees für die Amerika-Feier. 2 Bde. Hamburg, 1892

Hawkesworth, John (Ed): An Account of Voyages undertaken by the order of His present Majesty for making descoveries in the Southern Hemisphere and succesively performed by Commodore Byron, Captain Wallis, Captain Carteret and Captain Cook, drawn up from the journals which they kept by the several Commanders and from Papers of Joseph Banks, 3. Vol., London, 1773/3)

Heawood, Edward: The World Map before and after Magellan's Voyage Royal Geographical Society Meeting 11.04.1921

Held, E.: B.E. Philippi und die deutsche Besiedlung Südchiles. In: Condor, Santiago 28.11.1952

Helfritz, Hans: Chile – Gesegnetes Andenland. Zürich, 1951

Hennessy, Alistair: The frontier in Latin American History. London, 1978

Hennig, Richard: Terrae incognitae. 4 Bd. Leiden, 1936–1939

Henze, Dietmar: Enzyklopädie der Entdecker und Erforscher der Erde Graz, 1978 (bisher erschienen A-Pike)

Hernekamp, Karl: Der argentinisch-chilenische Grenzstreit am Beagle Kanal Institut für Iberoamerika-Kunde. Hamburg, 1980

Herrera, Antonio de: Historia general de los hechos de los castellanos en las islas y tierro firma del Mar Oceano. Madrid, 1601

Hertel, Gisa und Peter: Ungelöste Rätsel alter Erdkarten. Gotha, 1984

IMAGO MUNDI: Maps of the Jesuit Mission in Spanish America, 18th. Century Nr. XV. S. 114–118. Amsterdam, 1967

Joyner, Tim: Magellan. Camden (Maine) 1994

Karrow, Robert W.: Mapmakers of the sixteenth Century and their Maps. Chicago, 1993

Keller, Francisco (Hrsg): Briefe, Schriften und Reisebeschreibungen welche von denen Missionariis der Gesellschaft Jesu aus beyden Indien und anderen über Meer gelegenen Ländern meistentheils von A. 1740 bis 1757 in Europa angelanget seynd. Wien, 1761

Kley, Hans Dieter: Wildes Land im Süden. In: Die Zeit 19.11.1982

Kley, Hans Dieter: Holsteiner Kühe auf den Weiden im Urwald. In: FAZ 26.01.1984

Knoop, H.G.: Antarktis per Schiff.
In: Deutsche Seeschiffahrt 3/1995

Kohl, J.G.: Geschichte der Entdeckungsreisen und Schiffahrten zur Magellanstraße und zu den ihr benachbarten Ländern und Meeren. Berlin, 1877

Krämer, Walter (Hrsg): Die Entdeckung und Erforschung der Erde. Leipzig, 1976

Kretschmer, Ingrid, Dörflinger, Johannes, Wawrik, Franz (Hrsg): Lexikon zur Geschichte der Kartographie. Bd. c/1 und C/2. Wien, 1986

Krogt, Peter van der: Erdgloben, Wandkarten, Atlanten – Gerhard Mercator kartiert die Erde. In: Gerhard Mercator – Europa und die Welt S. 81–130. Duisburg, 1994

Kunstmann, Friedrich: Die Entdeckung Amerikas nach den ältesten Quellen geschichtlich dargestellt. München, 1859

La Controversia del Canal Beagle – Chileno-Argentine relations: the Beagle-Channel controversy.
Una seleccion cartográfica. Genf, 1979

Ladrillero, Juan: Viaje del capitán J. Ladrillero en descubrimento del estrecho de Magallanes 1557. In: Claudio Gay (Ed) Historia Física y Politica de Chile, Documentos Bd. 2, S. 55–98. Paris, 1852

Lafuente, Horacio Raul: La región de los césares. Apuntes para una historia económica de Santa Cruz. Buenos Aires, 1981

Lagos Carmona, Guillermo: Historia de las fronteras de Chile – los tratados de limites con Argentina. Santiago, 1980/2

Langer, Freddy: Ein Albatros aus Stahl über den Klippen von Kap Hoorn. In: FAZ 17.12.1992

Langer, Freddy: Die Farben sind Schwarz und Weiß – In der Antarktis. In: FAZ 07.01.1993

Lankenau, Ehrfried: Die Andengrenze von Altchile In: Mitteilungen der Geographischen Gesellschaft in Hamburg, Bd. 54. Hamburg, 1961

Leithäuser, Joachim G.: Mappae mundi. Die geistige Eroberung der Welt. Berlin, 1958

Le Maire, Jacob/ Schouten, Willem Corneliszoon: De Ontdekk'ingsreis van Jacob Le Maire en Willem Corneliszoon Schouten in de jaren 1615–1617. Journalen, documenten en andere bescheiden. Neudruck. Den Haag, 1945

Lewin, Boleslao: Quién fue el conquistador patagónico; Julio Popper. Buenos Aires, 1974

Liebelt, Horst: Frühlingserwachen auf Feuerland. In: Die Welt 12.11.1982

Liers, Wolfgang: Ein Deutscher, ein Engländer und ein Franzose... oder Stielers Handatlas, die Schiffbrüchigen von Jules Verne, und was seine Übersetzer daraus machten. Bericht beim Kartographiehistorischen Kolloquium Oldenburg 22.–24.03. 1990

Lista, Ramon N.: Mis exploraciones y descubri-mientos en la Patagonia (1877–1880). Buenos Aires, 1880

Lukas-Emons, Waltraud: Die Bedeutung kartographischer Darstellungen für gerichtliche Grenzregelungen im 19. und 20. Jahrhundert. Duisburg, 1996

Mac-Auliffe, Cecilia: El Bautismo Historico de Alonso de Ovalle. El Mercurio Santiago, 27.05.1979

Markham, Clements Robert (Ed): Narrative of the voyages of Pedro Sarmiento de Gamboa to the Straits of Magellan, with notes and introduction by C.R. Markham. London, 1895

Markham, Clements Robert: Early Spanish Voyages to the Strait of Magellan Hakluyt Society 2nd. Series No. XXVII. London, 1911

Martin, C.: Llanquihue und Chiloe Südchile. In: Petermanns Mittheilungen. S. 11–18

Martin, C.: Der bewohnte Theil von Chile im Süden des Valdivia Flusses. In: Petermanns Mittheilungen 1880, Heft V, S. 165–175

Martin, Ernst: Dr. med. Carl Martin's Lebensumriß. Hamburg, 1923

Martin, Carl: Landeskunde von Chile. Hamburg, 1923

Martinic B, Mateo: Cartografia derivada de los descubrimientos y exploraciones. Holandeses en la Region Magallanica Ans. Inst. Patagonia Vol. III, Nr. 1–2. Punta Arenas, 1972

Medina, José Toribio: Ensayo acerca de una Mapoteca Chilena. Santiago, 1889

Medina, José Toribio: Colección de Documentos Inéditos para la Historia de Chile. Santiago, 1961

Morison, Samuel Eliot: The European Discovery of America. Vol. 2 The Southern Voyages, AD 1492–1616. New York, 1979

Münch, Fritz: Karten im Völkerrecht. In: Gedächtnisschrift für Friedrich Klein. München, 1977

188

Münch, Ingo v.: Völkerrechtsfragen der Antarktis.
In: Archiv des Völkerrechts 7 (1958/59)

Muñoz, Juan Bautista: Historia del Nuevo Mundo.
Madrid, 1793

Muris, Oswald, Saarmann, Gert: Der Globus im
Wandel der Zeiten. Berlin, Beutelsbach, 1961

Neuber, Manfred: Der Fluch der langen Grenze.
In: Übersee Rundschau. Hamburg, 1985

Neue Züricher Zeitung über die Beagle Affaire
27.08.1982

Nordenskjoeld, Otto: Algunos datos sobre la Parte
austral del continente sudamericano segun
estudios hechos por la comisión cientifica
sueca. In: Actes de la Société scientifique du
Chili, Vol. 7. S. 157–168. Santiago, 1897

Otten Philippengracht, Willy: Eine Straße in die
Zukunft (Carretera Austral).
In: FAZ 04.03.1985

Pastells, Pahlo: El descubrimiento del estrecho de
Magellanes en commemoración del IV
centenario 2 Vol. Madrid, 1920

Pelletier, Monique: Die herzförmigen Weltkarten
von Oronce Finé. In: „Cartographica
Helvitica" Nr. 12/1995. Murten, 1995

Perl, Raphael (Ed): The Falkland Islands dispute in
international law and politics – A documentary
sourcebook. London, Rom, New York, 1983

Peschel, Oscar: Geschichte der Erdkunde bis A.
von Humboldt und C. Ritter. München, 1865

Pfütze, Richard: Über die Vermessungen von S. M.
Kreuzer „Albatross" 1883–84. In: Condor,
Santiago, 20.03.1982

Pfütze, Richard: Punta Arenas am Ende des
vorigen Jahrhunderts. Aus dem Reisebericht
von Dr. W. Michaelsen, Hamburg.
In: Condor Santiago, 02.07.1983

Philippi, R.A.: Die Provinz Valdivia und die
Deutschen Ansiedlungen daselbst und im
Territorium von Llanquihue Petermann's
Mittheilungen 1860, Heft IV

Piana, E.L., Orquera, L.A.: Europeos y Fueguinos.
Primeros Contactos. In: Koyuska, Vol 5 + 6, S.
8–12, 24–26. Ushuaia, 1986

Pigafetta, Antonio: Magellan's Voyage. A.
Narrative Account of the First Circum-
navigation. Translated by R.A.Skelton aus
(Ramusio's Navigazionie viaggil).
Venedig, 1554

Pinelo-Barcia, León: Epitome Vol II.
Madrid, 1738, col. 656

Portugaliae Monumenta-Cartographica, 5 Bde.
Lissabon, 1987

Primaleón von Palmerin (Ritterroman).
Sevilla, 1512

Puente y Olea M de la Los trabajos geográficos de
la Casa de la Contratración. Sevilla, 1900

Ramusio, G.B.: Navigazioni e Viaggi. A cura do
Marica Milanesi. Turin

Raspail, Jean: Sie waren die Ersten München

Reibstein, E.: Tordesilla Vertrag zwischen Spanien
und Portugal (1494).
In: Völkerrecht, Eine Geschichte seiner Ideen
in Lehre und Praxis, Bd. 1, S. 274–276.
Freiburg-München, 1958

Reinke-Kunze, Christine: Im Kielwasser der
Entdecker. Reiseskizzen von der „Circum-
navigation Antarctica 1995 des MS „Bremen".
In: Deutsche Seeschiffahrt 4/1995

Richardson, W.A.R.: Mercator's Southern
Continent: Its Origins, Influence and Gradual
Demise. In: Terral Incognitae. The Society for
the History of Discoveries 25/1993 S. 67–98

Ristow, Walter W.: Guide to the History of
Cartography. Washington, 1972

Rojas, Ricardo: Archipiélago Tierra del Fuego.
Buenos Aires, 1942

Rosseau, Charles: Chronique des Faits
Internationaux. In: Révue Genérale de Droit
International Public. Paris, 1958

Ruge, Sophus: Copia de Newe Zeytung auss
Pressilg Landt Flugschrift. In: Verein für
Erdkunde zu Dresden. 4. und 5. Jahresbericht.
Dresden, 1868

Ruge, Sophus: Die Entwicklung der Karographie
von Amerika. Hildesheim, 1962

Ruiz Guinazu, Enrique: Proas de Espana en el Mar
Magallanica. Buenos Aires, 1945

Salguero, Ramón: Todo sobre el Beagle.
Buenos Aires, 1978

Samhaber, Ernst: Geschichte der Entdeckungsreisen. München, Zürich, 1955

Sarmiento de Gamboa, Pedro: Viage Estrecho de
Magellanes por el Capitán Pedro Sarmiento de
Gamboa en los Anos de 1579 y 1580 y noticia
de la expedición que despues hizo Para
poblarle. Madrid, 1768

Schillat-San Román, Monika: Feuerland: Die
Geschichte einer Randregion im Spannungs-
feld internationaler Schiffahrts-, Kolonisations-
und Handelsinteressen 1520–1920. Wissenschaftliche Hausarbeit. Hamburg, 1989

Schmitt, Eberhard (Hrsg): Europäische Expansion.
Große Entdeckungen. Bd. 2. München, 1984

Schmitt, Eberhard: Der Aufbau der Kolonialreiche.
Dokumentation zur Geschichte der europäischen Expansion. Bd. 3. München, 1987

Schouten, Willem Corneliszoon: A wonderfull
voiage round about the world Neudruck,
New York. Amsterdam, 1968

Schwarzenberg, Jorge: Monografia geográfica
e histórica del archipiélago de Chiloé.
Concepción, 1926

Schwarzenberg Herbeck, Georg: Dr. Hans Steffen.
In: Condor Nr. 2600. Santiago, 25.02.1984

Seeler, Rolf: In der Einsamkeit ist Überholen
verboten. In: FAZ 29.03.1990

Seeler, Rolf: Gevierteilt, verhungert, verschollen.
Auf den Spuren der abenteuerlichen Ent-
deckungen der Magellanstraße.
In: FAZ, 09.07.1992

Seeler, Rolf: Wellblech auf dem Goldgrund (Punta
Arenas). In: FAZ 28.01.1993

Seiler, Otto J.: Südamerikafahrt. Deutsche
Linienschiffahrt nach den Ländern Latein-
amerikas, der Karibik und der Westküste
Nordamerikas im Wandel der Zeiten.
Herford, 1992

Sielemann, Jürgen: Louis Vernet: Ein Hamburger
kolonisiert die Falkland-Inseln.
In: Hamburgische Geschichts- und Heim-
blätter, Band 11. Hamburg, 1987

Sievers, W.: Die geographische Erforschung
Südamerikas im 19. Jahrhundert.
In: Petermanns Mittheilungen. Gotha, 1900

Shirley, Rodney: The Mapping of the World,
Early Printed World Maps 1472–1700.
London, 1983

Skelton, R.A.: Explorer's Map Chapters in the
Cartographic Record of Geographical
Discovery. London, 1958

Slater, José Perich: Die Ausrottung der
patagonischen Eingeborenen

Smith, T.R.: Cruz Cano's Map of South America,
Madrid 1775; its creation, adversitiea and
rehabilitation. In: IMAGO MUNDI Nr. XX.
S. 49–78. Amsterdam, 1966

Sontag, Willibald: Vor purpurnen Früchten in
Ushuaia wird gewarnt. In: FAZ 10.09.1981

Sotheby & Co: Catalogue of the highly-important
papers of L. de Bougainville. London, 1957

Stiller, Günter: Dem Teufel ein Ohr abgesegelt.
In: Hamburger Abendblatt 29/30. Juli 1995

Steffen, Hans: Deutsche Arbeit in Chile. Bd. 1.
S. 227–231 und 238–241

Subercaseaux, Benjamin: Herrliches Chile.
Geographisch leicht verrückt. München, 1958

Talbot, Robert D.: The Chilean Boundary in the
Strait of Magellan. In: HAHR, Vol. 47.
S. 519–531. Durham, 1967

Torodash, Martin: Magellan Histography. In: The
Hispanic American Historical Review 51, 1971

Tounens, Orllier-Antoine,: I Roi d'Araucania et de
Patagonie. Son avenement an tróne et sa
captivité au Chili-Relation écrite par lu méme.
Paris, 1863

Vazquez de Acuna, Isidora und Oscar Cabrera:
Breve Historia del Territorio de Chile.
Santiago, 1984

Villalobos R., Sergio Silva V., Fernando Silva G.,
Osvaldo Estellé M., Patricio: Historia de Chile.
2 Bd. Santiago, 1974

Vollet, Hans: Johann Schöner in Weltbild und
Kartographie im Hochstift Bamberg.
Kulmbach, 1988

Wagner, Henry R.: A map of Sancho Guitérrez of
1551. In: IMAGO MUNDI. Nr. VIII. S. 47–49

Wallis, Helen: Carteretis Voyage round the world
1766–1769. 2 Vol. Cambridge, 1965

Weise, A.: Landkarten, Entdecker, Konquistadoren.
Gotha, 1989

Wieser, Franz von: Magalhaes-Straße und Austral
Continent. Innsbruck, 1881

Wieser, Franz von: Magalhàesstraße und Austral-
kontinent auf den Globen des Johannes
Schöner. Innsbruck, 1901

Wolff, Hans (Hrsg): America: Das frühe Bild der
Neuen Welt. München, 1992

Wolkenhauer, August: Beiträge zur Geschichte
der Kartographe und Nautik des 15. bis 17.
Jahrhunderts. In: Mitteilungen der Geographischen Gesellschaft in München I. 1, 1905

Wroth, Lawerence C.: The early Cartography
of the Pacific S. 87–189.
In: The Papers of the Bibliographical Society
of America. 28.
Jg. 2/1944. New York

Wroth, Lawrence: Alonso de Ovalle's Large Map
of Chile, 1646. In: IMAGO MUNDI XIV,
1959. S. 90–95

Zweig, Stefan: Magellan – Eine Biographie.
Wien, 1938

Kartenanhang

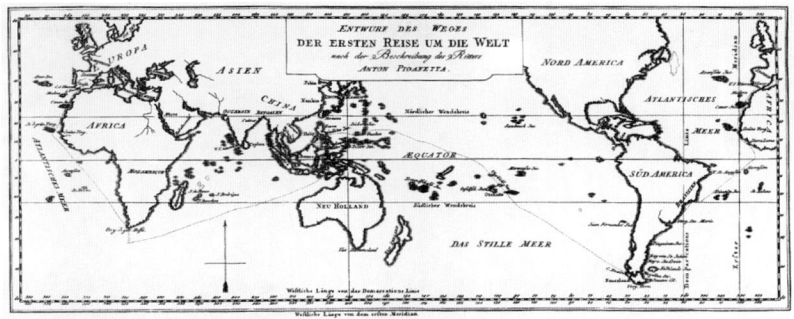

Abbildung 1: **Erdkarte** zu Pigafettas 1801 vom Justus Perthes Verlag Gotha in deutsch veröffentlichter „Reise um die Welt" nach dem Manuskript in der Bibliotheca Ambrosiana (Mailand).

194

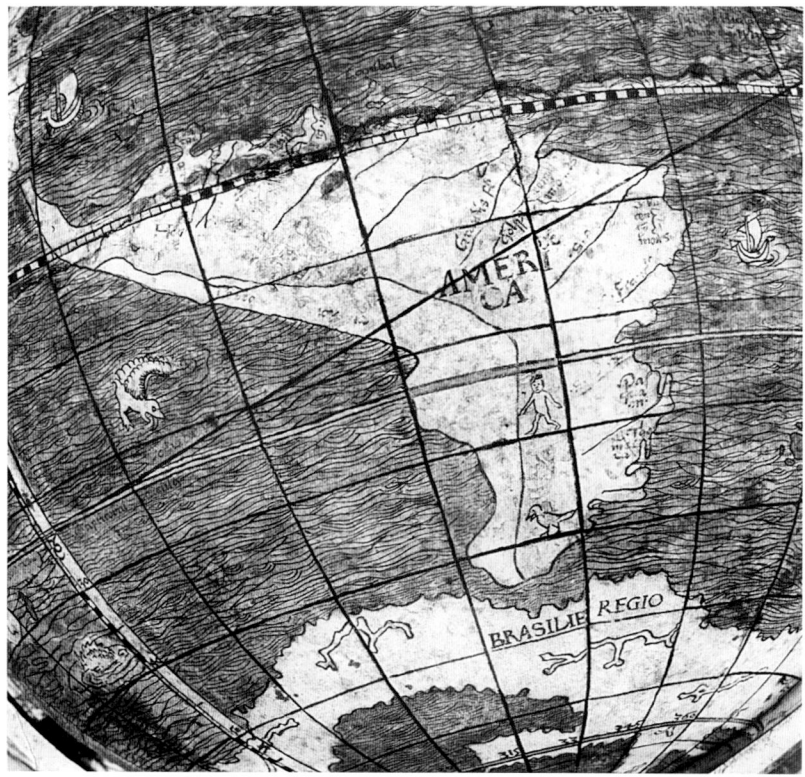

Abbildung 2: Johannes Schöner (1477–1547) **Erdglobus** (Ausschnitt des Dresdner Exemplares, Nürnberg, 1515). Neben dem Exemplar im Historischen Museum zu Frankfurt einziges erhaltenes Exemplar aus dem Mathematisch-Physikalischen Salon zu Dresden, auf dem fünf Jahre vor der Entdeckung durch Magellan eine hypothetische Südwest-Passage dargestellt ist.

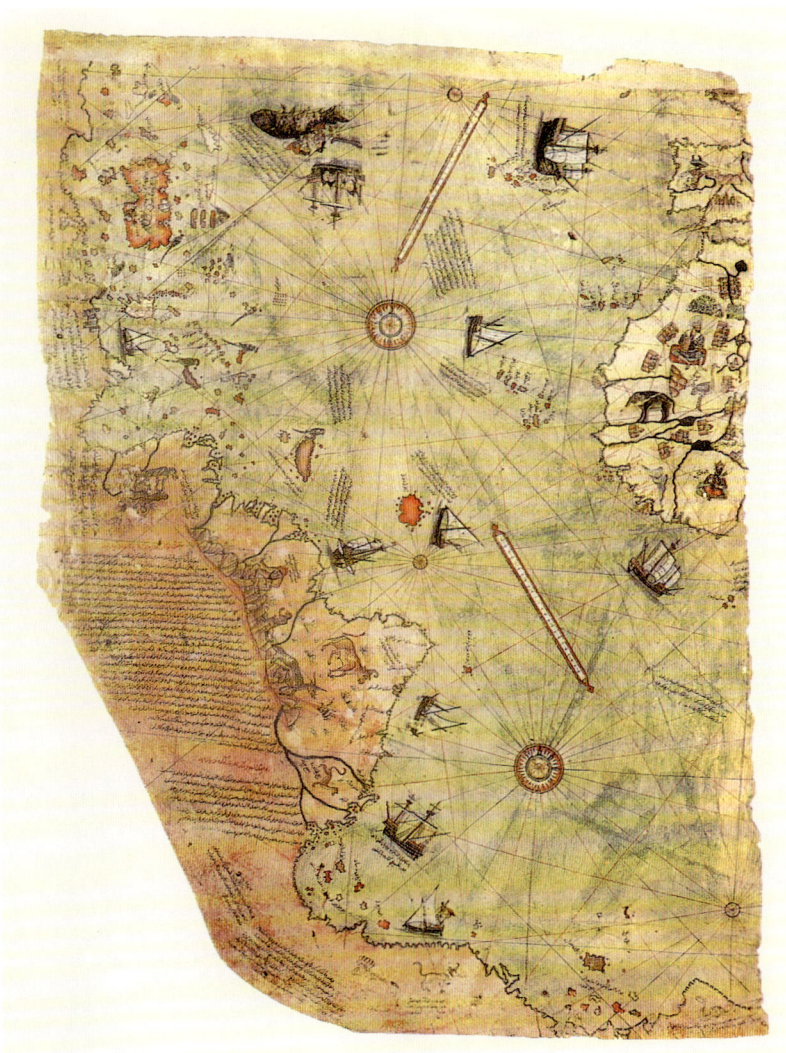

Abbildung 3: Piri Reís (†1554) **Türkische Weltkarte** (Ausschnitt, Gallipoli, 1513). Manuskriptkarte aus dem Topkapi-Museum (Istanbul), früheste überlieferte Karte der Renaissance, die den hypothetischen Südkontinent andeutet und direkt auf Kolumbus zurückgeht.

Primeiro impresso em que se encontram referências
à viagem de Magalhães, c. 1522

Abbildung 4: Faksimile des Deckblattes der allerersten Druckschrift, die im letzten Absatz
auf die Magellanreise Bezug nimmt. Augsburg 1522

Abbildung 5: Antonio Pigafetta (1491–1534) **Die Magellanstraße (ca. 1525).** Illuminiertes Manuskript in The Beinicke Rare Book and Manuscript Library, Yale University, New Haven.

Abbildung 6: Diego Ribeiro (†1533) **Planisphäre** (1532, unvollendet). Ribeiro, erster Kosmograph in der „Casa de Contratación" in Sevilla, stattete Magellans Flotte mit Seekarten aus. Von den fünf überlieferten, handgezeichneten Planisphären ist diese die letzte aus dem Jahre 1532 (Wolfenbüttel).

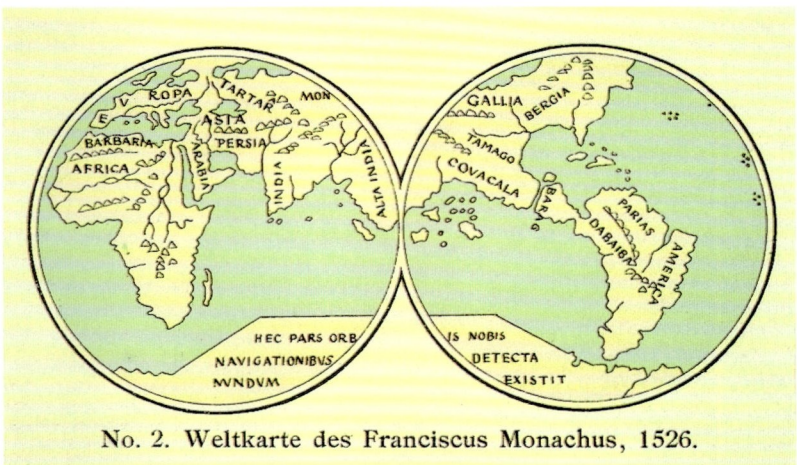

No. 2. Weltkarte des Franciscus Monachus, 1526.

Abbildung 7: Franciscus Monachus rekonstruierte **Weltkarte** (1527/29) auf der der Südkontinent erstmalig deutlich zu sehen ist.

Abbildung 8: Oronce Finé (1494–1555) **Doppelherzförmige Weltkarte** (zuerst 1531, Paris). Auf dieser Karte ist erstmals das westliche Meer als Mare Magellanicum bezeichnet und die Magellanstraße beschriftet. Finé war der Ansicht, daß es kein novus orbis im Sinne eines neuen Kontinents gibt, sondern man trockenen Fußes vom Nordpol zum Südpol gelangen könne – mit Ausnahme der Magellanstraße.

Abbildung 9: Sebastian Münster (1489–1552) **Die neuwen Inseln so hinter Hispanien gegen Orient bey dem Land India liegen, Amerika mit die Nüw Welt** (koloriert, Holzdruck von Heinrich Petri, Basel, 1540). Zum ersten Mal wird Amerika separat auf einer gedruckten Karte gezeigt, wobei der Inselcharakter besonders betont wird. Diese Karte erschien in allen Ausgaben von Ptolomaeus' „Geographia" und in Münsters „Cosmographia", verlegt seit 1544.

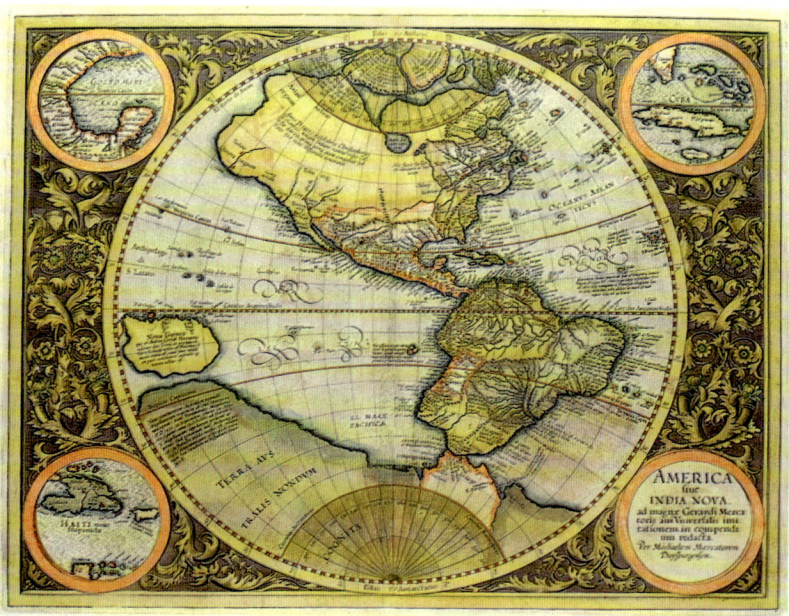

Aemulus æquo rei, admiratorque Draconis
Commodiore via, et spacijs breuioribus Orbem
Circumagens, patriam multa cum laude reuisi;
Pluraque Neptuno et dignißima Marte peregi.
Si Mare Cretensis nescit, tum nesciet Anglus
Oceanum, et viuet positis inglorius armis.

Abbildung 11: Thomas Cavendish, **Portrait mit Doppelhemisphären-Weltkarte** und Hinweisen
auf die Weltumseglung 1586/88 (London, 1690; Format: 9,75 x 13 cm).

←

Abbildung 10: Michael Mercator (1567–1614) **America sive India Nova**
(aus: „Magnae Gerardi Mercatoris ani Universalis imitationem in compendium redacta", Duisburg,
1595–1628, Format: 46 x 36,5 cm). Aus dem posthumen Atlas von Gerhard Mercator, ein Jahr nach
seinem Tod von seinem Enkel Michael herausgegeben, basiert die Amerika-Karte auf der Weltkarte
Gerhard Mercators von 1569, der selbst niemals eine separate Karte der westlichen Hemisphäre
geschaffen hatte. Tierra del Fuego (Feuerland) ist Teil der sehr großen fiktiven Terra australis.

202

XI.

Wie der Oberste Thomas Candisch an
ein Ort kommet/da ihm die Indianer Holtz vnd frisch
Wasser zutragen.

Ls der Oberste Thomas Candisch in die gegne Maramouena
anländet/kamen ihm die Indianer/von den hohen Klippen vnnd Bergen
entgegen/vnd brachten ihm Brennholtz vnd frisch Wasser/zum Zeichen ihres
Demuts/führeten ihn auch zu ihren Wohnungen/die waren gemacht/wie in
dieser Figur zusehen/Denn sie stecken ein/zwo oder drey Sparren in die Erde/legen darnach
andere darüber/vnd bedecken es mit Stroh/oder dergleichen Sachen/darunter wohnen sie/
ire Weiber vnd Kinder sitzen vnd ligen auff Fellen von Thieren/vñ dergleichen/nehren sich
fast alle mit dem Fischfang/darzu sie sich fast meisterlich wissen zuschicken/ire Nachen seind
von zweyen Häuten der Thiere zusammen gehefftet/vnd auff beyden Enden/haben sie eine
grosse Blase fein Kunstreich darin verfüget/welche sie auffblasen/wann sie die Nachen
brauchen wöllen/darvon die Häute oder Felle des Nachens auffgedehnet werden/wann
dann dieselben voll Windes seyn/binden sie die Blasen zu/vnd fahren also darvon/wohin
sie wöllen.

c iiij

Abbildung 12: Theodore de Bry (1528–1598) **Thomas Candish an ein Ort kommet, da ihm die Indianer Holtz und frisch Wasser zutragen.** (Frankfurt, 1600). Als Cavendish am 6.1.1587 in die Magellanstraße einfuhr, begegneten ihm noch Überlebende der Reise von P. Sarmiento de Gamba, die die spanischen Siedlungen Nombre des Jesus und Rey Don Felipe gegründet hatten.

Abbildung 13: John Tallis & Co. **Falkland Islands and Patagonia,** aus „Illustrated Atlas...",
(London New York, 1851)

204

Abbildung 14: Samuel Purchas (ca. 1575–1626) **Hondius his Map of the Magellan-Streight, Fretum Magellani;** aus: „Purchas His Pilgrims" (koloriert, London, 1626). Eine mehrfach gedruckte Karte von Hondius in einem Kapitel, das sich mit Drake's Reise durch die Magellanstraße beschäftigt.

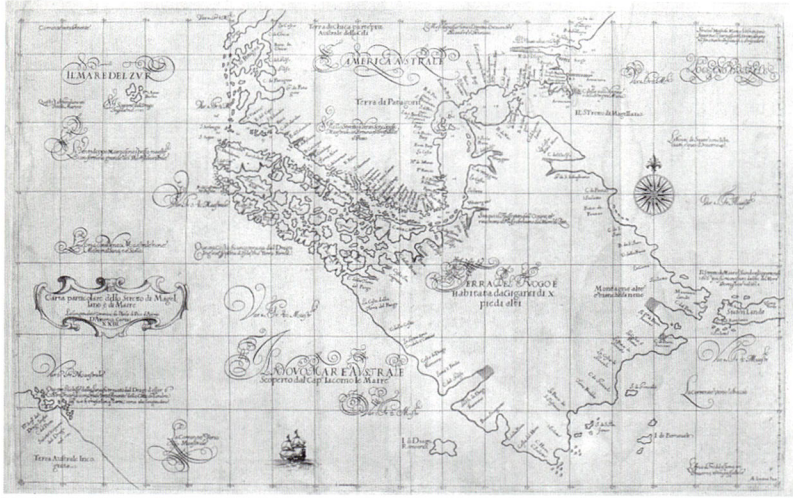

Abbildung 15: Robert Dudley (1573–1649) **Carta terra Generale d'America;** aus: „Dell Arcano del Mare", D'America XXIII (Florenz, 1647; Format: 75,5 x 46,5 cm). Diese Kupferstichkarte von zwei Platten zeigt den südlichsten Teil Südamerikas aus dem ersten Seeatlas eines Engländers.

Abbildung 16: Abraham Ortelius (1527–1598) **America Sive Novi Orbis Descriptio** (koloriert, Antwerpen, 1584; Format: 49 x 36,5 cm); aus: „Theatrum Orbis Terrarum". Der Südkontinent kreuzt den Pazifik an der Südspitze von Südamerika. Seine Landmassen erstrecken sich fast bis zum Äquator südlich von Neu Guinea und nehmen eine Fläche ein, die größer ist als Nord- und Südamerika zusammen.

Abbildung 17: Abraham Ortelius (1527–1598) **Maris Pacifici quod vulgo Mar del Zur** (koloriert, Antwerpen, 1589; Format: 49,5 x 39,5 cm); aus: „Theatrum Orbis Terrarum" (lateinische Ausgabe, 1603). Tierra del Fuego wird als Teil des Südkontinents dargestellt, der sich südlich von Neu Guinea bis zum Wendkreis des Steinbocks erstreckt.

Abbildung 18: Theodore de Bry (1528–1598) **Fretum Magellanicum und dessen eigentliche Beschreibung, so die hollender durch schifft und auch der leng beschrieben** (Frankfurt, 1601; Format: 16 x 30 cm); aus: „Peregrinationum in Iudiam Oriental et Iudiam Occidentales", erste Serie, genannt „Grand Voyages", deutsche Ausgabe, Teil IX. Acostas Geschichte der Neuen Welt. Reisen von Sebald de Weert (1598) und Oliver van Noordt durch die Magellanstraße zu den Molukken. Der Bucht der Magellanstraße gaben die Holländer den Namen Ridders Bay, der schon auf dieser Karte erscheint.

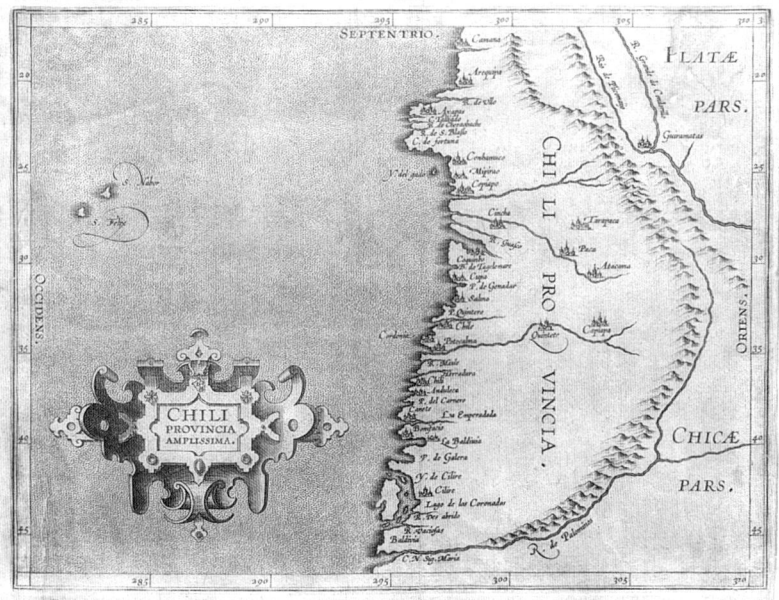

Abbildung 19: Cornelius Wytfliet (÷1597) **Chili Provincia Amplissima** (Löwen, 1597–1611; Format: 28,5 x 23 cm); aus dem ersten gedruckten Atlas vom Doppelkontinent Amerika, der in sieben Auflagen erschien. Diese Karte dürfte auch eine der ältesten von Chile sein. Berücksichtigt wurden die Entdeckungen von Davis und Cavendish.

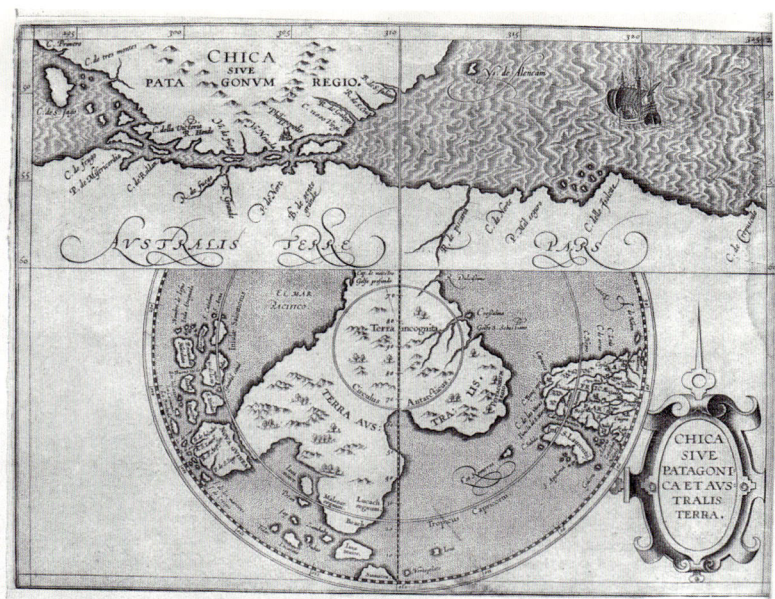

Abbildung 20: Cornelius Wytfliet (†1597) **Chica sive Patagonica et australis terra**
(Löwen, 1597–1611; Format: 28,5 x 23 cm); Quelle wie Abb. 19. Die obere Karte zeigt die
Magellanstraße, die untere den hypothetischen Südkontinent.

Abbildung 21: Willem Janszoon Blaeu (1571–1638) **Americae nova Tabula**
(koloriert, Amsterdam, 1662; Format: 41 x 55 cm); aus: „Atlas Major", Band XI. In der linken unteren
Hälfte erscheint der Name „Terra Australis Incognita". Die Bezeichnung der Küste und die Ortsnamen
sind vornehmlich spanischen Ursprungs und halten sich an Ortelius und Wytfliet.

208

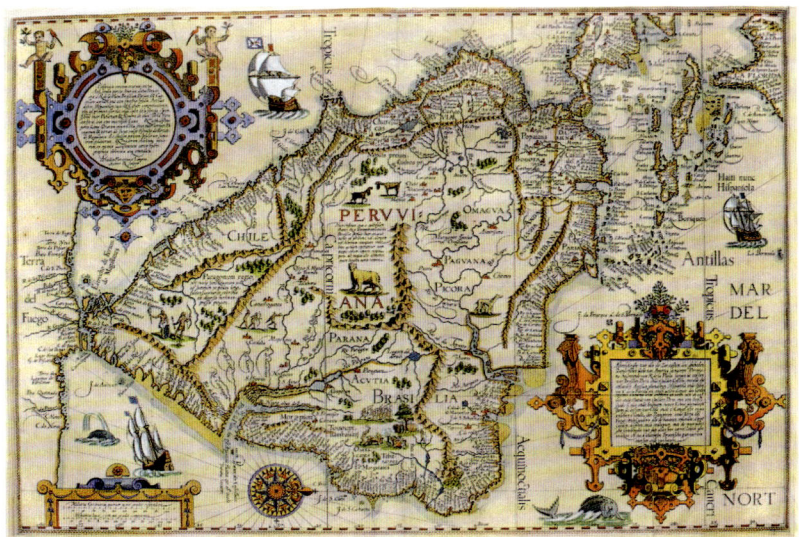

Abbildung 22: Jan Huygen van Linschoten (1563–1611) **Südamerika-Karte**
(koloriert, Format: 39 x 56 cm); aus: „Itinerario" (Den Haag, 1596). Diese außerordentlich dekorative
Karte wurde von Arnold van Langeren gestochen. Im Süden (hier links, Norden hier rechts) liegt das
Königreich Patagonien. Terra del Fuego ist Teil des fiktiven Südkontinents.

Abbildung 23: Isaac Commelin **Pinguinfang auf den Pinguininseln in der Magellanstraße** (Format:
13,5 x 18 cm); aus: „Begin ende Voortgangh van de Vereenigte Nederlantsche Geoctroeerde Oost Indische
Compagnie" (Amsterdam). Geschehen auf der Reise von Sebaldus de Weerth im Jahre 1599.
Die Abbildung beruht auf Vorlagen von de Bry aus dem Jahre 1601.

Abbildung 24: Antonio de Herrera y Tordesillas (1559–1625) **Description de las Yndias Ocidentalis;** aus: „Nieuwe Werelt" (Amsterdam, 1622; Format 31,5 x 22,5 cm). Eine frühe Jesuitenkarte des Doppelkontinents Amerika.

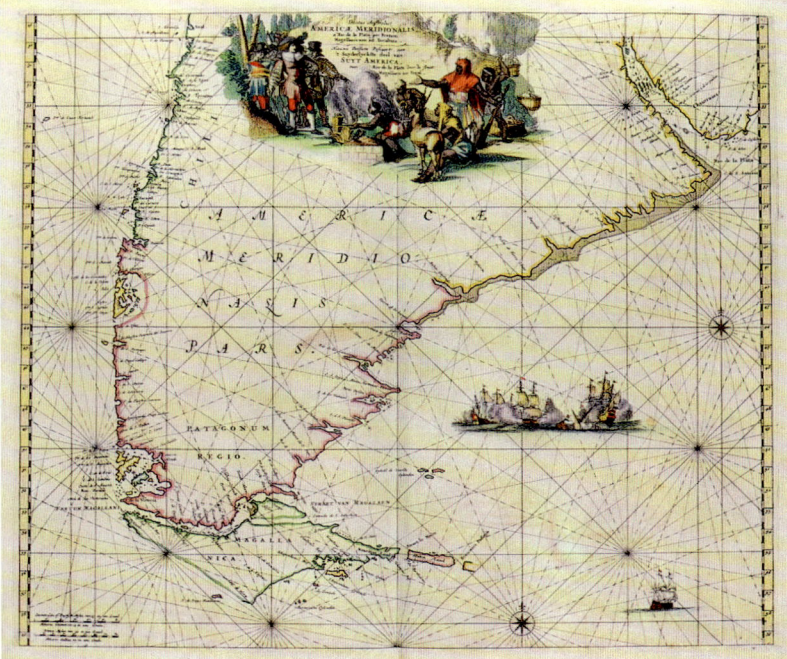

Abbildung 25: Frederik de Wit (1616–1689) **Tractatus australior Americae Meridionalis, Nieuwe perfecte Pascaert van't Syderlyckste deel van Suyt America** (koloriert, Amsterdam, 1690; Format 55,8 x 48,5 cm). Seekarte im traditionellen niederländischen Stil mit Darstellungen von Europäern und Einheimischen, Schiffen im kriegerischen Einsatz, Kompaßrosen und Gradnetzen.

Abbildung 26: Isaac Commelin **Darstellung einer Frau mit zwei Kindern.**
Im Hintergrund Männer mit Booten (Format: 13,7 x 17,7 cm); Quelle wie Abb. 23.

Abbildung 27: Georg Spilberg **Tijpus Freti Magellanici...;** aus: Oost ende Westindische Spiegel
(Leiden, 1619). Der Düsseldorfer Spilberg nahm 1615/17 an der niederländischen Expedition von
Schouten und Le Maire teil, bei der 1616 Feuerland umsegelt und Kap Hoorn entdeckt wurde.

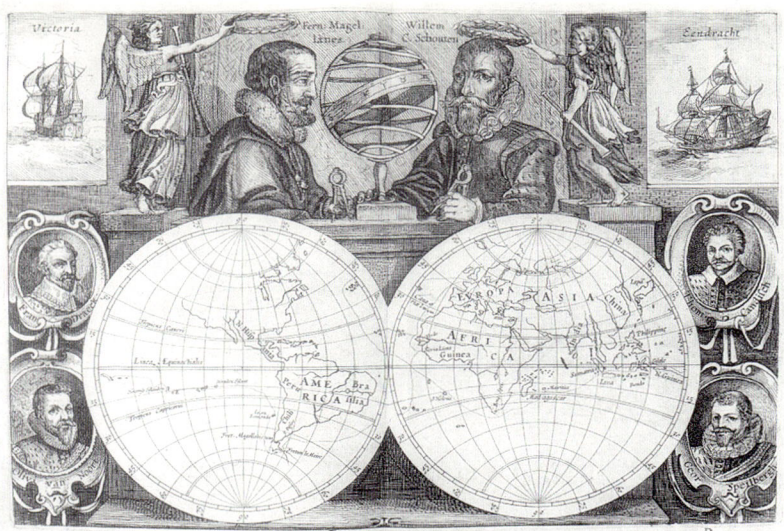

Abbildung 28: Willem Corneliszoon Schouten (1567–1625) **Titelbild des Reiseberichtes,** erschienen in ca. 40 Ausgaben, zuerst 1619 in Amsterdam. Das Titelbild der lateinischen Ausgabe zeigt links oben die „Victoria", eines der fünf Schiffe von Magellan, rechts oben die „Eendracht" der Schouten-Le Maire-Expedition, sowie Porträts von Magellan, Schouten, Drake, van Noordt, Candish und Spilberg.

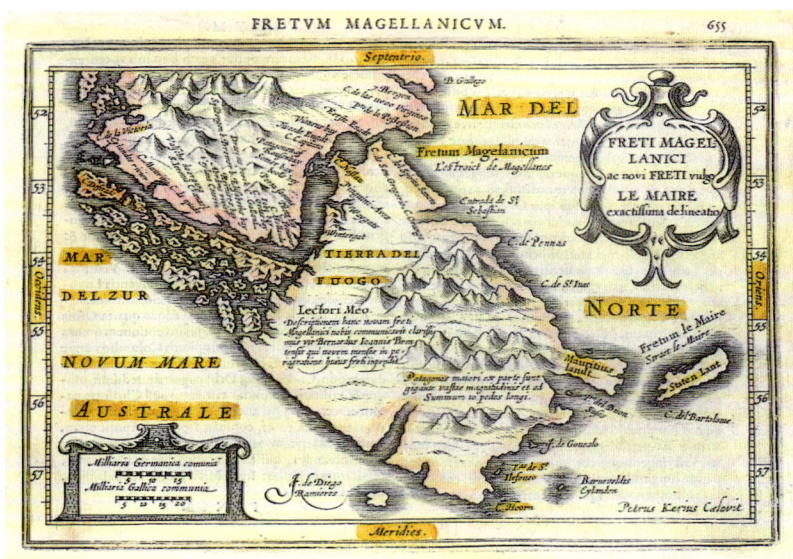

Abbildung 29: Pieter van den Keere (1571–1646) **Freti Magellanici ac novi Freti vulgo Le Maire exactissima delinato** (koloriert, ca. 1630, Format 13,5 x 19 cm); verlegt von Henricus Hondius, in dessen Firma van den Keere in London arbeitete, bevor er sich in Amsterdam selbständig machte.

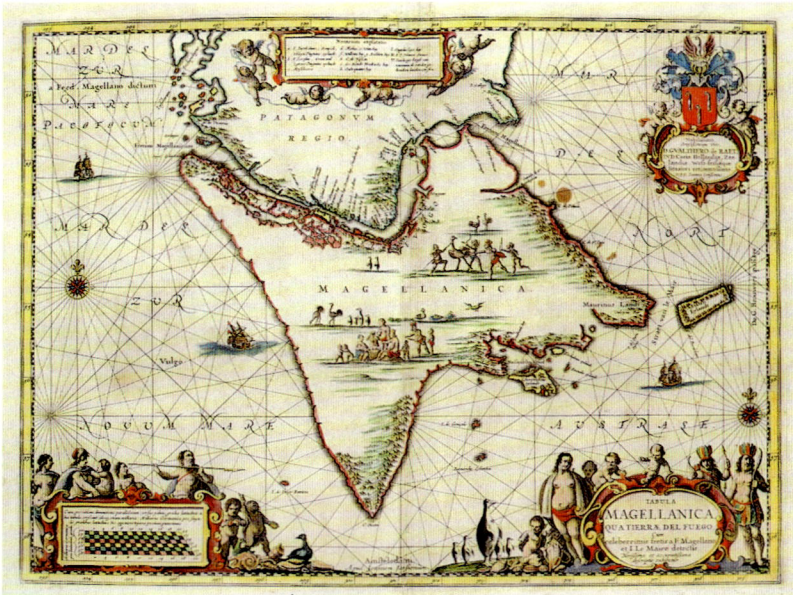

Abbildung 30: Johann Jansson(ius) (†1666 in Arnheim) **Tabula Magellanica qua tierra del fuego cum celeberrimis fretis a. F. Magellano et I. Le Maire detectis;** aus: „Atlas Amstelodami ex officina Ioannis de Ram" (1652). Von Feuerland war fast nochnichts bekannt. So füllte der Kartenstecher das Landesinnere mit Tierbildern und Genreszenen. Die Karte ist eine Kopie von Blaeu (1645).

Abbildung 31: N. Reizen **Porto Desirado en Konings-Eiland** (Südspitze von Südamerika, 1787)

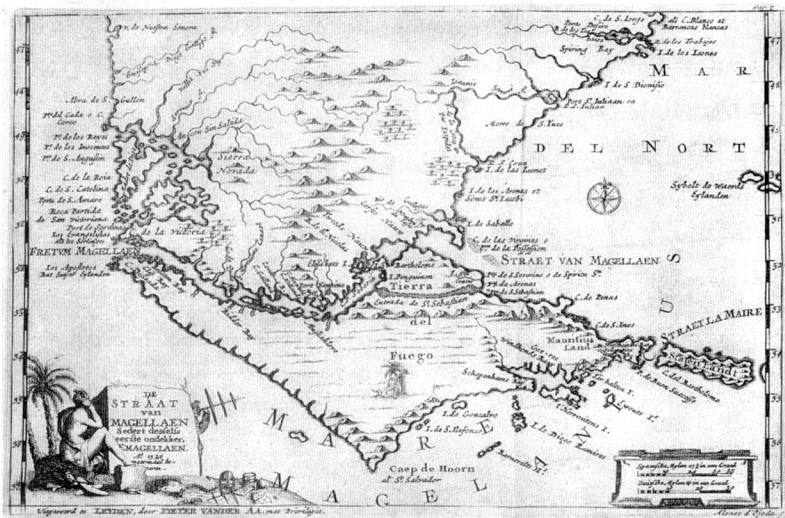

Abbildung 32: Pieter van der Aa (1659–1733) **De Straat van Magellaen...**
(koloriert, Format: 23,5 x 16 cm); aus: „Cartes des itineraires + voyages modernes...“
(Leiden, um 1707). Die große Zahl der durch van der Aa veröffentlichten Karten steht
im Gegensatz zu ihrer mangelhaften kartographischen Ausführung.

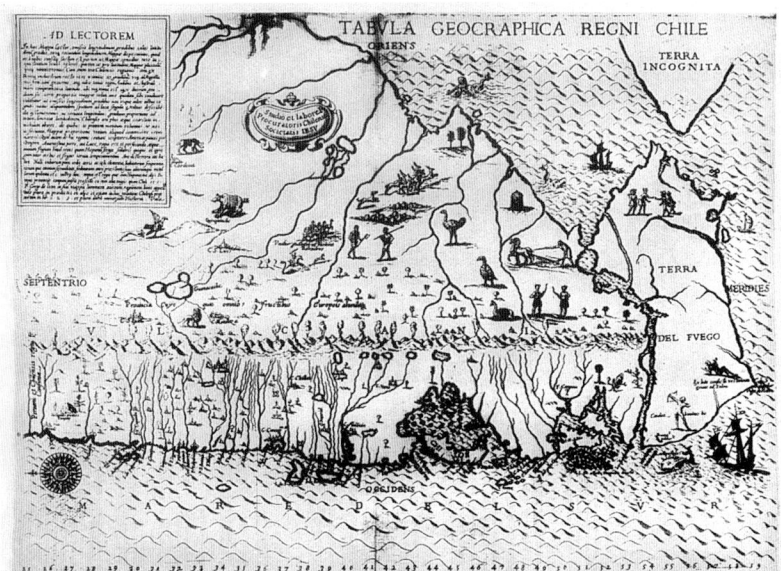

Abbildung 33: Alonso de Ovalle (1601–1651) **Tabula Geographica Regni Chile** (Format: 47 x 35 cm);
aus: „Historia relatione del Regno di Chili, e delle missioni e ministerii che esercita in quelle la Compagnia
di Giesu“ (Rom, 1646). Der Jesuit Ovalle gilt als der erste in Chile geborene Kartograph, dessen noch
erhaltene Chile-Karten für viele nachfolgende Kartographen in Europa als Vorbild dienten.

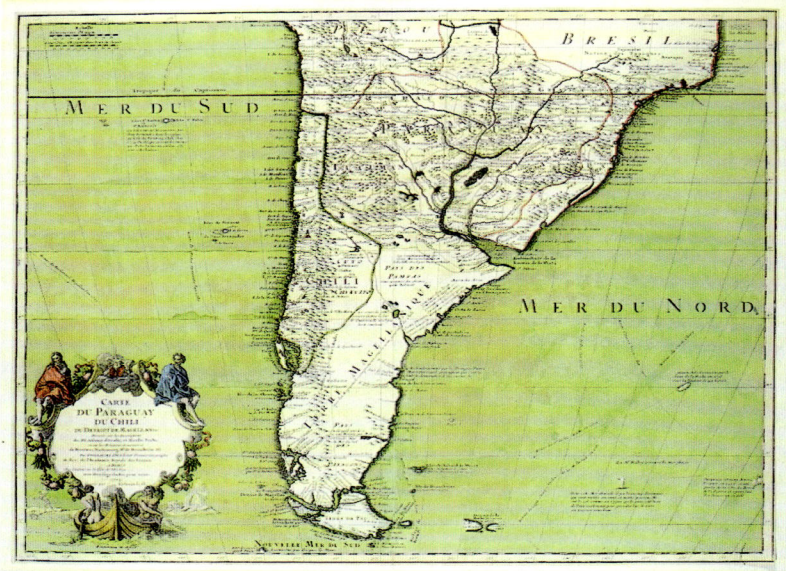

Abbildung 34: Guillaume de L'Isle (1675–1726) **Carte du Paraguay du Chili du Detroit de Magellan...** (Paris, 1703; Format: 49 x 65,5 cm). Diese Schlüsselkarte basiert auf Informationen des chilenischen Jesuiten Alonso de Ovalle sowie der Entdecker Brouwer, Narbourough und Bauchesne. Zu sehen ist auch das fiktive Peppy's Island.

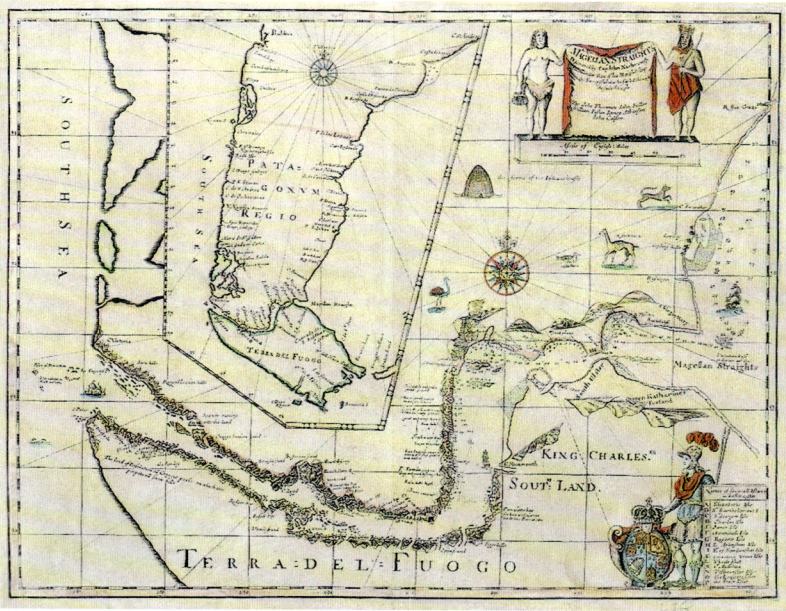

Abbildung 35: John Seller (†1697) **A New Map of Magellan straights...** (koloriert, London, 1670), mit Entdeckungen von John Narbrough.

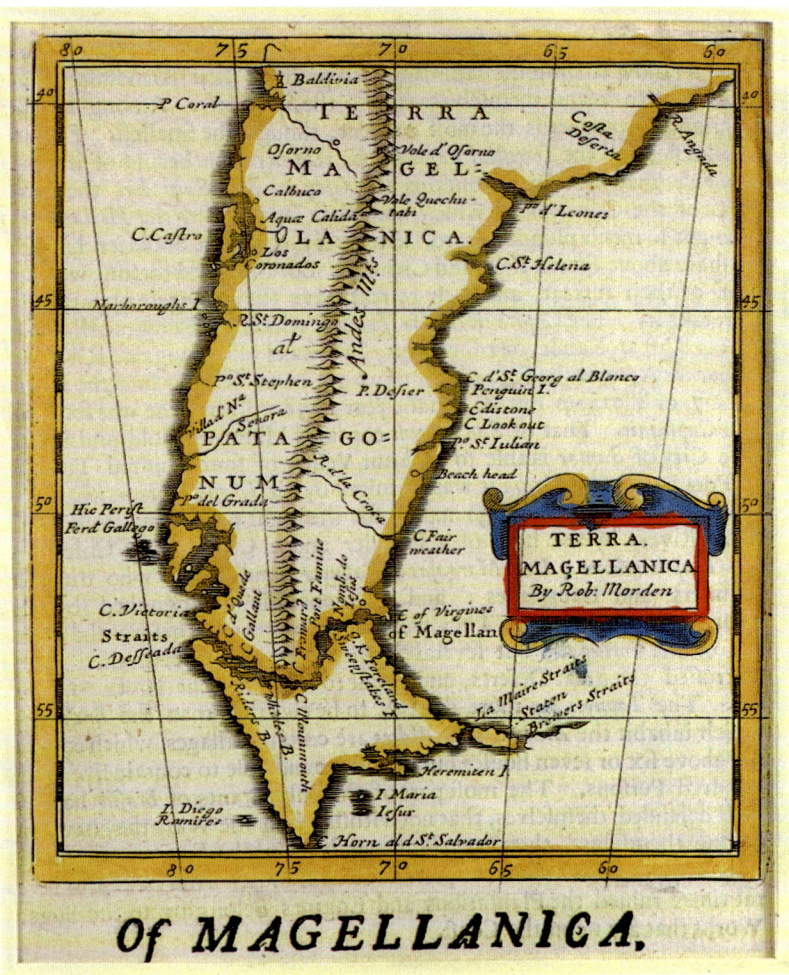

Abbildung 36: Robert Morden (†1703) **Terra Magellanica**
(koloriert, Format: 10,5 x 12,5 cm); aus: „Geography rectified" (London, 1700)

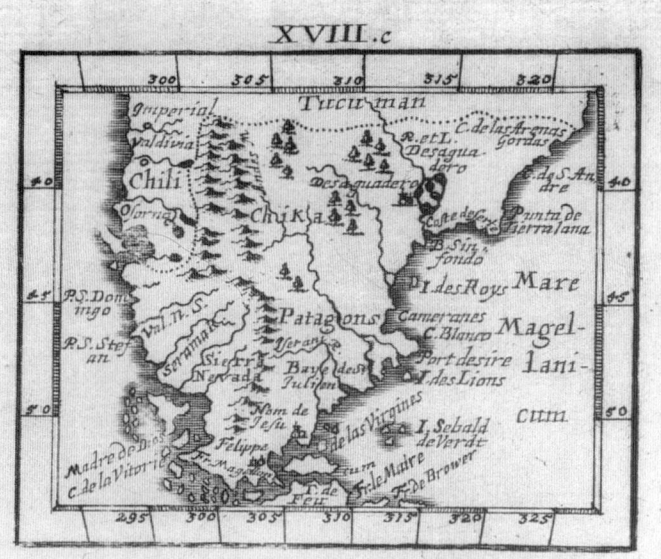

XVIII.c

In Magellanica finden sich:
Flüsse:
Desaguadero und Iserani.

Städte:
S. Philippe und Nombre de Jesu.

Die notablesten Meer-Engen:
Fretum Magellanicum.
Fretum le Maire, und dann
Fretum Brouwers.

Abbildung 37: Johann Ulrich Müller (1653 bis nach 1715) **Südchile**
(Miniaturkarte, Format: 7,5 x 6,5 cm); aus: „Geographia totius orbis compendaria" (Ulm, 1703).

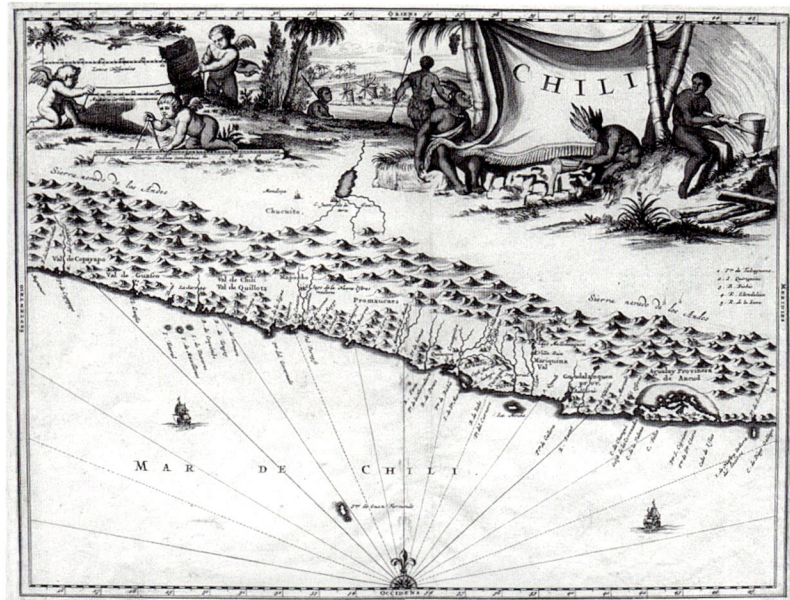

Abbildung 38: Arnold Montanus (2. Hälfte des 17. Jh.) **Chili**; aus: „De Nieuwe en Onbekande Wereld of Beschryving van Amerika en't Zuid-land" (Amsterdam, 1671). Ebenso wie bei Ogilby aus dem gleichen Jahr Chile mit Landschaft und Genreszenen mit Indianern.

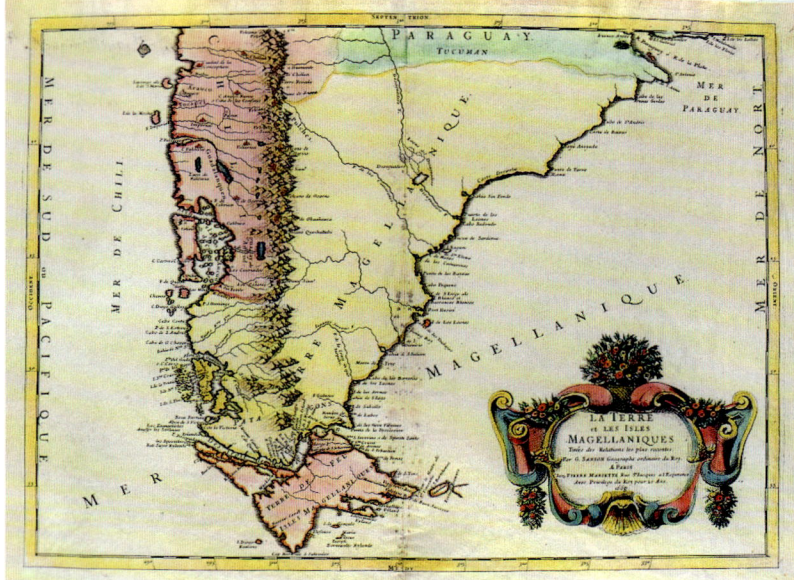

Abbildung 39: Nicolas Sanson (1600–1667) **La Terre et les Isles Magellaniques** (koloriert); aus: „Cartes Generales de la Geographie Ancienne et Nouvelles, ou les Empires, Monarchies, Royaumes, Etats, Republiqves et pevple de toutes les parties du Monde" (Paris, 1676).

Abbildung 40: Nicolas Sanson (1600–1667) **De Straet van Magellanes met het Magellanisch Landt en d'Eilanden** (Paris, 1660). Diese Karte einer holländischen Ausgabe basiert auf der Originalkarte von Sanson „Detroit de Magellan, Terre d' Isles Magellanicques".

Abbildung 41: Jean Baptiste Nolin (1657–1708) **L'Amerique merídionale...**
(Paris, 1689; Format: 45 x 59 cm). Diese Karte ist mehr als eine Kopie des im gleichen Jahr publizierten und einflußreichen Originals von Vincenco Coronelli. Paris war damals das bedeutendste geographische Zentrum, so daß Nolin noch Verbesserungen einbringen konnte.

Abbildung 42: Henry Abraham Chatelain (1684–1743) **Carte des Tres Curieuse de la Mer Sud**
(Paris, 1719). Dieses Blatt vom südlichsten Teil Amerikas gehört zu vier nicht miteinander verbundenen
Blättern, die mit der großformatigen, einblättrigen Karte gleichen Titels identisch sind.

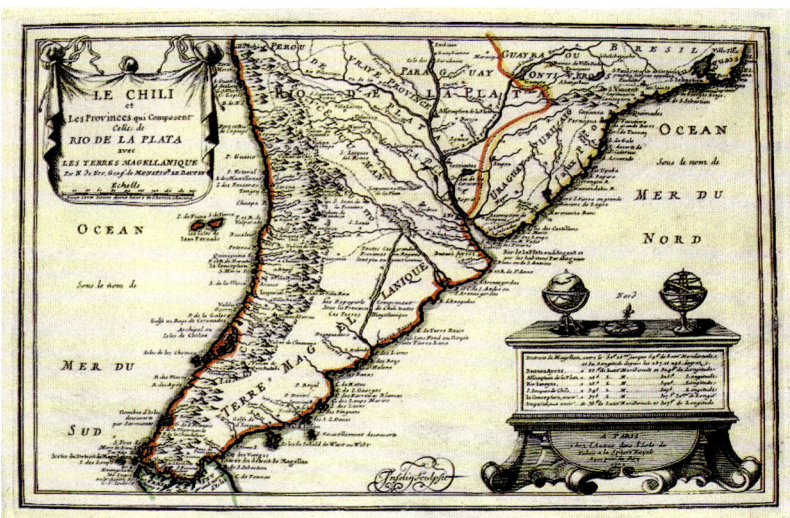

Abbildung 43: Nicolas de Fer (1646–1720) **Le Chili et les provinces qui composent celle de Rio
de la Plata avec les Terres Magellanique** (Paris, 1705; Format: 22 x 33 cm); aus: „L'Atlas Curieux
ou le Monde réprésenté dans des cartes generales et particulaires du ciel et de la terre divisié tant
en ses quatre principales parties que par etats et provinces et orné".

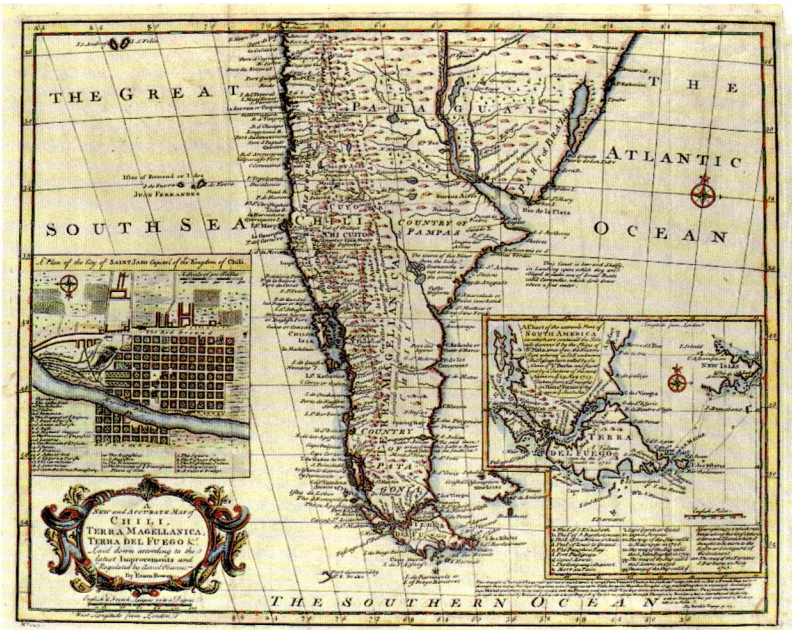

Abbildung 44: Emanuel Bowen (um 1720–1767) **A new and accurate map of Chili, Terra Magellanica, Terra del Fuego** (koloriert, Format: 43 x 35,5 cm); aus: „A complete System of Geography" (London, 1747). Die Karte basiert auf einer Vorlage in Monsr. Frezier's „Voyage to the South Sea".

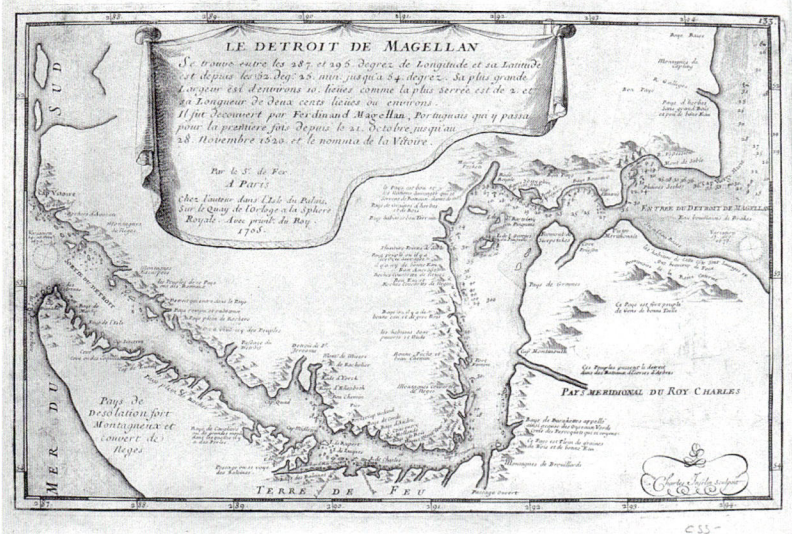

Abbildung 45: Nicolas de Fer (1646–1720) **Le Detroit de Magellan.** Se trouve entre les 287 et 195 degrez de Longitude (Format: 22,5 x 33,6 cm), graviert von Charles Inselin. Aus: „Atlas Curieux ou le Monde..." (Paris, 1705).

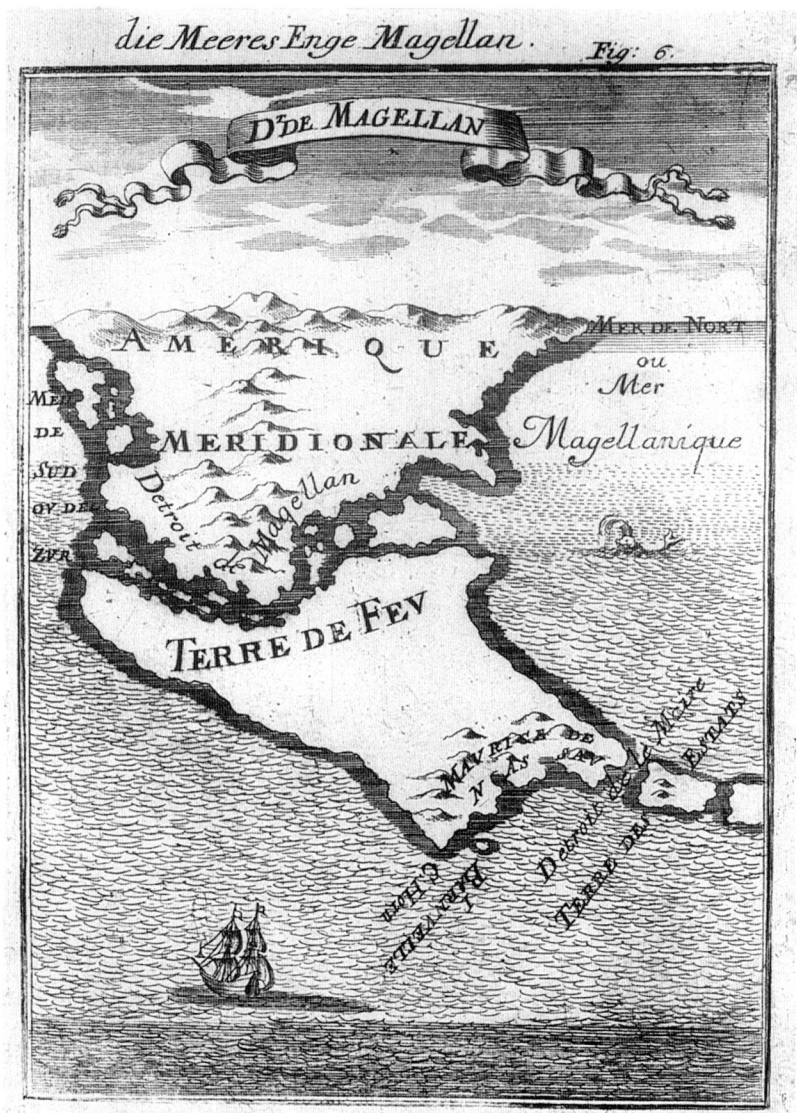

die Meeres Enge Magellan. Fig: 6.

Abbildung 46: Alain Manneson Mallet (1630–1706) **Die Meeres Enge Magellan.**
Aus „Description de l'univers" (deutsche Ausgabe, verlegt von A. Jung; Frankfurt, 1719).

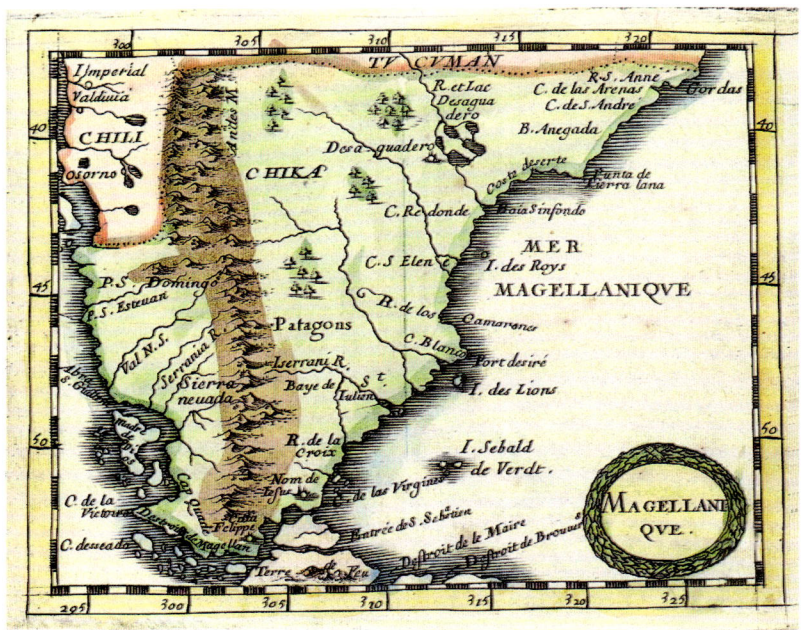

Abbildung 47: Pierre Duval (1618–1683) **Magellanique** (ca. 1670; Format 12,5 x 9,5 cm).

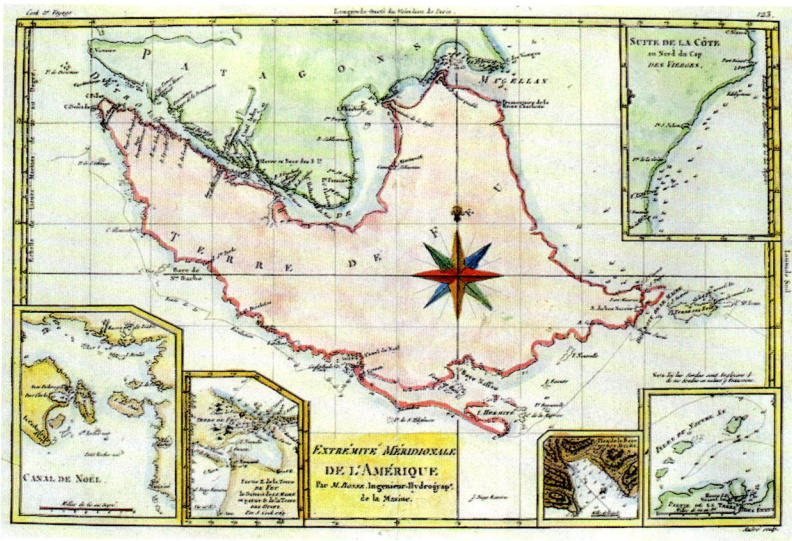

Abbildung 48: Rigobert Bonne (1727–1795) **Extrémité Meridionale de l'Amerique** (um 1770; Format: 23,5 x 34,5 cm).

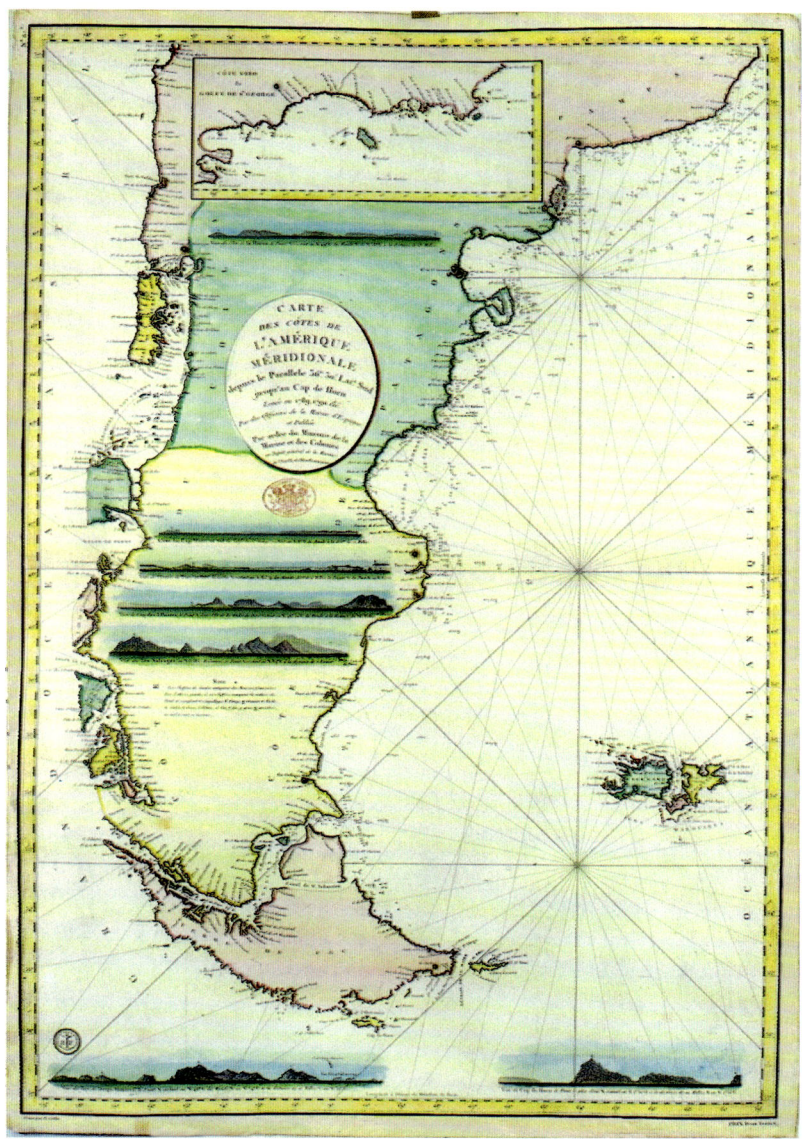

Abbildung 49: Depot de la Marine (Paris) **Carte des Cótes de L'Amerique Méridional**
(Paris, 1800/01). Diese Karte zeigt die südamerikanische Küste von 36°30' s.Br. bis Kap Hoorn,
ermittelt von der spanischen Marine. Sie ist die erste Karte mit Ergebnissen der Malaspina-Expedition.

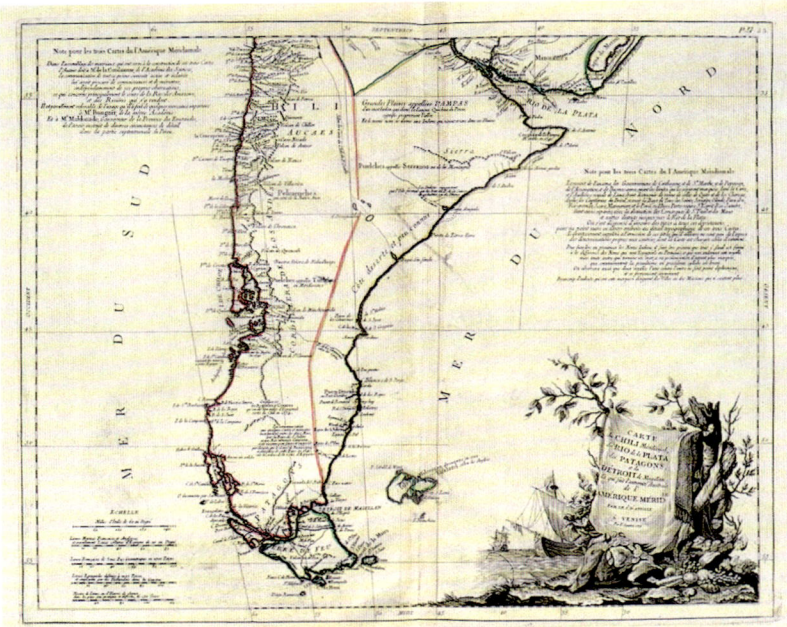

Abbildung 50: Jean Baptiste Bourguignon d'Anville (1697–1782) **Carte du Chili Meridional du Rio de la Plata des Patagons et du Detroit de Magellan** (koloriert, Venedig, 1779; Format 54 x 45 cm). Die östliche Grenze Chiles verläuft durch das Zentrum des heutigen Argentiniens bis zum Atlantik nördlich der Magellanstraße.

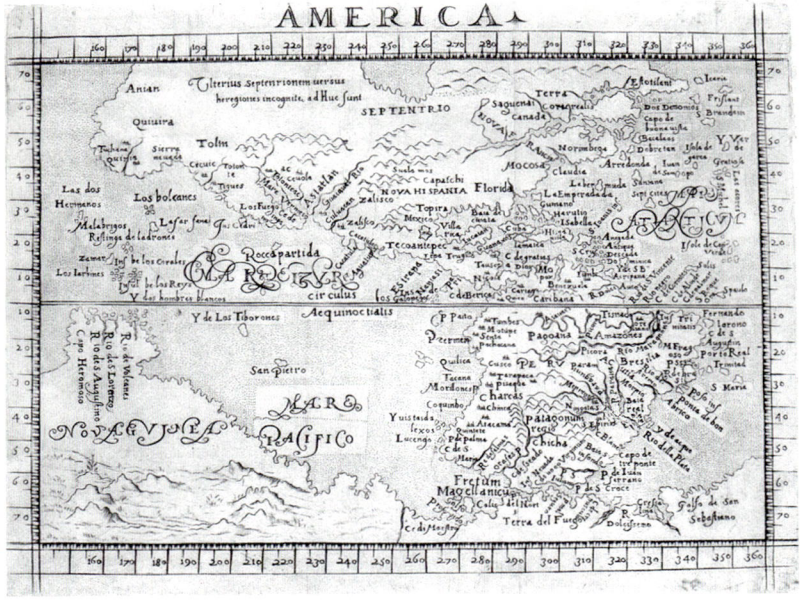

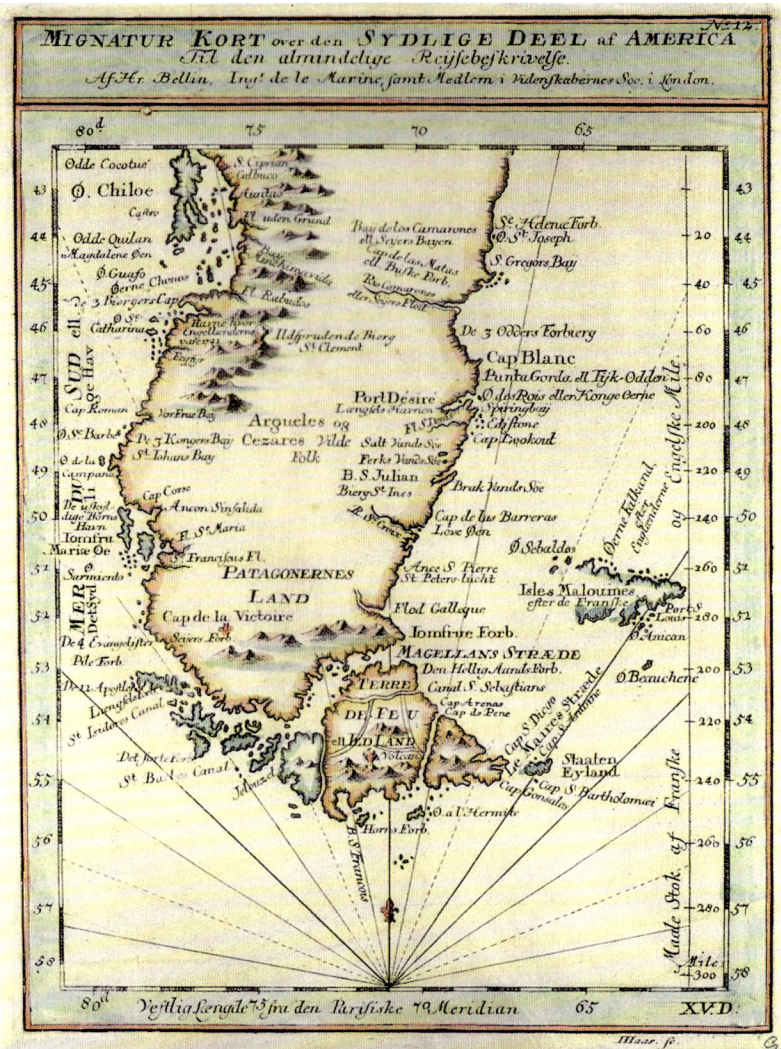

Abbildung 52: Jean Nicolas Bellin (1703–1772) **Mignatur Kort over den sydlige Deel af America** (koloriert, um 1760). Holländische Ausgabe des „Petit Atlas Maritime..." (Paris, 1764). (Format 16 x 22 cm)

←

Abbildung 51: Guiseppe Rosaccio (1530 bis um 1620) **America** (um 1589, Format: 43 x 49 cm). Die Karte zeigt den amerikanischen Kontinent in eigenwilliger Komposition, teils mit spanischer, italienischer und lateinischer Beschriftung. sie war vermutlich für eine „Ptolemaeus-Ausgabe" bestimmt.

226

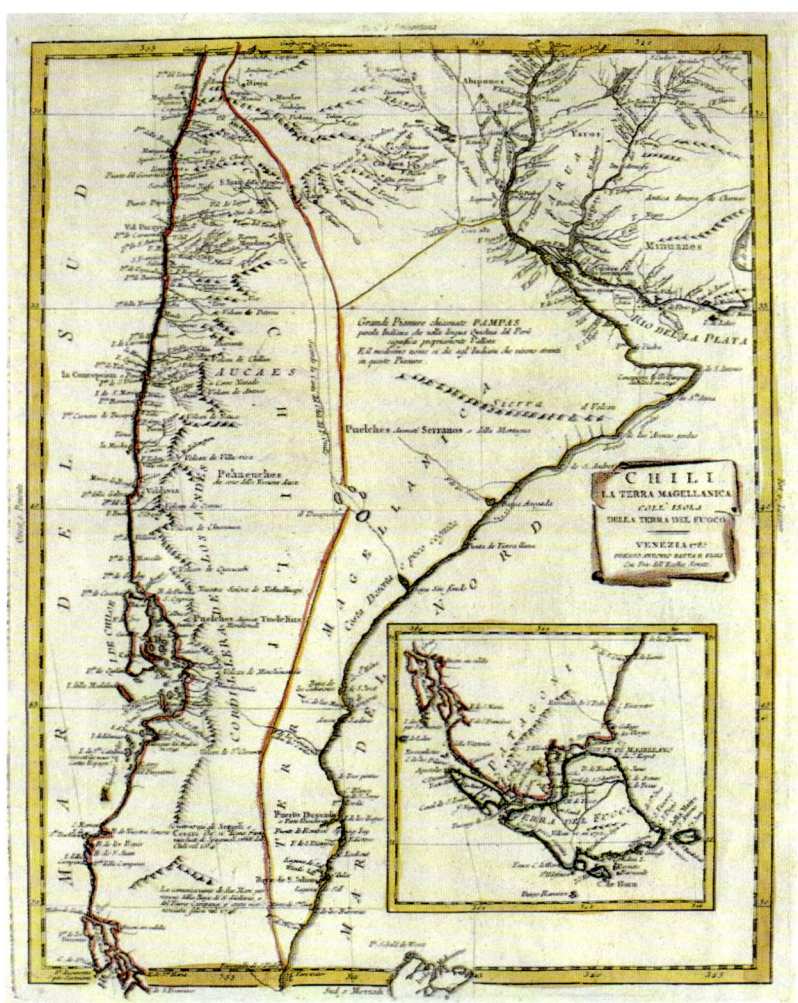

Abbildung 53: Antonio Zatta (tätig 1757–1797) **Chile la Terre Magellanica**
(Format: 31 x 41 cm); aus: „Atlante novissimo" (4 Bände, Venedig, 1785).

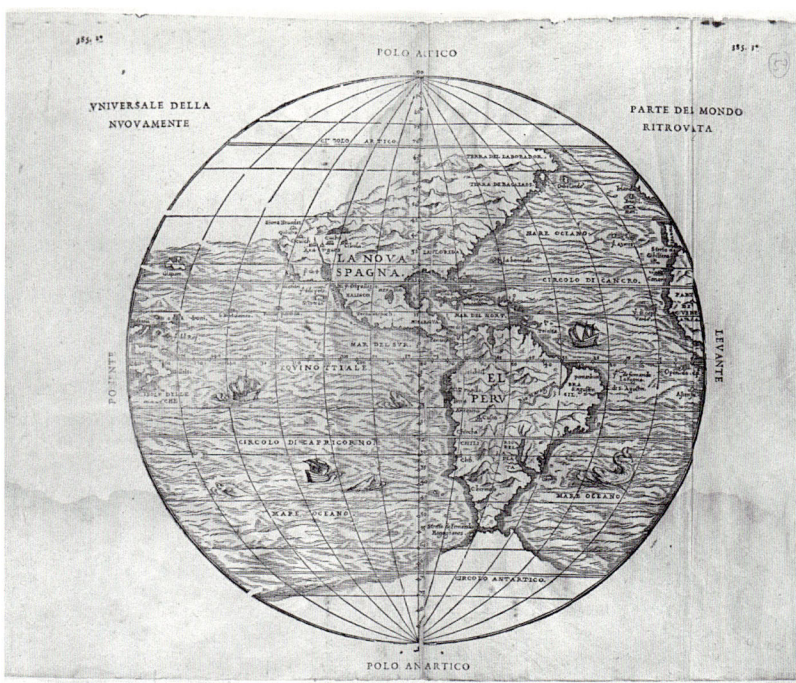

Abbildung 54: Giovanni Battista Ramusio (1485–1557) **Universale della parte del mondo nuovamente...** (Venedig, 1556; Format: 26,5 x 26 cm). Diese Holzschnittkarte zeigt den amerikanischen Kontinent im Rund mit Gradeinteilungen und maritimer Staffage.

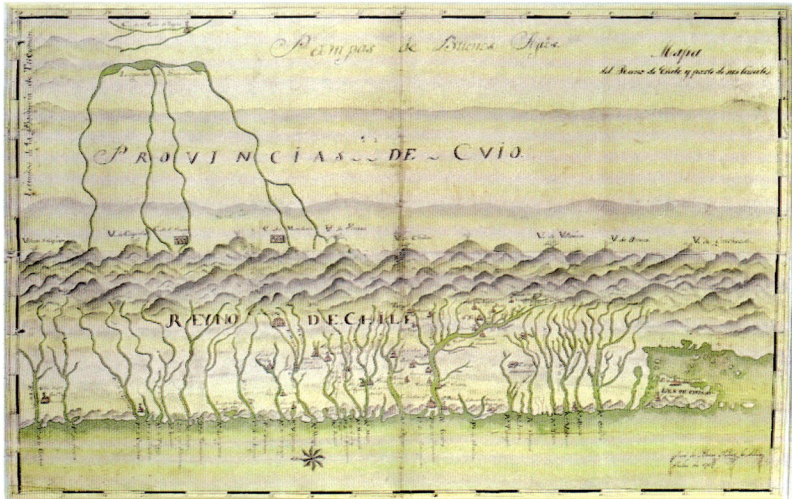

Abbildung 55: Anonymus **Mapa del Reino de Chile y parte sus limites** (handkoloriert, vermutlich Santiago um 1755; Format: 89 x 59 cm). Diese Manuskript-Karte wurde vor den ersten spanischen Manuskript-Karten von 1765 angefertigt und zeigt größeren Detailreichtum als vergleichbare Karten von d'Anville (1748) und Bellin (1764).

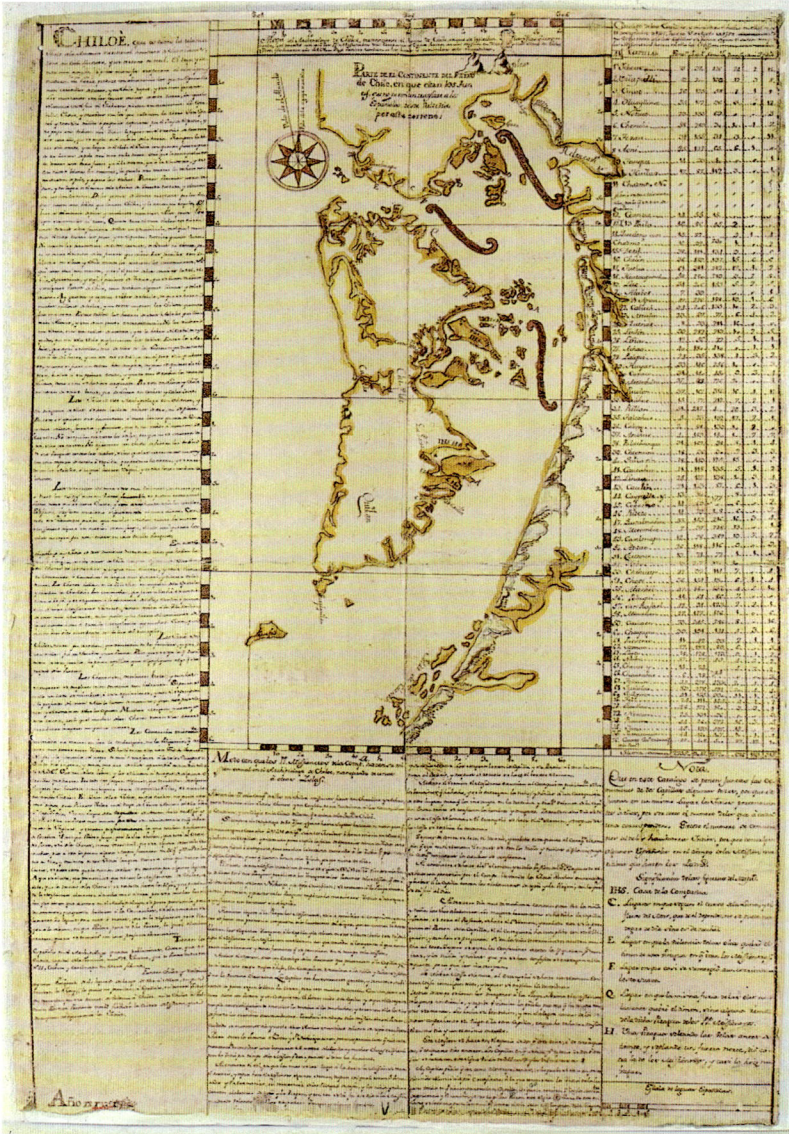

Abbildung 56: Anonymus **Parte de el continente del Reyno de Chile...**
(koloriert, 1765; Format: Karte = 34,5 x 60 cm, Manuskript = 63 x 95 cm). Der gleiche Karteninhalt dieser
Manuskript-Karte findet sich in „El primer Atlas de Cartografia Hispano-Colonial de Chile" (mapa No. 8),
dessen Original sich in Madrid befindet. Es liegt daher die Vermutung nahe, daß es sich um die gleichen
Autoren handelt: die deutschen Jesuiten P. Melchior Strasser und Miguel Mayer.

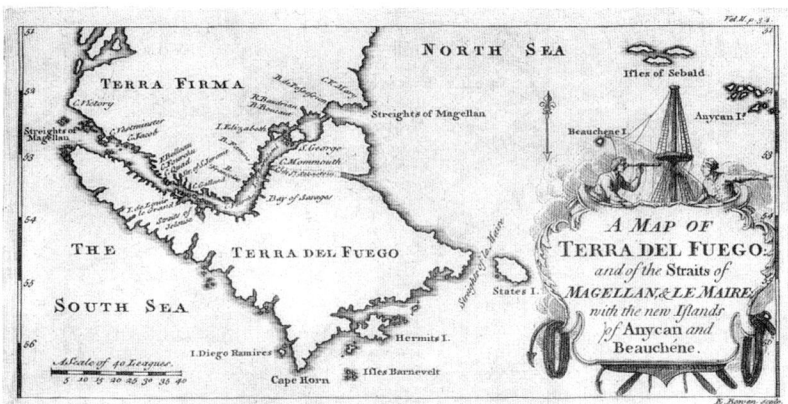

Abbildung 57: Emanuel Bowen (um 1720–1767) **A map of Terra del Fuego and of the Straits of Magellan & Le Maire with the new Islands of Anycan and Beauchéne** (Format 25,5, x 14 cm); aus: „Jesuits travels" (1762).

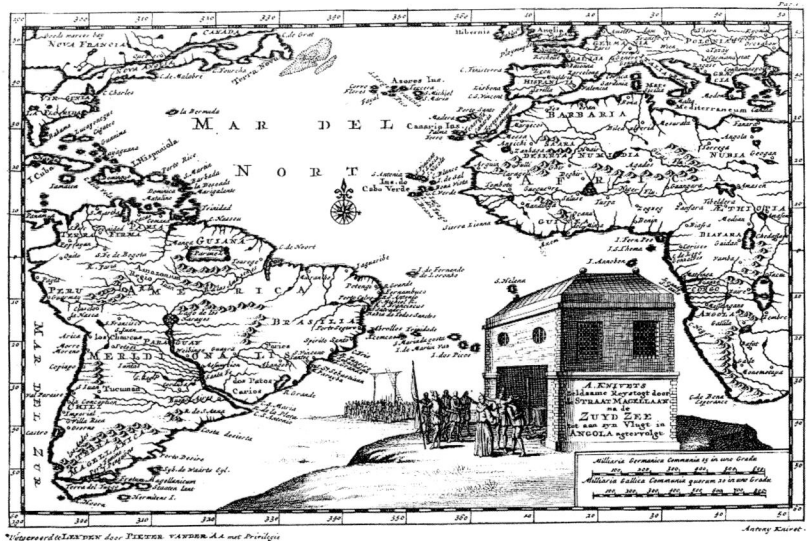

Abbildung 57a: Pieter van der Aa (1659–1733) **A. Knivets Zeldsame Reystogt door de Straat Magellan na de Zuyd Zee tot aan syn Vlugt in Angola agtervolgt** aus „Van der Aas Kruvet nyt Engelland na de Zuyd-Zee, met Thomas Candish", Leiden 1706 (Format 23 x 15,7 cm)
Kruvet war Mitglied der zweiten Cavendish-Expedition. Der Mythos des „geschlossenen Wassertores" zur Magellanstraße wird sehr anschaulich dargestellt.

Abbildung 58: Tomás López de Vargas Machuca (1730–1802) **Parto del Reyno de Chile La Tierra del Fuego, El Estrecho Magellanes y el del Maire** (Format: 8 x 11,5 cm); aus: „Atlas Geographico de la America Septentrional y Meridional..." (Madrid, 1758). Seltener kleiner Atlas von Süd- und Mittelamerika mit exakt ausgeführten Karten von Provinzen und Stadtplänen.

Abbildung 59: Tomás López de Vargas Machuca (1730–1802) **Mapa de una parte de Chile...** (Madrid, 1777; Format 28 x 38 cm). Diese Karte ist wiederholt reproduziert worden, so z.B. in „La Araucano" von Alonso de Ercilla und in Werken von Juan Ignacio Molina.

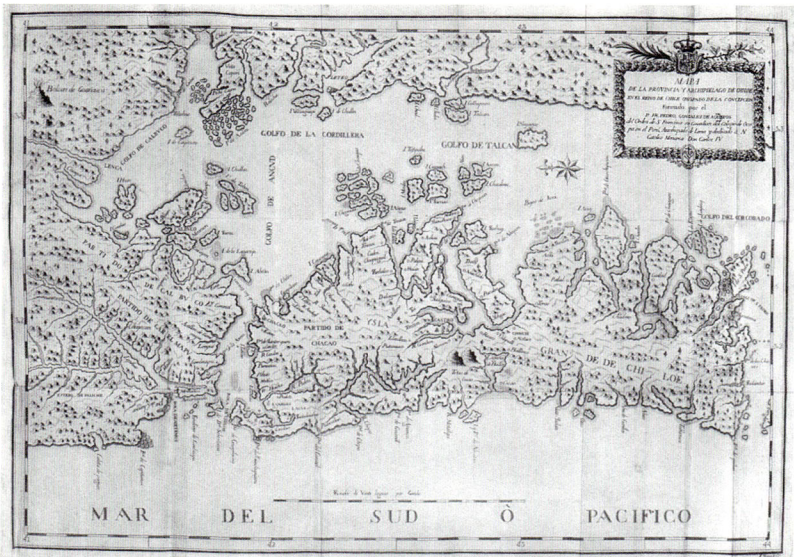

Abbildung 60: Fr. Pedro Gonzalez de Agueros **Mapa de la Provincia y Archipelago de chiloé en el reino de Chile...** (Format: 40,5 x 56,5 cm); aus: „Descripcion historial de la Provincia y Archipelago de Chiloé, en el Reyno de Chile" (Madrid, 1791). Eine der ersten großformatigen Karten dieser Region in einer wichtigen historischen Beschreibung.

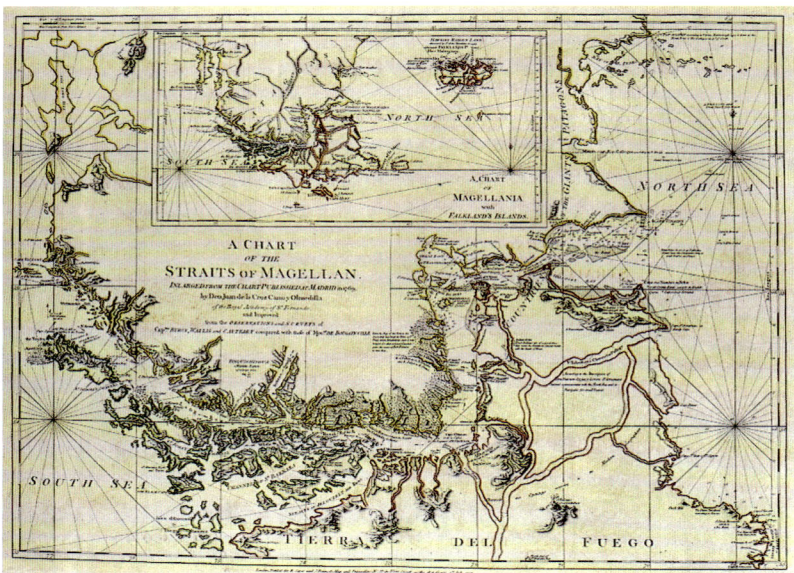

Abbildung 61: Robert Sayer (1725–1794) und John Bennet †1787) **A Chart of the Straits of Magellan...** (Format: 51 x 69 cm); aus: „American Atlas" (London, 1775). Bei dieser Seekarte handelt es sich um eine Vergrößerung der 1769 in Madrid publizierten Karte von Juan de la Cruz Cano y Olmedilla. Berücksichtigt sind die Entdeckungsfahrten von Byron, Wallis und Carteret.

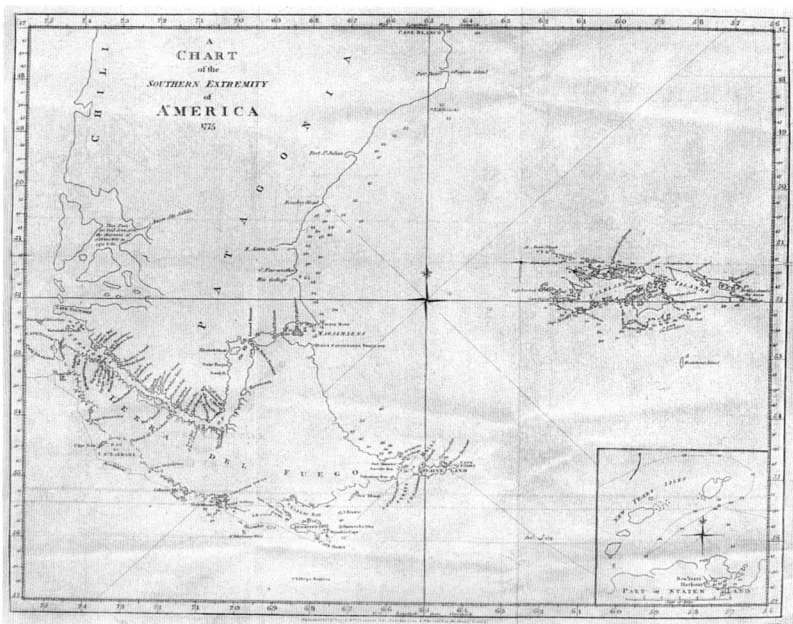

Abbildung 62: James Cook (1728–1779) **A Chart of the Southern Extremity of America**
(1775; Format: 50,5 x 43 cm). Seekarte von Cape Blanco bis Kap Hoorn, einschließlich
Falklandinseln, die auf Vorlagen von James Cook und Josef Gilbert basiert und für den Bericht
über die zweite Weltreise 1777 bestimmt war.

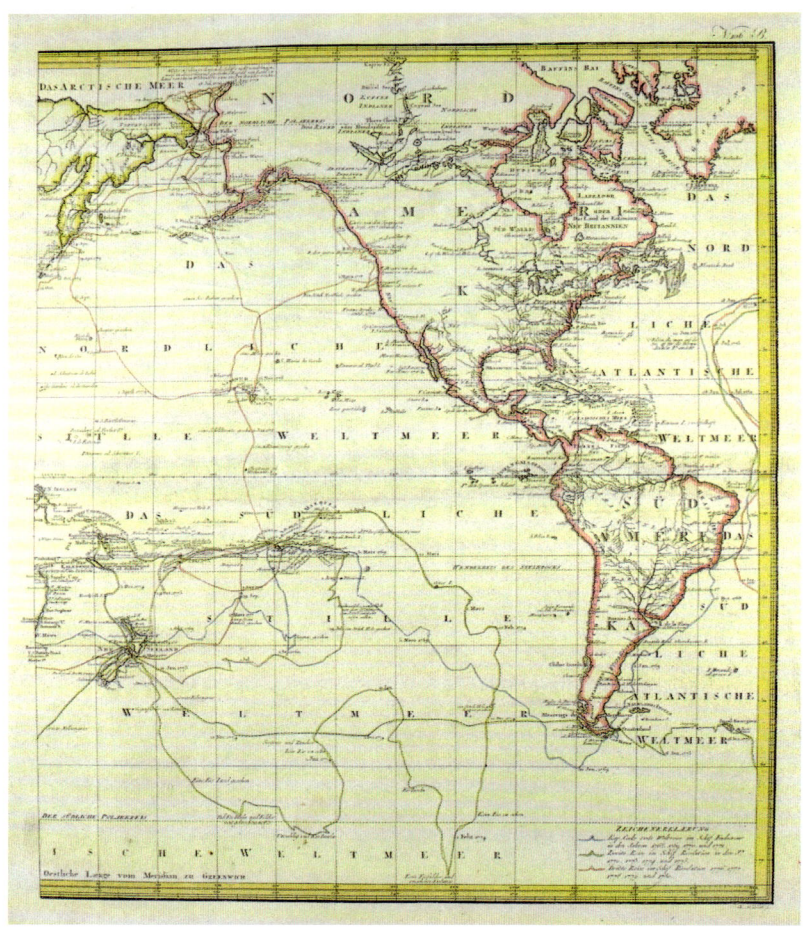

Abbildung 63: Franz Anton Schraembl (1751–1803) **Generalkarte sämtlicher Entdeckungen auf den drei Weltreisen des Kapit. Jakob Cook** (ein Blatt, nach einer Vorlage von Henry Roberts); aus: „Allgemeiner Großer Atlas" (Wien, 1789).

➡

Abbildung 65: Homannsche Erben (1730–1813) **Typus geographicus Chili, Paraguay, Freti Magellanici...** (koloriert, Format: 47,7 x 55,7 cm); aus: „Atlas geographicus maior" (Nürnberg, 1759–1784), basierend auf einer Karte im „Arlas nouveau" von Covens und Mortier. Die Karte zeigt die südliche Hälfte von Südamerika mit einer großen, dekorativen Kartusche.

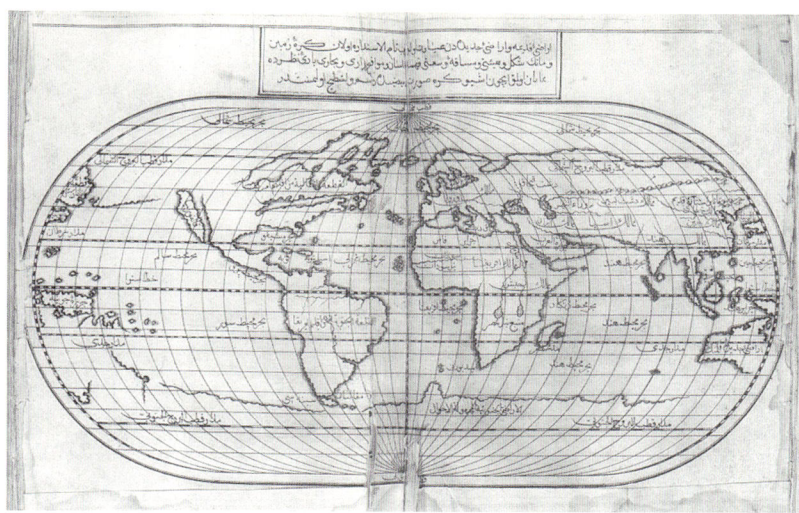

Abbildung 64: Ibrahim Müteferrika (1674–1745) **Hemisphärenkarte von Amerika.**
Aus: „Die Geschichte der West Indischen Inseln, genannt The new Report (Konstantinopel, 1729/30).
Die erste Karte türkischen Ursprungs aus dem illustrierten türkischen Buch, das von der Geschichte der
Westindischen Inseln handelt. Der Südkontinent hat immer noch die Größe wie auf Karten des 16. und
17. Jahrhunderts.

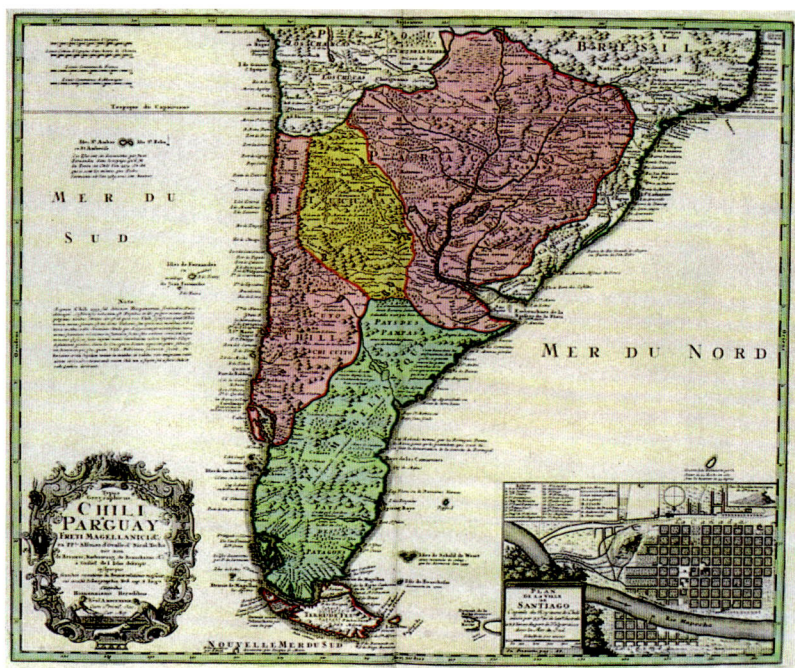

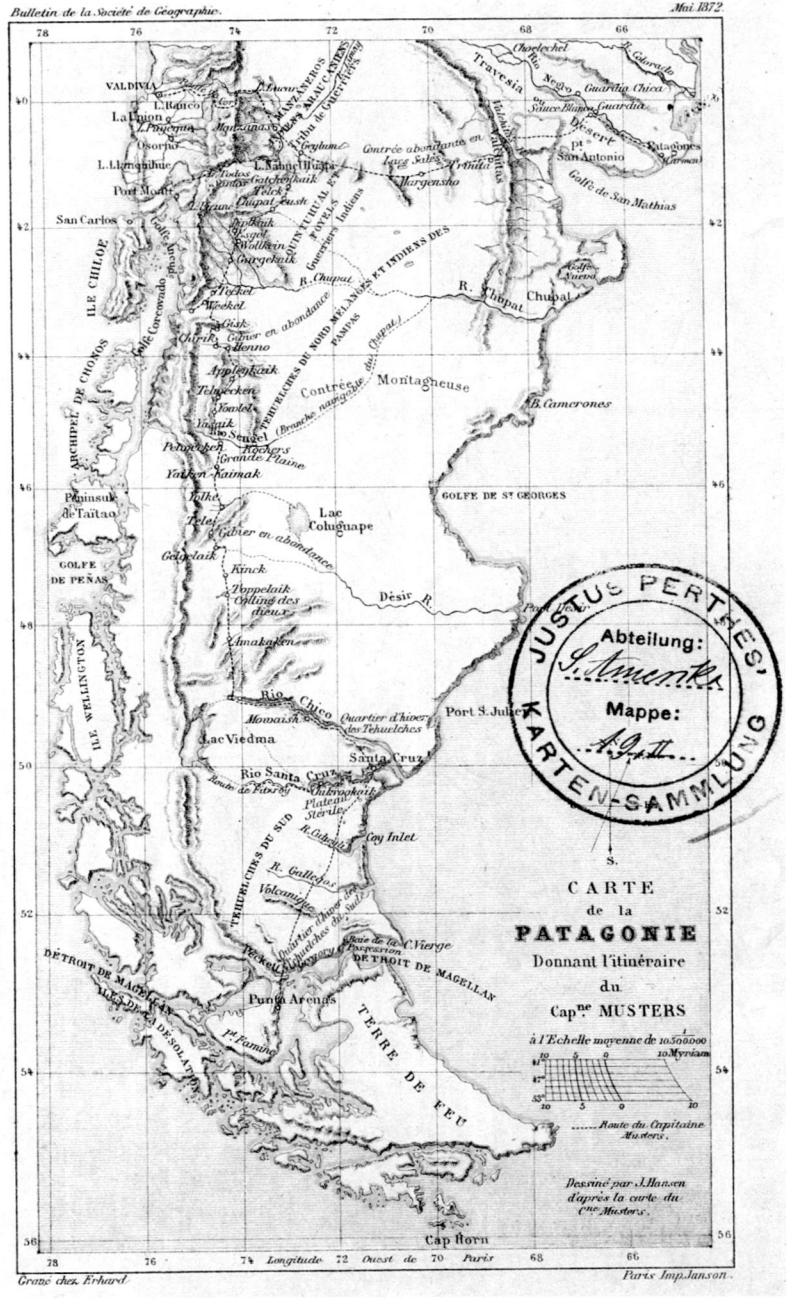

CARTE
de la
PATAGONIE
Donnant l'itinéraire
du
Capne MUSTERS

à l'Echelle moyenne de 10.500.000

Route du Capitaine
Musters.

Dessiné par J.Hansen
d'après la carte du
Cne Musters.

Longitude Ouest de Paris

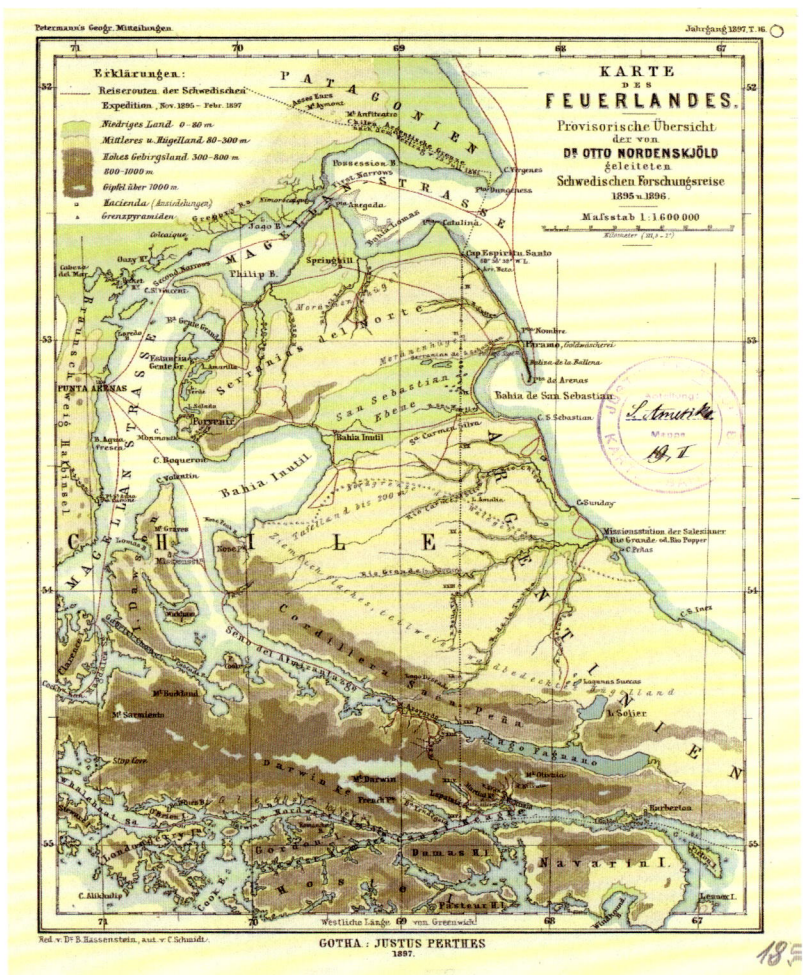

Abbildung 67: Otto Nordensköld **Karte des Feuerlandes.**
Provisorische Übersicht der von Dr. Otto Nordenskjöld geleiteten Schwedischen Forschungsreise
1895 und 1896 (Format: 19,4 x 24,7 cm); aus: Petermann's Geographische Mitteilungen, Jahrgang
1897, Tafel 16 (Perthes Gotha). Auf der Karte ist die Grenze zwischen Argentinien und Chile mit
den numerierten Grenzpyramiden auf Feuerland eingezeichnet.

←

Abbildung 66: George Chaworth Muster (1841–1873) **Carte de la Patagonie.** Donnant l'itinéraire du
Cap. Musters. (Format: 10,2 x 18,5 cm); aus: Bulletin de la Societé de Geographie, Paris 1872). Muster
erforschte als erster Patagonien. Seine über 2000 km lange Expedition in Innere Patagoniens begann in
Punta Arenas und führte ihn über den Rio Santa Cruz und den Rio Chico bis zum Rio Negro.

Abbildung 68: Heinrich Berghaus (1797–1889) **Seekarte der Le Maire Straße mit Staatenland und Kap Hoorn** (Potsdam, 1841). Die Karte enthält handschriftliche Korrekturen des Autors, der 1828 maßgeblich an der Gründung der Geographischen Gesellschaft zu Berlin beteiligt war und von 1829–1858 mit dem Justus Perthes Verlag in Gotha zusammenarbeitete (Berghaus' Physikalischer Atlas).

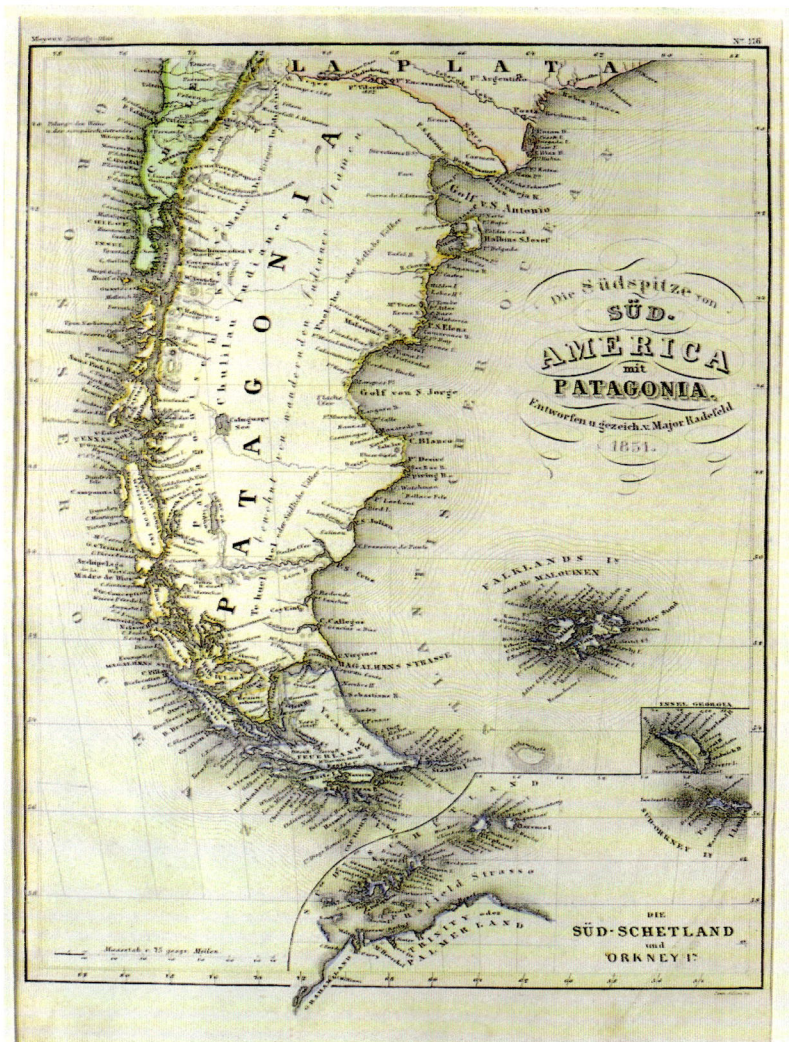

Abbildung 69: Carl Christian Franz von Radefeld (1788–1874) **Die Südspitze von Südamerika mit Patagonia** (koloriert, Format: 25 x 19,5 cm); aus: „Meyers ZeitungsAtlas" (Bibliographisches Institut, Hildburghausen, 1851).

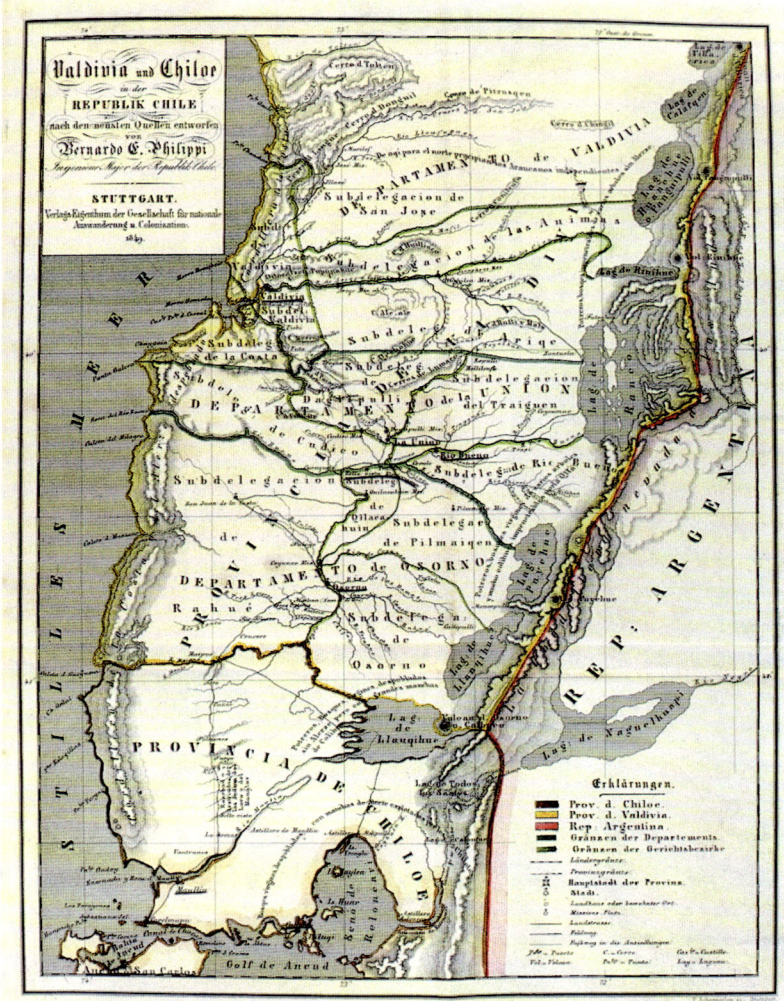

Abbildung 70: Bernado Eunom Philippi (1811–1852) **Valdivia und Chiloé in der Republik Chile nach den neuesten Quellen entworfen** (Format: 21 x 28 cm); aus: „Valdivia und Chiloé für deutsche Auswanderer" (Stuttgart, 1849). Philippi erkannte die vielfältigen Möglichkeiten, die sich im Süden Chiles für deutsche Auswanderer boten und gewann die Politiker für den Plan einer Erschließung des Südens durch deutsche Kolonisten.

Abbildung 71: Archibald Fullarton **Westcoast of South america including Chile & part of Bolivia and Peru.** Aus: „Royal Illustrated Atlas of Modern Geography" (London-Edinburg, 1860).

Abbildung 72: Firma Liebig **Ausser-Europäische Wasserstraßen: Magellan Straße.**
Werbemittel der Firma Liebig (1893) für Liebigs Fleisch Extract.

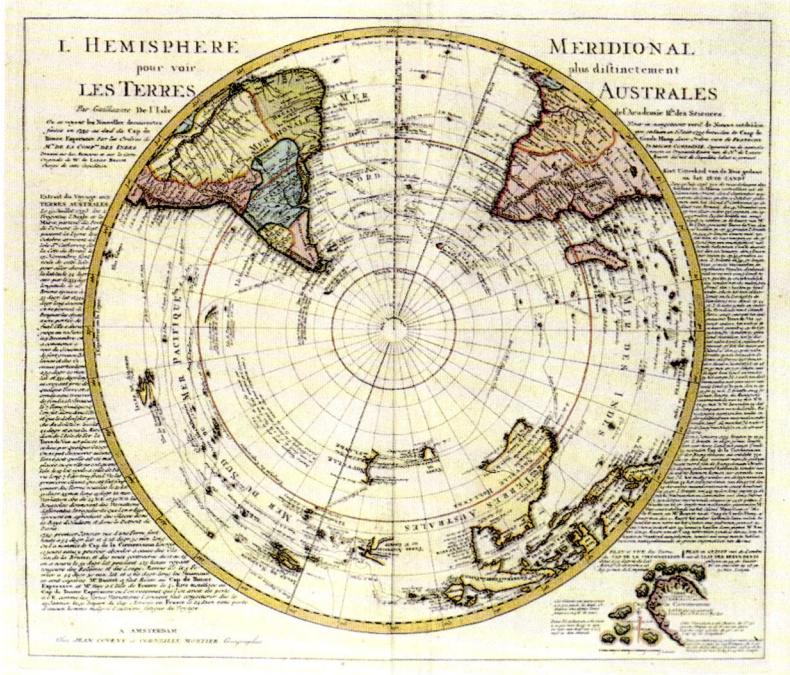

Abbildung 73: Guillaume de L'Isle (1675–1726) **L'Hemisphere Meridional pour voir plus distinctement les Terres Australes** (Paris, 1740; Format: 52,5 x 47 cm). De L'Isle ließ die Südpolarregion völlig un-bearbeitet mit Ausnahme einer kleinen Insel, die von Drake gesehen worden sein soll. Diese Version zeigt das Cap della Circoncision (1739) und die Isla de Pasques (1722).

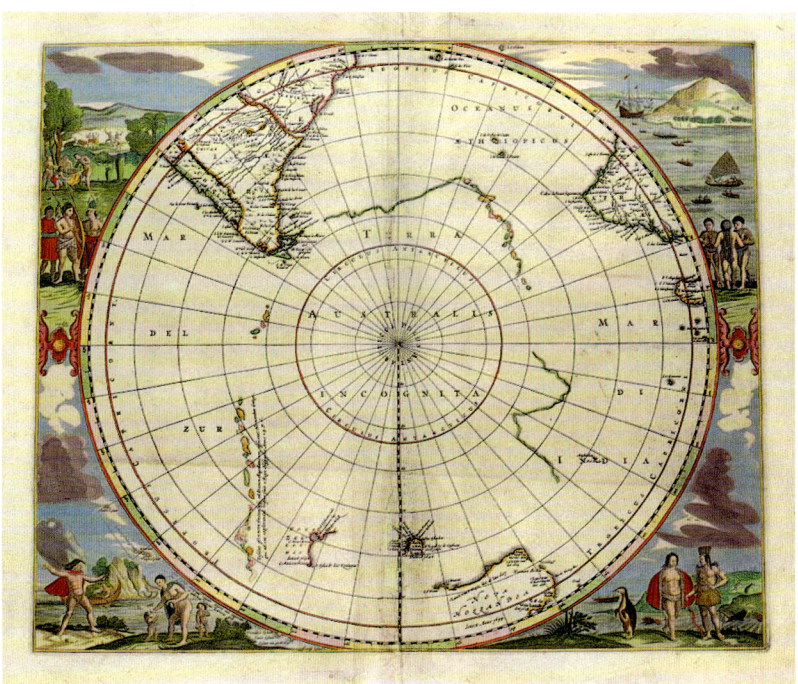

Abbildung 74: Henricus Hondius (1573–1650) **Polus Antarcticus – Australis incognita**
(koloriert, um 1650; Format: 49 x 43 cm). Das Verdienst, Drakes Entdeckungen der Insel
Feuerland auf einer Karte richtig dargestellt zu haben und den Zeitgenossen die wahre
Beschaffenheit der Südspitze Amerikas zu zeigen, gebührt Hondius.

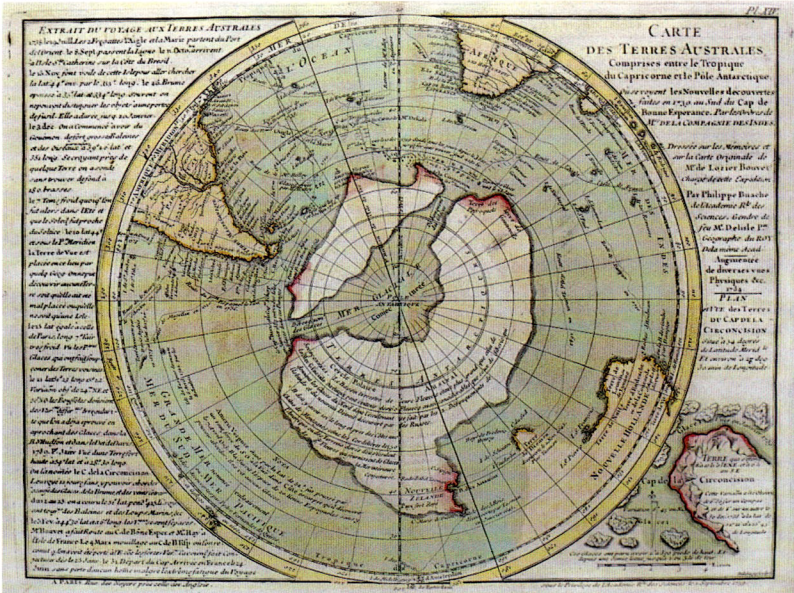

Abbildung 75: Philippe Buache (1700–1773) **Carte de Terres Australes** (Format: 23,7 x 31 cm); aus: „Atlas Physique" (Paris, 1754). Die Karte zeigt im Mittelpunkt die Antarktis und die Routen berühmter Entdeckungsreisender (Magellan 1520, Tasman 1642, Halley 1700) in der südlichen Hemisphäre.

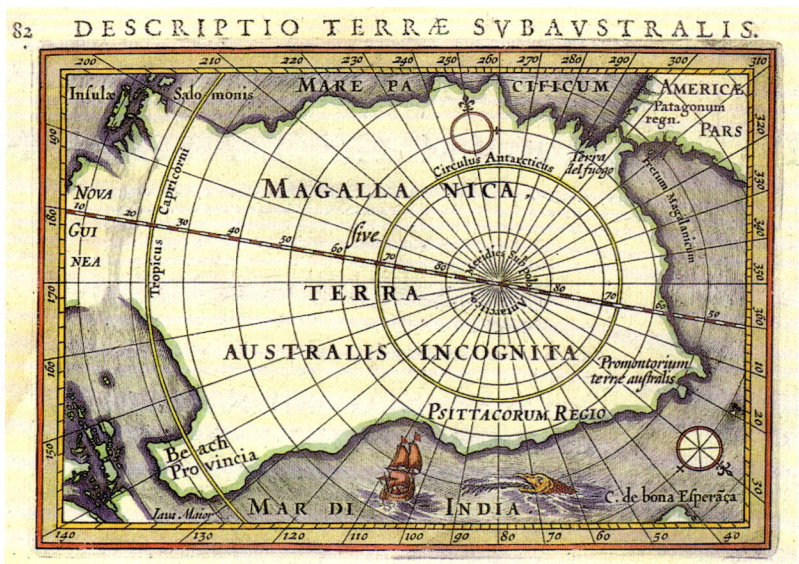

Abbildung 76: Pierre Bert(ius) (1565–1629) **Polus antarcticus, Magellanica sive Terra australis Incognita.** Aus: Bertius' Atlas, 6. Ausgabe (Amsterdam, 1618). Die Karte zeigt u.a. America Pars, Patagonum regn., Insulae Salomonis, Nova Guinea, Beach Provincia, Mar de India, Fretum Magellanicum, Cabo de bona Esparanca, Java Maior, Mar di India.

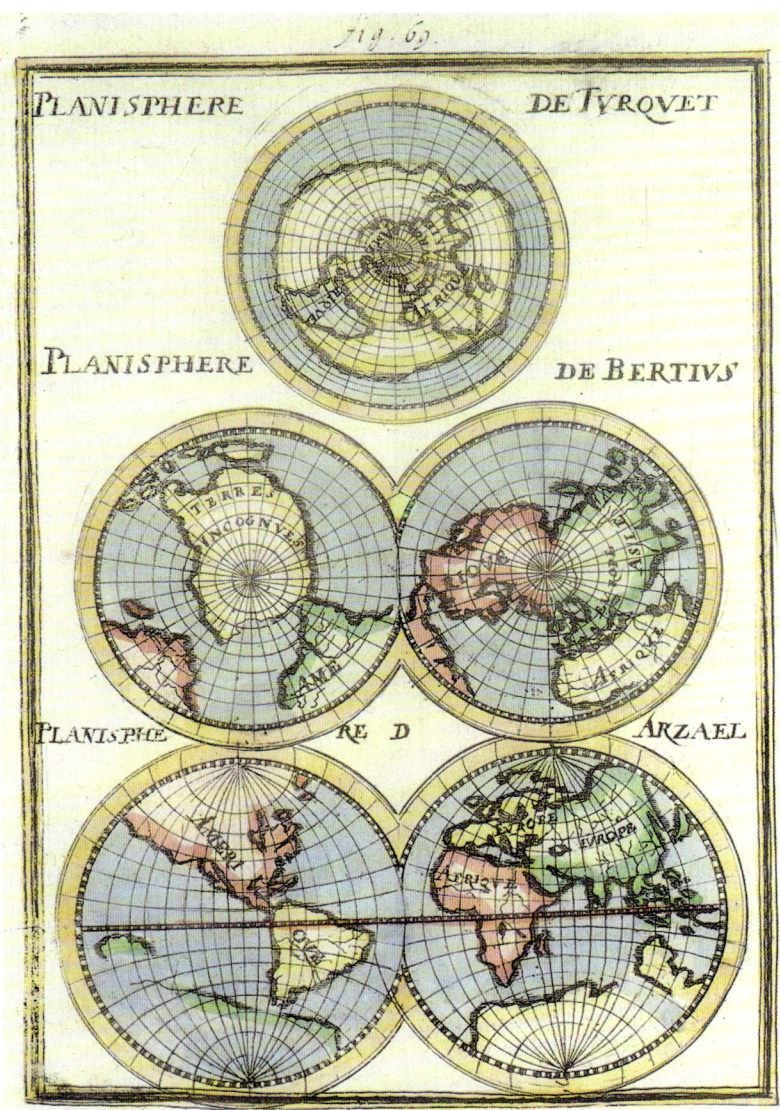

Abbildung 77: Alain Manisson Mallet (1630–1706) **Planisphere de Turqvet, Bertivs, Arzael** (Format: 10 x 14,2 cm); aus: „Description de L'Univers" (Paris, 1683).

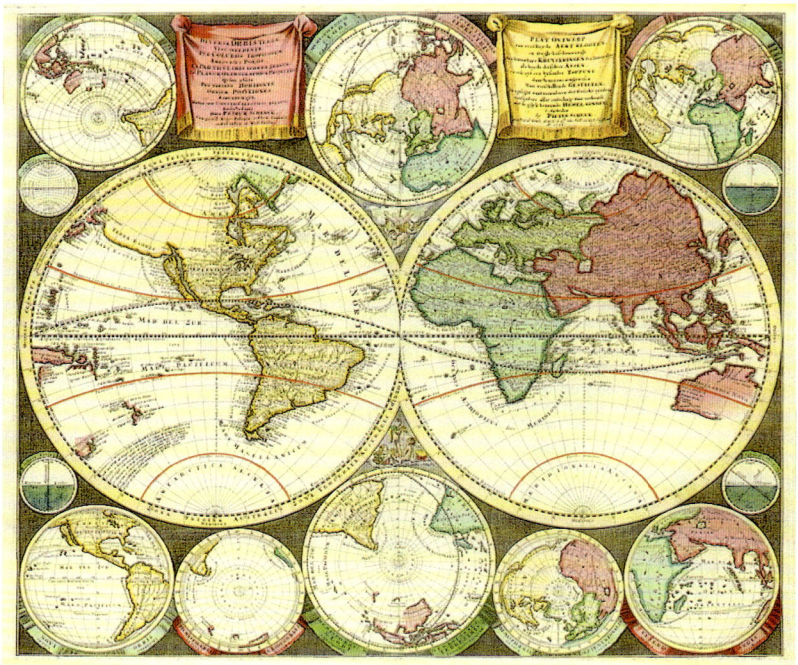

Abbildung 78: Pieter Schenk (1660–1718/19) **Diversa Orbis Terrae...**
(Amsterdam, 1706; Format: 58 x 50,5 cm). Sehr seltene Karte mit zwei Kugelweltkarten und
acht Kugelteilen des aus Elberfeld stammenden Kupferstechers und Verlegers Pieter Schenk.

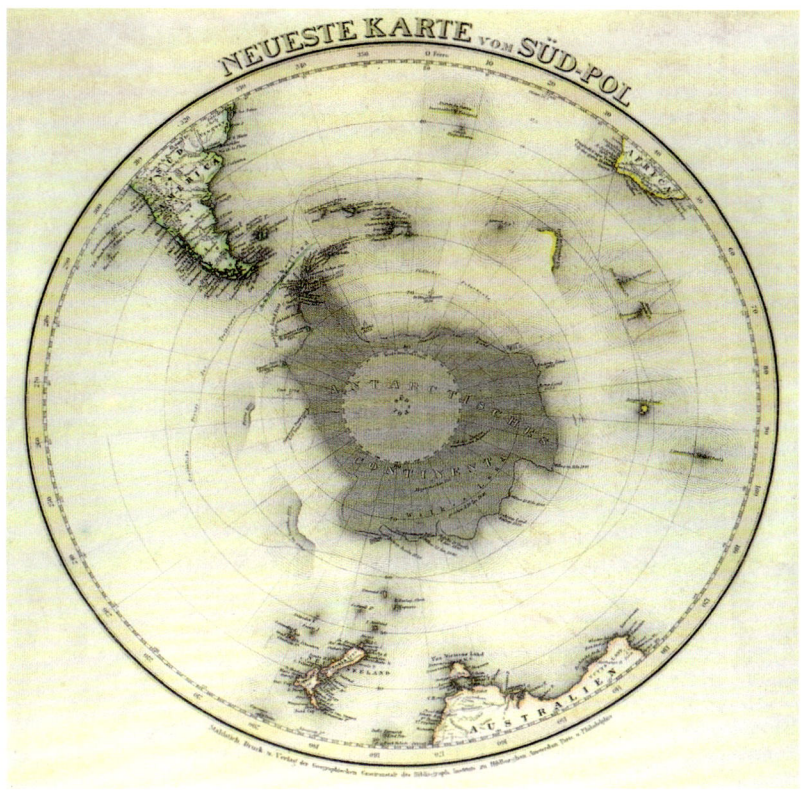

Abbildung 79: **Neueste Karte vom Südpol** (koloriert, Bibliographisches Institut Hildburghausen, 1855; Format: 29,2 cm Durchmesser).

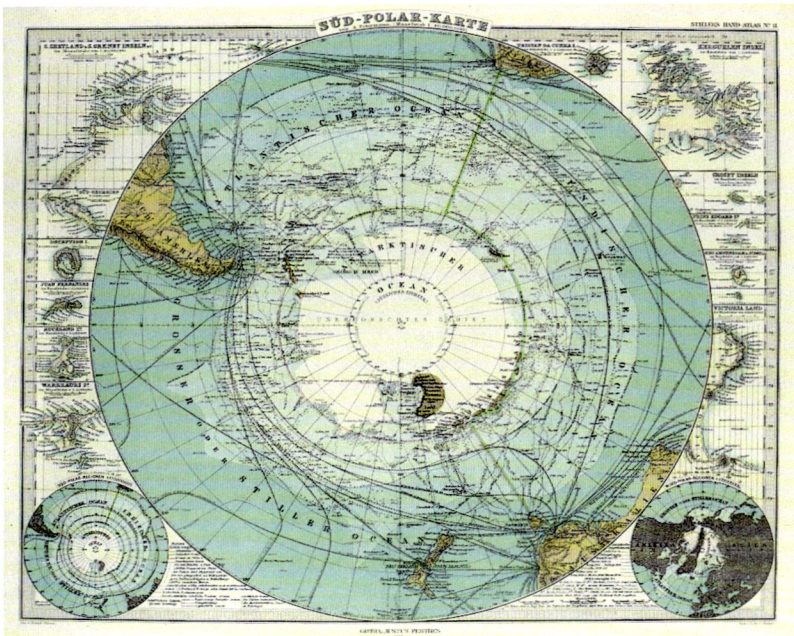

Abbildung 80: August Petermann (1822–1878) **Süd-Polar-Karte mit Nebenkarten.**
Aus: „Stielers Handatlas" (Perthes, Gotha, 1875). Unter der Leitung von Petermann entstanden
bei Perthes in Gotha zahlreiche Originalkarten überseeischer Gebiete, die sowohl in der von ihm
1855 begründeten Zeitschrift „Petermanns Geographische Mitt(h)eilungen" als auch in anderen
Verlagskartenwerken veröffentlicht wurden.

Abbildung 81: C.W. Ettinger **Neue Charte der Südlichen Theile von America.**
Nach dem von Thomas Kitchin, Königlichen Hydrographen zu London 1772 edierten Original
herausgegeben von C.W. Ettinger (Gotha, 1775). Hinweis auf Kartenpublikation in Gotha vor
der Gründung des Verlages Justus Perthes (1785).